역사가 부른
사람들,
역사를 일군
사람들

역사가 부른 사람들, 역사를 일군 사람들

인물, 사건, 고전으로 보는
열한 가지 세계사 이야기

정승민 지음

느린서재

우리에겐 역사가 필요하다. 그러나 지식의 정원에서 노니는
응석받이 한량에게 필요한 것과는 다른 역사가 필요하다.

프리드리히 니체, 『삶을 위한 역사의 이로움과 해로움에 대하여』 중에서.
발터 벤야민, 『역사의 개념에 대하여』에서 재인용.

개정판을 내며

2018년 봄에 『역사 권력 인간』이란 거창한 제목으로 졸저를 내고 나서 많은 분들로부터 격려와 가르침을 받았습니다. 본문의 오탈자부터 수록된 정보와 관점에 이르기까지 다양한 측면에서 지적하고 의견을 주시는 등 참으로 과분한 대접에 드릴 말씀이 없었습니다. 무엇보다 다루는 내용이 다양한 형식의 저술들을 리뷰하고 있어서 중고등 학생들의 독서활동에 도움이 된다고 말씀해주신 것이 가장 마음에 와 닿았습니다. 그래서 출판사와 의논해서 개정판을 내기로 했습니다.

개정판에선, 우선 구체적인 인물들의 활약상을 두드러지게 하고자 제목과 각 장 제목을 바꾸고 이에 맞게 표지 디자인도 새롭게 매만졌습니다. 그리고 활자 일변도의 페이지에 일러스트레이션도 추가하여 독자에게 좀 더 친근하게 다가가고자 했습니다. 또한 이전 판에서 미처 싣지 못한 내용을 추가했습니다.

책도 생물이라고 한다면 시간이 지난 만큼 단장을 하고 새로운 독자를 만나러 가는 일도 필요할 듯합니다. 너그러이 보아주시고 기꺼이 읽어주시기를 기대합니다.

2022년 봄에,

저자

일러두기

1 이 책은 2018년 3월 15일에 초판이 발간된 『역사 권력 인간』의 전면 개정판이다.

2 책 이름은 처음에 나올 때에 겹낫표(『 』)로, 그 하위 항목은 홑낫표(「 」)로 묶어 표기하고, 영화 등은 쌍꺾쇠(《 》)로 묶어 표기했다.

프롤로그

권력을 생각할 때마다 떠오르는 이야기가 『보리와 임금님』입니다. 영국 작가 엘리너 파전이 지은 동화인데, 이집트와 영국, 현재와 고대를 왔다 갔다 하는 약간 정신이 이상해보이는 소년 윌리가 주인공으로 나오지요. 어린 시절 천재로 인정받았던 윌리는 보통 사람들과 다른 생각을 하게 되면서 '바보'라고 불립니다. 그런 윌리가 어느 날 나에게 자신이 옛날 이집트에서 겪은 일을 이야기합니다.

이집트에서 살았던 윌리는 황금빛 보리밭을 가진 아버지가 최고의 부자라고 믿습니다. 당시 이집트를 지배하던 왕은 '라'라고 불렸는데, 하루는 라가 지나가다 보리밭 아래 누워 있는 윌리를 보고 대화를 나눕니다. 보리밭을 갖고 있는 아버지가 이집트에서 가장 부자라는 윌리의 말에 왕은 이집트를 모두 가진 자신이 더 부자라고 말싸움을 합니다. 한발 나아간 왕은 밭을 태워버리겠다고 협박합니다. 여유작작한 윌리는 아무리 밭을 태워도 보리는 다시 나온다며 태연합니다.

그러자 왕은 자신이 보리보다 더 빛나고 오래 산다며 호위병에게 보리밭을 새카맣게 태우라고 명령을 내리지요. 결국 밭은 모조리 불에 탑니다. 그런데 눈물을 닦으려는 윌리의 손에 마지막 보리 이삭이 붙어 있었습니다. 윌리는 몰래 보리알을 하나씩 밭에 묻습니다. 그해 여름 라가 죽자 저승길 식량으로 보리를 구하려 합니다. 때마침 라의 묘에 넣어줄 보리를 가져가는 남자가 윌리의 집에서 잠깐 쉬어갑니다. 서둘러 밭으로 달려간 윌리는 보리 이삭을 잘라서 남자의 보리자루 속에 집어넣습니다. 수천 년이 지난 뒤, 이집트에 살던 영국인들이 라의 무덤을 발굴합니다. 무덤에 있던 황금 그릇들은 햇빛에 무너져 내렸지만 윌리가 넣어준 보리는 그렇지 않았다고 합니다. 윌리는 그 보리를 다시 영국의 보리밭에 심었고 지금도 그 보리들은 황금빛으로 빛나고 있습니다.

부활을 꿈꾸는 이집트의 왕은 시신을 미라로 만들어 지상의 권력을 영원히 손아귀에 움켜쥐려고 합니다. 왕에게 윌리의 보리 혹은 윌리와 같은 바보는 일고의 가치도 없는 무용지물인지도 모릅니다. 하지만 하찮은 보리는 수천 년 동안 밀폐된 피라미드에서도 살아남아 싹을 피우는 놀라운 생명력을 보여줍니다. 황금빛 망토를 입고 금잔으로 술을 마시고 은접시에 담긴 음식을 먹고 온갖 보석으로 치장한 왕, 그리고 왕의 권력은 시간의 폐허 속으로 흔적 없이 사라진 지 오래입니다.

그러나 권불십년權不十年이나 권력무상權力無常을 아무리 말한다 하더라도, 현실의 권력은 항상 사람들을 관찰하고 통제하고 장악하려고 합니다. 우리가 권력에 관심을 갖지 않으면 권력은 그 힘을 주체하지 못하고 폭주나 탈선, 심지어는 우리 공동체를 통째로 전복시키곤 합니다. 따라서 시민들은 항상 권력과 정치를 '매의 눈'으로 주시해야 합니다.

이 책은 2천여 년 전의 고전부터 전기, 취재기, 여행기, 회고록, 정치평론, 극화 등 권력과 관계된 다양한 형식의 저작물을 다루고 있습니다. 동서양의 인물과 지식, 과거와 현재의 사건과 기록들을 권력이라는 주제의 심포지엄에 초대했다고나 할까요. 권력과 첨예하게 대결하는 인간의 운명을 탐구한 한나라의 관리 사마천부터 권력의 광기에 휩싸여 희생된 할리우드 영화인 트럼보까지 각양각색의 운명들이 돌출합니다. 최고의 권좌를 향해 질주하는 나폴레옹은 역사의 미아가 되고 워터게이트의 운전사 닉슨은 역사적 교통사고를 일으킵니다. 동양과 서양은 이미 기원전 5세기 그리스와 에게 해를 무대로 대충돌을 일으켰고, 20세기 이념을 표면에 내세운 권력의 욕망은 스페인에서 내전을, 우리에게는 골육상잔의 한국전쟁으로 치명적인 후유증을 남깁니다.

이 책이 다루는 고전과 화제작을 통해 역사와 세계에 관심을 갖고 권력을 관찰하는 일의 중요성을 공유하기를 소망합니다. 그것은 동시대의 한국 사회를 살아가는 우리 모두의 책임이고 권리이기도 합니다. 사실 지금도 우리를 둘러싼 내부와 외부의 각종 권력들은 끊임없이 냉혹한 현실을 강요하고 있습니다. 하지만 아무리 권력이 현실의 보리밭을 불 지르고 눈물을 강요하더라도, 보리가 푸른 싹을 틔우고 황금 물결을 재생하는 것은 거역할 수 없는 진실입니다. 다소 길어진 소개말을 프랑스의 작가 에밀 졸라가 권력에 날리는 준엄한 경고로 맺고자 합니다.

"네가 진실을 가두고 땅에 매장해도, 그것은 싹이 트고, 마침내 거대한 초목으로 자라난다."

차례

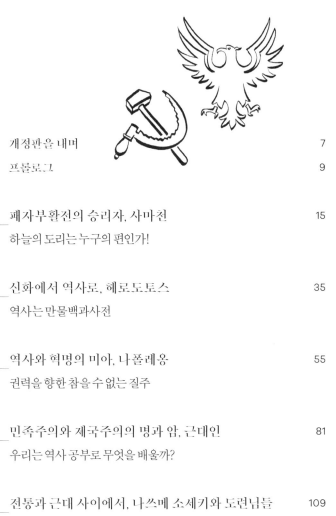

1

패자부활전의 승리자,
사마천

하늘의 도리는 누구의 편인가!

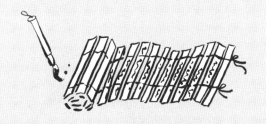

진리나 정의는 인간의 환상이

만들어낸 관념일지도 모릅니다.

하지만 그 관념을 향하여 전진하는

인간의 열정과 의지가 있기에

사회와 역사는 존재합니다.

운명의 본질을 포용한 단 한 권의 책, 사기

역사는 기록으로 존재합니다. 한 줄의 글, 한 권의 책이 우리에게 전해지기 위해 수많은 사람들이 땀과 피를 흘렸습니다. 하지만 아무리 귀한 골동품도 제자리에 없으면 창고의 폐품 신세입니다. 주파수가 맞지 않으면 역사는 먹통 무전기가 되니까, 톨스토이는 역사를 아무 대답도 하지 않는 귀머거리라고 비난했지요. 그러나 역사야말로 인간이 엮어낸 드라마라는 점을 통렬하게 일깨워주면서 역사의 가치와 중요성을 몸으로 보여준 사람이 있습니다. 바로 중국의 사마천이지요. 사마천은 역사상 가장 중요한 역사책의 하나인『사기史記』를 썼습니다. 사기는 역사적 사실과 해석을 통해 인간의 본질을 파헤치는 책입니다. 따라서 학문적 가치뿐만 아니라 예술적 감동까지 안겨줍니다.

한데 고전은 본래 안 읽는 책이라는 말처럼, 사마천의 사기도 고전답게 제대로 안 읽히는 책입니다. 내용이 워낙 방대하고 다루는 시기도 중국 전설상의 임금인 황제黃帝부터 사마천 당대의 한나라 무제까지, 무려 2,000년, 혹자는 3,000년이라고도 합니다. 형식을 봐도 기가 질립니다. 모두 다섯 부분, 130권으로 구성됐는데 각 파트가 다 백과사전급입니다.「본기本紀」,「표表」,「서書」,「세가世家」,「열전列傳」으로 구성됐는데, 본기本紀는 황제급 인물을 다룬 것이고 세가世家는 제후급 인물, 공자도 여기에 들어갑니다. 열전列傳은 로열 패밀리급이 아니더라도 주목할 만한 인간 군상을 다루고 있습니다. 표^表는 일종의 연표이며, 서^書는 사회 문화의 기초가 되는 역법, 천문, 법, 예법, 경제, 치수 등을 다룹니다.

이 광범위하고 방대무변한 사기의 하이라이트 부분이 바로 열전입니다. 어떻게 보면, 사기가 2천 년이 넘는 시간의 침식작용을 이겨내고 불멸의 고전이 된 것은 열전에 나타난 무수한 인간들의 천변만화하는 운명에 대한 탐구 덕분일지도 모릅니다. 기존 사서에 단골로 출연하는 왕후장상뿐만 아니라 자객, 유협, 관리, 자산가 등 다양한 인물들을 편견 없이 등장시키면서 역사가 무엇인지, 인간은 어떻게 살아야 하는지, 올바르게 산다는 것의 의미가 무엇인지 등 다양한 주제들을 깊이 생각하게 합니다. 상상할 수 있는 모든 인간과 삶이 다 나온다는 뜻에서 사기 열전을 인간박물관이라고 달리 불러도 될 듯합니다.

게다가 사마천은 이 엄청난 저작을 종이가 아니라 죽간에 썼다고 하는데, 그 양을 환산하면 화물트럭 몇 대를 불러야 할지도 모르겠습니다. 사마천이 살았던 기원전 1~2세기에는 아직 종이가 발명되지 않았습니다. 종이는 2세기 후한 시절에 나오지요.

그래서 사마천을 역사의 성인, 사성^{史聖}으로 부르는 사람도 있습니다. 2천여 년 전에 한 개인이 홀로 이런 엄청난 분량의 작업을 완수했다는 것은 불가사의한 업적이라는 이유에서지요. 프랑스 소설가 발자크도 수십 편의 소설을 하나로 묶어 '인간희극'이라는 인간과 인간의 모랄에 대한 종합적 탐구를 시도하면서 하루 열여덟 시간씩 원고에 몰두하기 위해 커피를 매일 예순 잔씩이나 먹는 강행군을 했더군요. 사마천이나 발자크처럼 이렇게 인간의 한계를 넘어서 위대한 저작물을 남기는 일은 사실 나폴레옹이 알프스 산맥을 넘으면서 "불가능은 없다"고 했던 전무후무한 전쟁을 치르는 것과 비견되는 대역사大役事가 아닐까 합니다.

사기를 만든 8할의 정체

그러다 보니 사기라는 금자탑을 건설한 핵심 동력이 무엇인지를 놓고 예전부터 호사가들이 입방아를 찧었지요. 보통 어느 분야나 최고의 실력자는 선천적인 자질과 후천적인 여건이 잘 배합되어야 탄생한다고 하는 것이, 식상하기는 하지만 무난한 답변입니다. 실제 사마천의 집안은 대대로 사관을 지낸, 즉 역사 문헌이나 기록을 관리하는 가문입니다. 역사에 대한 식견과 전통이 있는 집안이니만큼 그의 부친도 아들이 어릴 때부터 역사에 관한 흥미와 소양을 키우도록 배려했다고 합니다.

한 가지 흥미로운 것은 사마천의 여행입니다. 사기를 탄생시킨 8할의 공로는 20대 청춘 시절, 사마천이 떠난 여행에 있다는 주장도 있을 정도입니다. 풍문으로만 회자되던 역사의 현장을 유람하면서, 사마천은 화석화된 과거에 집착하는 고리타분한 역사가에서 한 단계 높은 지적 도약을 이룰 수 있었다는 것이지요. 사실 젊은 시절의 여행 경험으로 인해 개인의 일생뿐만 아니라 역사의 물길이 바뀌는 경우가 적잖이 있습니다.

20세기에도 아르헨티나의 평범한 의과대학생이 방학을 이용해서 오토바이를 타고 남미 대륙을 주유하다가 자신의 삶과 인류의 역사를 옮깁니다. 영화 《모터사이클 다이어리》에서 다루는 체 게바라가 그 주인공입니다. 강을 가로지르고 산을 넘나들면서 수만 리의 여정을 견디고 만 명의 사람을 만나는 것, 이는 바로 새로운 시대를 열어 나갈 선행 학습과도 일맥상통합니다. 사마천을 여느 역사가와 다르게 만든 것도 중국 천하를 돌아다니며 각양각색의 풍속과 사람들을 만나면서 새로운 역사책을 짓겠다는 자극과 각오를 다진 데에 있지 않을까요. 물론 그의 부친이 "사서를 편찬하라"고 숙명처럼 전한 유언도 그의 의지를 담금질했을 것입니다만.

하지만 사기 편찬의 가장 큰 몫은 역설적이게도 사마천에게 닥친 불행입니다. 40대의 사회생활인인 사마천은 졸지에 궁형, 즉 생식기를 거세당합니다. 당시 한나라는 북방 민족인 흉노와 빈번한 무력 충돌을 빚고 있었습니다. 이 과정에서 명장으로 이름높던 이릉 장군이 흉노에게 항복하면서 포로가 된 일을 놓고 갑론을박이 벌어집니다. 조정의 모든 신하들이 침묵할 때 사마천은 홀로 이릉을 변호하다 황제의 미움을 사게 되고 결국 극형에 처해집니다. 그런데 사형에 처해

질 그는 죽음보다 더한 치욕인 궁형을 택했습니다. 궁형을 받은 사람은 인간 취급을 받지 못했고, 또 사대부에게 형벌을 내리지 않은 이유는 알아서 자결하라는 뜻을 담고 있기에 사마천의 선택은 너무나 뜻밖이었습니다.

자존심과 명예를 무엇보다 존중하는 그가 왜 이런 치욕적인 선택을 했을까요. 그에게는 해야 할 과제가 남아 있었기 때문입니다. 사기를 지어야 할 운명 앞에서 그는 당당히 실존적 결단을 내린 것입니다. 운명은 피할 수 없는 것이 아니라, 감수해낼 수 있는 것이라고 생각했을까요. 게다가 사마천은 삶과 운명의 무대를 현실에서 역사로 이동해서 다시 한번 겨뤄보자고 패자부활전의 승부욕을 불태운 것은 아닐까요.

바꿔 말하면, 가혹한 세상에 대놓고 울분을 토로할 수 없을 때 가슴에 맺힌 바를 저술하여 자신의 뜻을 후세가 알아주면 치욕을 씻을 수 있으리라는 생각에서 궁형을 받아들인 것 같습니다. 나중에 본인의 회고처럼, "하루에도 스무 번씩 식은땀을 흘리고 창자가 아홉 번이나 뒤틀리는" 고통과 모욕을 극복하고 나온 것이 불후의 명저 사기입니다. 이렇게 보면 사기의 탄생은 탁월한 재능에다 좋은 환경과 여행 체험, 거기에 비극적 운명이 가미되었기에 가능한 것 아닌가 합니다.

운명 탐구 — 백이와 숙제

사기의 백미인 열전에는 인간박물관이라고 부를 만큼 다양한 인간의 운명들이 출연합니다. 요즘으로 치면 장관과 장군도 나오고, 뒷골목의 건달과 시정의 장사치까지 수많은 인물들이 명멸합니다. 한 인간에 깃든 빛과 그림자를 사마천은 집요하고 냉정하게 추적합니다. 하지만 수술실의 집도의가 무표정하게 메스를 휘두르는 근저에 환자에 대한 애정이 깔려 있듯이 사마천의 열전에는 사람을 향한 속정이 배어 있습니다. 선하고 깨끗한 인물들이 겪어야 했던 세상과의 불화와 그로 인한 불운을 사마천은 누구보다 안타까워 합니다. 그래서 열전의 첫 머리를 장식하는 인물은 백이와 숙제입니다.

　백이와 숙제는 중국 역사에서 착한 사람들의 대표선수입니다. 왕가에서 태어난 둘은 "형님 먼저, 아우 먼저" 하는 의좋은 형제였지요. 이들은 다른 형제에게 왕위를 양보하면서 조국인 고죽국을 떠납니다. 당시 중국의 형세는 여러 나라들 사이에서 은나라가 종갓집 역할을 할 때입니다. 은의 마지막 임금인 주왕은 포악한 정치로 주지육림酒池肉林, 포락지형炮烙之刑의 신조어를 만들어내면서 악명을 날리고 있었습니다.

　물론 은나라를 무너뜨린 주나라가 사후에 권력의 정통성을 세우기 위해 조작했다는 반론도 있습니다만, 어떻든 주나라 무왕은 포악무도한 은나라를 정벌하기 위해 군대를 일으킵니다. 소식을 접한 백이 숙제는 곧장 주나라 무왕의 군대로 달려와서 수레를 몸으로 막으면서 토벌을 중단하라고 요구합니다. 왜냐하면 아직 선왕(무왕의 아버지 문왕)의 장례도 치르지 않은 상태에서 전쟁을 일으키는 것은 불효한 일이며 또한 신하의 몸으로 군주(은나라 주왕)를 죽이려는 것도 어불성설이라는 이유에서지요.

그러나 죽음을 각오한 이들의 간언을 권력은 귓등으로도 듣지 않습니다. 주나라 군대는 아랑곳없이 떠납니다. 결국 무왕은 은나라를 멸망시킵니다. 주나라의 천하가 되자 모든 사람들이 머리를 조아렸지만 백이 숙제는 달랐습니다. 두 나라를 섬기는 역적이 될 수 없다는 뜻에서 수양산으로 숨어 들어갔습니다. 얼마 뒤 고사리만 캐 먹고 살던 형제는 굶어 죽습니다. 이후로 역사에서 고사리는 충신의 지조를 나타내는 상징물이 되었지요. 우리도 조선 전기 수양대군의 왕위 찬탈에 맞섰던 성삼문이 지은 시조에 고사리가 나옵니다. 그런데 백이 숙제를 찬양하는 것이 아니라 왜 고사리조차 캐서 먹었냐고 탓하는 내용이니, 우리 선조가 한 수 위라고 해야 할까요.

사마천은 백이 숙제가 지었다고 전해지는 한 편의 노래에 주목합니다. 채미가采薇歌라는 노래인데, 폭력으로 폭력을 대하는 주나라 무왕의 잘못을 꾸짖고 성왕의 도가 사라진 세상에서 끝나가는 자신들의 운명을 한탄하는 내용입니다. 사실 공자는 백이와 숙제는 인을 목적으로 해서 그것을 달성했기 때문에 자신들의 운명을 원망하지 않았다고 평가합니다. 여기에 사마천은 완강하게 이의를 제기합니다.

채미가에서 보듯, 백이 숙제는 이 세상의 부조리함과 자신들의 운명에 대해서 아무 원망이 없었다고 볼 수 없다는 것이지요. 그 어질고 바른 백이 형제가 아사한 것은 궁형을 당한 사마천의 운명을 거울처럼 비춰주는 것 아닐까요. 하늘의 도는 공평무사하며 항상 착한 사람의 편이라고 하는데 현실에서는 이렇게 착한 사람들이 운명에 번롱당하고 있으니 도대체 이것을 어떻게 해석해야 할지 정말 알 수가 없다는 사마천의 비통한 절규와 절절한 분노가 폐부를 꿰뚫는 듯합니다.

사마천은 공자의 제자도 기록합니다. 공자의 수제자인 안회도 항상 배고픔에 시달리다 요절하고 맙니다. 반면에 수많은 살인과 강도질을 한 도척 같은 희대의 사이코패스는 천수를 누리고 죽었지요. 사마천은 이런 사실을 기술하면서 깊은 절망을 토로합니다. 천도시야비야天道是邪非邪, 과연 하늘의 도리는 참인가 아닌가. 시대와 세상의 거대한 힘 앞에 맞서다 스러져간 수많은 사람들의 아우성을 사마천은 이 짧은 구절의 울림통으로 증폭시켜 수천 년이 흐른 오늘까지도 쟁쟁하게 들려줍니다.

경제 탐구 ─화식열전

백이 형제의 이야기는 프랑스의 실존주의 작가 알베르 카뮈의 '부조리'와도 연관이 됩니다. 카뮈는 페스트로 죽어가는 갓난아이의 운명을 정당화할 것은 이 우주 어디에도 없다고 지적하면서 인간은 합리성을 갈망하지만 세계는 비합리성으로 가득차 있다고 합니다. 그래서 합리적이지 않고 이해할 수 없고 모순투성이인 인간과 세계의 뒤섞인 상태를 부조리라고 선언합니다.

이렇게 되면 인간은 의미도 없고 목적도 없는 생활을 할 수밖에 없는 시시포스와 같은 존재가 되어버리겠지요. 그렇다면 백이와 숙제처럼 윤리적인 인물들이 절망 속에서 생을 마친 것은 당연한 일일지도 모릅니다. 창랑의 물이 맑으면 갓끈을 씻고 흐리면 발을 씻듯이 비윤리적인 세상에 윤리적 잣대를 들이댄 것 자체가 부조리를 자초한 셈이니까요. 홀로 간언하다가 날벼락을 맞은 사마천 자신의 운명도 마찬가지지요.

부조리의 맥락에서 보면 하늘의 도는 애초에 없습니다. 역사의 진실은 싹조차 존재하지 않습니다. 그러나 사마천의 부조리 탐구는 색다릅니다. 천도가 없다고도 결론짓지 않고, 공자처럼 백이 숙제가 인을 구했으니 현실에서 패배해도 역사에서는 승자로 기록되리라고 단언하지도 않습니다. 긍정도 부정도 아닌 신중한 유보가 열전의 저변에 깔려 있습니다. 하기야 칼로 무 자르듯 일도양단이 쉽지 않은 것이 개인사인데, 하물며 인간, 집단과 국가가 뒤엉켜서 벌이는 역사를 단순하게 정리하는 것은 칼로 물 베는 무리수일지도 모르겠습니다.

그럼에도 착하게 열심히 산다고 복을 받는 것도 아니고, 윤리 도덕과는 담을 쌓았다고 해서 화를 입지 않는다면 다들 운명론자, 숙명론자로 빠지지 않겠습니까. 인간의 의지와 자유는 사라지고 모두 타고난 팔자 소관이다 이렇게 말이지요. 바로 그렇기에 카뮈는 부조리한 상황을 직시하고 의식하면서 깨어 있는 인간으로 살아가자고 제창합니다. 부조리한 운명이니까 막 살자는 것이 결코 아닙니다. 오히려 눈에 보이지 않는 신과 보이는 지배자가 나를 속박하려고 할 때는 격렬하게 '노No'로 반항하고, 스스로 지켜야 할 인간으로서의 존엄성은 단호하게 '예스Yes'를 말하는 인간으로 서야 합니다.

사마천이 문제제기한 천도의 해답은 아직까지도 오리무중입니다. 정의의 심판이 종국에는 내려지는지 아무도 모릅니다. 진리나 정의는 인간의 환상이 만들어낸 관념일지도 모릅니다. 하지만 그 관념을 향하여 전진하는 인간의 열정과 의지가 있기에 사회와 역사는 존재합니다. 환상이 현실보다 힘이 더 셉니다. 소설가 이병주가 정의한 운명도 이런 맥락과 닿아 있습니다. "운명이란 피할 수 없는 것이 아니라 피할 수 있음에도 피하지 않는 것, 그것이 바로 운명이다." 즉, 인간은 자유의지를 갖고 매 순간 결단하면서 살아가야 합니다. 그럴 때 인간은 운명에 희롱당하는 나약한 갈대가 아니라 머릿속 생각을 현실화시키는 조물주적 위치로 격상합니다.

사마천이 열전의 피날레를 화식으로 마무리한 것도 이런 의도가 아니었을까요. 화식은 요즘으로 치면 경제인, 기업인에 해당하는 사람들입니다. 지금은 재벌 총수가 거의 국가 지도자 반열에 올라섰지만, 당시만 해도 제왕과 제후, 장군과 관리만 중시하던 시대에 화식의 중요성을 간파한 사마천의 감식안은 확실히 남다릅니다.

사마천은 인간 활동의 모든 기본이 물질에 있으며 경제가 정치, 도덕의 기초가 된다는 점을 강조했지요. 겉으로 세상과 사람을 움직이는 것이 정치와 정신 같아도 실제로는 경제와 물질이라는 토대가 없이는 한 발자국도 전진할 수 없다는 것을 일깨워주는 것이 화식열전입니다.

백이 숙제가 원망할 것이 없다고 했던 공자도 화식열전에 나오는 제자 자공의 도움이 없었다면 이름이 세상에 널리 알려지지 못했을 것이라고 사마천은 분석합니다. 자공은 공자 문하의 일원이었지만 그다지 높은 평가를 받지 못했습니다. 요즘은 사람을 평가할 때 그릇이 크다 어떻다 하지만, 공자 시절에는 군자는 그릇이 되면 안 된다고 했습니다. 용도가 정해진 그릇은 군자와 걸맞지 않다는 것이지요. 한데 자공이 공자에게 받은 성적표가 호련瑚璉입니다. 비록 그릇이라도 종묘 제사에 쓰이는 귀한 그릇이라는 비유지만, 폄하의 기색이 묻어 있습니다. 그러나 자공은 사물의 이치에 밝고 사리판단이 정확했기에 재물을 쌓았습니다. 자공이 재화라는 경제력을 바탕으로 천하의 제후들과 교류하면서 스승의 이념과 노선을 전파한 것은 공자가 오늘날까지 불후의 이름으로 남는 데 큰 기여를 했습니다. 자공이 세력을 얻어 공자를 세상에 더욱 드러냈다는 사마천의 평가는 물질이 인간을 규정하는 근본적인 토대의 하나라는 것을 보여줍니다.

사람은 의식이 풍족해야 예절을 안다고 합니다. 이 말 또한 화식열전에서 유래합니다. 제나라를 중흥시킨 관중의 발언을 소개하면서 "하루하루 먹고살기 힘든 사람에게 예의를 말해봐야 소용없다. 옷과 음식이 넉넉해지면 예의와 도덕은 저절로 생긴다"는 대목을 힘주어 강조합니다. 사기 열전의 수많은 보석 같은 통찰 중에서도 이 부분은 유독 광채를 발한다고 생각합니다.

무엇보다 사마천이 백이로 시작한 열전의 대단원을 화식으로 끝내는 것도 인간의 삶을 도덕과 행복 사이의 진자 운동으로 파악한 귀결이 아닌가 하는 생각마저 듭니다. 백이 숙제로 상징되는 고결한 정신이 빙산처럼 우뚝 솟아있지만, 그것은 일각입니다. 물밑에 잠긴 빙산의 나머지 부분이 다름아닌 화식이라는 것을 알려주는 것 아닐까요. 역사를 만들고 삶을 영위하는 두 바퀴는 정신과 물질, 의식과 존재이며, 그래서 인간의 의지와 노력으로 이겨내지 못할 운명은 없다는 것을 선언하는 듯합니다.

그래서 동시대의 사람들과 달리 사마천은 부를 옹호합니다. 부자를 소봉가素封家라고 우호적으로 명명합니다. 봉토를 받은 제후가 아니지만 재산이 많아 왕가와 같은 사람들이다고 슬그머니 우대합니다. 사마천은 소봉가들을 소개하면서 이들이 시세의 변화를 살펴 모은 재산으로 농토에 투자해서 부를 쌓았다고 칭찬합니다. 단계적으로 재산을 모아가는데 이치에 맞게 꾸려가기에 이재가라고도 불러줍니다. 그러면서 사마천은 부유함이란 어떤 직업을 통해서든 얻을 수 있고 돈에는 주인이 따로 없다고 말합니다. 부자를 벼슬이 없는 제후라고 부르는 사마천이야말로 인간의 본성과 사회경제적 이치를 정확하고 정밀하게 꿰뚫고 있습니다.

인간탐구─항우와 유방

인간의 운명은 다른 인간과 격돌하면서 진면목을 드러냅니다. 벼랑 끝까지 대적하는 라이벌이 있을 때 운명은 가장 극적인 장면을 연출합니다. 그런 측면에서, 유방과 항우는 사마천의 운명탐구가 낳은 결정판이라고 생각합니다. 유방과 항우는 출신 배경부터 성격, 인간관계, 용인술 등 모든 것이 정반대라고 할만큼 대비됩니다. 진나라 타도 이후 권력투쟁에서 패권은 유방에게 돌아갔지만 항우의 분전 또한 인간적 감동과 연민의 정을 일으킵니다.

항우 하면 자동적으로 '역발산 기개세力拔山氣蓋世'라는 구절이 떠오릅니다. 항우는 힘을 쓰면 산을 뽑을 정도고 세상을 덮을 만큼 기가 센 천하의 영웅이었지요. 비록 제왕의 권좌에 오르지 못했지만 제왕의 지위와 다름없는 운명을 개척했다는 점에서 항우는 유방과 동격의 인물로 인정됩니다. 제왕이란 결국 세계의 질서를 만들어내는 존재인데, 항우를 제왕과 같은 반열로 본 것은 사마천의 안목이 탁월함을 입증합니다.

항우는 멸망한 초나라 귀족의 후손으로 용맹과 야심이 대단한 엘리트입니다. 진 시황제의 화려한 행차를 지켜보면서 "저것을 반드시 뒤엎어버리겠다"고 들끓듯이 말할 정도로 직선적이고 정열적입니다. 반면에 이름조차 변변치 못한 빈한한 집안에서 태어난 유방은 같은 행차를 보고 "사내로 태어났으면 저쯤은 되어야지"하고 거리를 유지하는 차가운 욕망을 보여줍니다. 사마천은 이 대목을 「항우본기」의 모두에 실으면서, 항우와 유방을 극적으로 대비하고 있습니다.

두 인물 모두 세상을 바꾸겠다 혹은 세상을 얻겠다는 욕망이 대단하지만 뚜렷한 차이가 느껴집니다. 여러 기록들로 미루어보면, 유방은 예의 범절이나 교양과는 담을 쌓고, 오로지 자신만 생각하는 음흉한 사람입니다. 자신이 탄 수레가 적에게 쫓기자, 속도를 높인다고 자기 자식까지 내던질 정도였습니다. 항우가 자신의 아버지를 인질로 잡아 삶아 죽이겠다고 위협해도 그 끓인 국물이나 한 그릇 달라고 할 만큼 강철로 만든 심장을 가졌지요. 평범한 인간으로 가지게 되는 인정이라는 약점이 없다고 할까요.

하지만 항우보다 먼저 진나라 수도 함양에 입성해서도 그 좋아하는 재물과 미녀를 노략질하지 않고 민심을 얻는 초인적 인내력을 발휘한 성정의 소유자가 유방입니다. 모든 것을 권력을 쟁취하는 데 집중하고 대권을 쥐기 위해서는 무슨 일이든 다하겠다는 권력의지가 유방으로 몸을 받은 것이지요. 마치 나폴레옹이 손금이 이어져 있으면 승리할 수 있을 것이라는 점괘를 듣고 칼로 손바닥을 쫙 그어서 손금을 잇는 것과 같이 끈질기고 강인합니다.

반면 항우는 생각보다 허술합니다. 항우를 생각하면 떠오르는 말이 '금의야행錦衣夜行'입니다. 비단옷을 입고 밤길을 가면 아무도 알아주지 않는다는 뜻인데, 부하가 고향에 돌아가지 말고 관중關中을 차지해야 천하를 가질 것이라고 말하자 튀어나온 항우의 반응입니다. 천하를 지배하는 것보다는 고향에 가서 내가 이만큼 성공했다는 것을 으스대고 싶어하는 보통 사람이 항우입니다. 순간의 방심도 허용되지 않는 무자비한 권력투쟁의 마당에서 지도자의 순진함은 독이 되지요. 항우의 어린아이 같고 그래서 직선적이고 화산 같은 성격은 유방의 노회하고 곡선적인, 그래서 빙산같은 성향과 한 하늘 아래 동거할 수 없습니다. 단적으로 말하면, 항우는 너무 인간적이어서 미련이 많습니다. 고향, 과거, 그리고 사람을 끊어야 할 때 끊지 못합니다.

항우의 부하들이 홍문의 잔치에서 유방을 죽이라고 그렇게 호소하고 재촉하지만, 결국 결단을 내리지 못하고 미적거리다가 타이밍을 놓칩니다. 수십 번을 이겼지만 마지막 해하의 전투에서 패배한 항우는 권토중래를 권하는 촌로에게 고향의 젊은이들을 다 죽여 놓고 무슨 낯으로 돌아가겠느냐고 거절합니다. 보통 사람의 마음이, 인정이 느껴지는 대목입니다. 그러나 이것이 부하들이 항우에게 등을 돌린 근본적인 이유이기도 합니다. 생을 마감하는 최후의 순간에 나 홀로였던 항우는 포위한 한나라 병사 중에서 한때 자신의 부하를 발견합니다. "너, 내 밑에 있지 않았더냐" 정말 항우는 어리석은 사람입니다. 유방에게 일대일로 싸우자고 강청할 정도로 독불장군 같은 심성은 냉혹한 현실에서 성공할 수 없지 않았을까요

더 중요한 대목은 사람입니다. 유방과 항우의 성패를 가른 결정적 분기점은 '관계'입니다. 항우는 너무 잘난 인물이기에 철저히 혼자였습니다. 모여든 장군이나 재사들은 자의반 타의반으로 떠났습니다. 인격이나 역량만으로는 좋은 리더가 될 수 없는데 말입니다. 이런 항우의 스타일은 항우의 노래 해하가垓下歌에서 극명하게 드러납니다.

힘쓰면 산을 뽑아버리고 기세로는 천하를 뒤덮을 정도인데

力拔山兮氣蓋世

시절을 잘못 만나니 추(애마)도 뛰지 않는다　　　　　時不利兮騅不逝

추가 달리지 않으면 어찌하겠는가　　　　　　　　騅不逝兮可奈何

우(연인)여, 우여, 그대를 어찌해야 하는가　　　　　虞兮虞兮奈若何

유방은 평범하지만 비범한 집념과 의지를 가졌기에 천하의 대사가 사람, 즉 부하와 민심에 달려 있다는 것을 본능적으로 체득한 인물입니다. 그렇기에 미녀와 보물을 노략질하고 싶은 유혹을 꾹 억눌러 민심을 얻고, 부하들을 적재적소에 활용해서 대권을 거머쥡니다. 유방이 전략의 신 장량, 백전백승의 전웅 한신, 보급의 귀재 소하를 용인하는 지혜가 있었기에 운명의 마차는 유방을 태워가고 항우는 끌고 갔습니다. 천하를 움직이는 것은 결국 영웅이 아니라 민심입니다. 아

무리 수발한 영웅호걸도 조직화한 장삼이사를 이길 수 없습니다.
금의환향한 유방이 부른 대풍가大風歌는 권력의 창성과 유지에 대한
노하우를 압축적으로 보여줍니다.

큰 바람이 일어나니 구름이 흩어진다　　　　　　大風起兮雲飛揚
대륙에 위엄을 드날리며 고향으로 돌아왔네　　威加海內兮歸故鄉
어떡하든 용맹한 인재들을 얻어서 천하를 지키겠노라

　　　　　　　　　　　　　　　　　安得猛士兮守四方

2

신화에서 역사로,
헤로도토스

역사는 만물백과사전

생각하느니 인생이란

얼마나 깊은 것인가. ＿천상병

신에서 인간으로, 신화에서 역사로

자유에는 피의 냄새가 섞여 있다고 김수영 시인은 읊조립니다. 자유, 평등, 민주주의와 같은 가치와 권리는 저절로 얻어진 게 아니라 오랜 세월 수많은 사람들의 희생과 고통이 축적되어 획득한 것들입니다. 새들이 중력을 거슬러 하늘을 자유롭게 날려면 끊임없이 날갯짓을 해야 하듯이, 인간도 고통과 저항이라는 입장료를 지불해야 인간의 존엄성을 지킬 수 있습니다. 더욱이 인간은 사회적 존재입니다. 자유를 위한 투쟁은, 배틀로열매치battle royal match 방식의 승자독식이 아니라, 다함께 공동체를 지키면서 공유하고 연대하는 것입니다.

서양 역사의 아버지로 불리는 헤로도토스가 주목한 것이 이 대목입니다. 분열된 폴리스들의 군집체 정도인 그리스가 어떻게 해서 대제국 페르시아와 맞서 싸우는지, 싸울 수밖에 없는지를 해명한 기록이 바로 『역사The History』입니다. 올림푸스 동산에서 노니는 신들이 만든 각본에 농락당하는 운명은 인간의 몫이 아니라고 헤로도토스는 판단합니다. 그래서 스스로 일어나서 자신의 자유를 지키려는 사람들이 세계를 건설해왔고 앞으로도 그러할 것이니 결코 이 사실을 잊지 말라는 메시지가 그의 책에 면면히 흐릅니다.

헤로도토스의 역사는 최초의 역사책으로 평가받습니다. 역사를 왜 남성의 이야기, "his story"로 부르느냐 이렇게 비판하기도 하는데 그리스말로는 히스토리아가 조사 내지 탐구를 뜻한다고 합니다.

헤로도토스는 약 2,500여 년 전에 오늘날 터키 땅인 할리카르나소스에서 태어났습니다. 동양 역사의 아버지인 사마천보다 300년 정도 빠르지요. 헤로도토스가 태어난 지역을 이오니아라고 하는데, 여기서 인류 정신의 원형질이 빚어졌다고 봅니다. 만물의 근원은 물이라고 한 탈레스나 피타고라스 정리의 수학자 피타고라스 등이 이오니아 출신들이지요. 그때까지 세계의 근본을 신화나 영적인 힘으로만 설명했는데 여기서 벗어나 물질이나 숫자를 상정했다는 점, 이것을 과학적 사고의 출현이라는 측면에서 의미를 부여하는 목소리가 많습니다.

명문가에서 태어난 헤로도토스는 좋은 교육을 받고 자랐지만 왕실 반란에 가담했다가 실패한 뒤 망명에 나서게 됩니다. 당시 그가 태어난 도시, 할리카르나소스를 다스린 왕실은 그리스계가 아니었습니다. 영화《300》의 속편《제국의 부활》에 나오는 아르테미시아 여왕의 자손이 다스리고 있었는데, 아르테미시아는 페르시아 제국을 섬기면서 그리스 해군을 공격하는 데 공을 세운 인물이었습니다. 그런데 왕권, 즉 권력에 도전하는 것은 아무나 할 수 있는 일은 아니지요. 쿠데타가 무위로 끝난 뒤, 헤로도토스는 파란만장한 망명객의 생활에 오르게 되는데, 그의 저술이 그리스와 페르시아의 전쟁을 다룬 것은 자신의 개인적 체험과도 불가분의 관계에 있습니다.

역사는 만물백과사전

어쩔 수 없이 고향을 떠났지만 호기심이 왕성한 헤로도토스는 지중해 일대의 이집트와 이탈리아는 물론이고 멀리 흑해와 바빌론까지 당시 사람들 기준으로는 세계 전역을 다 돌아다녔습니다. 사마천이 20대에 중국 천하를 여행한 것과 비슷하지요. 여행에는 뭔가 사람을 훌쩍 크게 하는 마법이 숨어 있는 것 같습니다. 여행에서 보고 듣는 풍부한 견문이 동서양 역사가들의 정신적 성장판을 짜릿하게 자극했는지도 모르겠군요.

헤로도토스의 역사를 보면, 사마천의 사기처럼 다양한 민족과 나라의 정치, 경제, 사회 등을 다 망라하고 있습니다. 서양 문화의 보물창고 혹은 수원지와도 같습니다. 그리스와 페르시아의 전쟁이 중심 테마지만, 신화에서부터 지리, 역사, 여러 민족의 풍속과 관습을 담아낸 만물백과입니다. 특히 그리스와 페르시아전쟁의 단서를 트로이전쟁에서부터 찾고 있는데 상당히 흥미로운 대목입니다. 트로이는 일리온(호메로스가 쓴 『일리아드』의 도시)이라고도 부릅니다. 스파르타의 왕비 헬레나과 트로이의 파리스 왕자가 맺은 떳떳하지 못한 사련邪戀이 원인이 되어 페르시아인과 그리스인 사이에 적대감이 싹텄다는 겁니다. 페르시아인은 트로이를 자신의 영향권 아래에 있다고 상정하고 있었습니다.

신화에 따르면, 트로이의 파리스 왕자는 가장 아름다운 여신을 뽑는 심판 역을 맡아서 아프로디테에게 황금사과를 줬다가 다른 두 여신, 헤라와 아테나의 미움을 받는 인물이지요. 헤라는 천하를 좌우하는 부를, 아테나는 백전백승의 힘을 약속하지만 절세미인을 주겠다는 아프로디테에게 넘어간 파리스로 인해 트로이는 망합니다. 이러면 너무 남성 중심적이고 여성 비하적인 이야기가 됩니다. 일부에서는 당시 트로이는 부유한 지역이었고 트로이의 경제력을 탐낸 그리스 연합세력들이 파리스와 헬레나의 불륜과 같은, 침략의 핑계를 만들어낸 것이라는 풀이를 내놓고 있습니다.

지금도 사실과 거짓을 구분하기 힘들 듯이, 헤로도토스의 역사에도 그리스의 신화가 뒤섞여 있습니다. 신화와 역사를 자로 잰 듯이 나누는 것은 쉽지 않습니다. 트로이전쟁만 해도 수천 년간 허구의 전설로만 여겨왔습니다. 그러다 19세기 말에 독일인 하인리히 슐리만이 유적 발굴에 성공하면서 역사의 무대에 복귀하지 않았습니까. 슐리만은 고고학자가 아닌데도 트로이의 유적을 발굴하는 기적 같은 업적을 남긴 사람입니다. 남들은 다 신화라고 비웃어도 어린 시절 아버지에게 들었던 트로이전쟁에 푹 빠져 평생을 걸고 꿈을 발굴한 사람이 슐리만이지요. 꿈을 이루기 위해 외국어를 8개(혹은 19개)를 익히고 돈을 악착같이 벌었지요. 혹자는 슐리만을 운 좋은 사나이로 비웃습니다. 그러나 '세렌디피티serendipity'의 행운이나 발견도 준비하는 사람에게 오는 법이지요. 헤로도토스도 명문가 출신의 배경에 머무르지 않고 치열한 저항정신과 왕성한 학구열을 평생 견지하고 있었기에 당시로 치면 세계일주 여행도 하고 풍부한 자료를 수집해서 불후의 명저를 남기는 세렌디피티, 행운을 누린 것 아닌가 합니다.

역사는 왜 여자로 시작하는가

헤로도토스의 역사가 다룬 테마는 그리스와 페르시아의 전쟁입니다. 페르시아전쟁은 헬레나와 파리스의 스캔들에서 싹이 텄습니다. 본격적으로 역사를 다룬 최초의 책에서 서두가 남녀의 문제로 나오는 것이 흥미롭지만 의아하기도 합니다. 그렇지만 따지고 보면 인간사의 분쟁이나 분란은 대체로 돈과 치정에서 시작되지 않습니까. 경제력의 차이나 얽히고설킨 애정사가 죄와 벌을 부르게 됩니다. 문제는 이것이 개인과 개인, 집단과 집단의 대립과 갈등을 야기해서 사회의 존속을 위협할 정도로 악화하는 것이지요. 우리 사회에서 일어난 금수저 흙수저 논쟁이 일자리부터 시작했지만 연애와 결혼, 출산으로 확대재생산되는 것도 다 뿌리가 깊은 것입니다.

　신화적 사실에 입각해보면, 헬레나와 파리스가 벌인 사랑의 도피 행각은 트로이의 멸망으로 이어집니다. 역사를 보면, 애초에 헬라스인―그리스인들이 스스로를 부르는 말이죠. 그리스를 희랍希臘이라고 부르는 것도 헬라스를 한자음으로 쓴 것입니다―과 비헬라스인들끼리 서로 여인네를 납치하다가 전쟁이 일어나고 회복불가능한 적대적 관계가 만들어졌다고 합니다.

그런데 왜 이렇게 여성을 약탈하는 일이 공공연히 자행됐을까요. 여염집 규수뿐만 아니라 헬레나와 같은 스파르타의 왕비도 데려간 것은 대놓고 전쟁하자는 선전포고나 다름없지 않습니까.

헤로도토스에 따르면 페르시아인들은, 여성을 납치하는 것은 나쁜 일이지만 그렇다고 화를 내며 보복하는 일은 더 어리석은 짓이라고 생각했답니다. 그런데 그리스측이 헬레나 유괴를 빌미로 트로이 침략에 나서자 이를 접한 다른 지역 사람들은 그리스인들이 예전에 저지른 여성납치에 대해서는 시치미를 떼면서 뻔뻔하고 도착된 행동을 저지른다며 분개했다는 것입니다. 우리 주변도 비슷한 일이 있습니다. 일본 정부는 지금도 일제 강점기 동안 수많은 여성들을 성노예로 유인 납치한 범죄행위를 공식적으로 인정하지 않고 있습니다. 그러면서 북한에 끌려갔다는 자국 여성 문제는 소리 높여 비난하는데 일본이 자초한 자기모순을 어떻게 풀어나갈지 참 궁금합니다.

아무튼 헤로도토스의 역사를 보면 여성이 예속된 존재로 나오고 있어 어쩐지 '불편한 진실'을 대하는 마음도 일어납니다. 거꾸로 생각하면, 그만큼 여성 문제가 중대하다는 시사점을 던지는 것은 아닐까요. 인류학에서 보면, 여성의 교환은 사회를 구성하는 기본 원리가 됩니다. 사회가 유지되고 이어지는 근본은 가족과 친족에 있습니다. 가족과 친족이 지속적으로 만들어지려면 여성이 교환되어야 합니다. 여성이 독점되거나 근친상간이 이뤄지면 가족이나 사회가 금방

망가집니다. 이것은 고대 사회나 현대 사회에 다 같이 작동하는 원리입니다.

그런데 여성을 교환의 대상으로만 바라보는 것은 아무래도 학계를 장악한 남성 학자들이 유포한 남성 중심주의의 영향도 배제할 수 없을 것 같습니다. 인간의 진화를 설명하는 유력한 학설들만 해도 남성 중심적 영향이 배어 있습니다. 수컷이 사냥을 하면서 암컷이 고기를 받아먹고 아이를 낳아주면서 인간으로 진화했다는 '사냥가설'이나, 성과 먹을거리를 매개로 수컷과 암컷이 짝을 지은 것이 인간의 기원이라는 '러브조이 가설' 모두 남성학자들의 머리에서 나왔지요.

여성 교환을 친족의 기본 원리로 보는 아이디어도 남성들의 작품입니다. 프랑스 인류학자 레비스트로스가 수학자인 앙드레 베유('불꽃같은 여자' 시몬 베유의 오빠)의 도움을 받아 여성이 부족 간에 교환되는 수학적 원리를 정식화했지요. 거칠고 단순하게 말하면, a 부족과 b 부족이 서로 여성을 교환하거나, 또는 a 부족에서 b 부족으로, b에서 c로, 다시 c에서 a로 여성의 증여가 지속적으로 이뤄지면서 집안이 이어지고 사회도 화평하는 근본 구조가 마련된다는 설명입니다.

따라서 여성의 교환 시스템이 잘 가동되지 못하면 사회가 깨져버리게 됩니다. 그래서 근친상간의 금기를 만들어서 반드시 다른 집안에서 여성을 데리고 오는 것입니다. 또한 약탈이나 납치가 아니라 호혜적인 교환을 해야 하는 것입니다. 트로이의 파리스는 이 규칙을 위반한 것이고, 금기를 어긴 자에게는 운명의 징벌이 내려집니다. 부친을 죽이고 엄마와 결혼한, 터부를 모두 위반한 오이디푸스가 맞은 가혹한 비극도 금기와 처벌의 사례를 보여줍니다.

헤로도토스는 서문에 이어 곧바로 페르시아가 멸망시킨 리디아의 크로이소스 왕을 기술하면서도 역시 여성과 관련한 얘기를 꺼냅니다. 크로이소스가 망국의 군주가 된 것은 그의 조상인 기게스가 모시던 왕을 죽이고 왕비를 취한 대가를 치른 탓이라고 합니다. 세계 최초의 역사책이라고 해서 거창하고 엄숙한 사건이나 사람이 나오는 것이 아니라, 계속 여자 이야기만 나옵니다. 역사가 우리 일상 생활에서 일어나는 범사들과 맥을 같이한다는 점을 알려주려는 헤로도토스의 숨은 뜻이라도 있는 것일까요.

그런데 기게스 이야기는 고려의 공민왕과도 비슷합니다. 공민왕이 자신이 총애하는 미소년 홍륜에게 왕비와 동침하라는 명령을 내리기도 했다는 의심쩍은 야담이 있지 않습니까. 어떻든 기게스가 모시던 칸다울레스 왕은 왕비의 몸매를 자랑하고 싶어서 기게스에게 왕비의 나체를 보라고 합니다. 아무리 거절해도 지엄한 왕명을 일개 신하가 어떻게 거역하겠습니까. 왕은 기게스를 왕비의 침실에 몰래 숨겨서 왕비의 나신을 보게 만듭니다.

하지만 왕비는 누군가 자신을 몰래 지켜보고 있다는 것을 알아채고 다음날 즉각 기게스를 잡아들입니다. 그리고 선택을 요구합니다. "왕을 죽여라! 아니면 지금 이 자리에서 자결해라." 사실상 선택이 아니라 선택을 가장한 강요(!)지요. 기게스는 왕비의 도움으로 왕을 시해하고 왕위에 오릅니다. 하지만 5대째 후손에 이르러 천벌, 네메시스nemesis를 받습니다. 네메시스는 그리스 신화에서 율법 혹은 복수의 여신을 말하는데, 재미있는 것은 네메시스의 딸이 바로 트로이전쟁의 원인이 된 헬레나입니다.

왕비의 사주를 받은 기게스가 시역에 성공했지만 하루아침에 왕이 바뀐 것을 사람들이 받아들였을 리 만무합니다. 특히 칸다올레스 왕을 모시던 부하들이 기게스를 가만두지 않으려 한 것은 불문가지입니다. 즉위한 기게스에게도 벌써 만만찮은 추종 세력이 생겨났고, 일촉즉발의 상황이 펼쳐집니다. 이렇게 임박한 내전 사태를 누가 해결할 수 있을까요. 바로 델포이의 신전입니다. 고대는 종교가 권력의 핵심이라고 할 만큼 힘이 셌지요. 무슨 일이 생기면 그리스 사람들은 신전의 무녀에게 신탁, 즉 신의 메시지를 전해 들으려고 달려갔지요. 그 중에서도 가장 효험이 있는 곳, 영기가 센 곳이 바로 델포이의 아폴론 신전이었습니다.

기게스 문제도 이렇게 해결됩니다. 델포이의 무녀, 무당이 신탁을 받아서 기게스에게 유리한 방향으로 풀이해주자 기게스의 왕위 찬탈이 정당화됩니다. 하지만 무녀는 단서를 달지요. 기게스는 왕이 된다. 그러나 그의 5대째 후손은 복수를 받을 것이라고 예언합니다. 왕으로 인정하지만 왕의 자손은 비극을 맞을 것이라고 한다면 이게 좋은 건지 나쁜 건지 참 묘합니다. 델포이의 무녀가 정치적으로 절충을 한 것도 같습니다. 바꿔 말하면, 눈 앞의 현실은 긍정하고 알 수 없는 미래는 부정적으로 말하면 예언자로는 정답이지요. 본래 미래는 알 수 없으니 나쁘게 말해서 좋게 되거나 나쁘게 되거나 다 예언의 힘이라고 우길 수 있습니다. 결과가 좋으면 나쁘게 예언했기에, 조심해서 운명이 바뀌었다고 하면 되니까요.

신은 인간을 질투한다: 휴브리스와 인간의 삶

어떻든 기게스의 5대째 후손인 크로이소스는 엄청난 영광과 번영을 구가합니다. 당대 최강국 리디아의 왕으로서 경제력과 군사력이 막강했습니다. 크로이소스 왕은 자신이 세상에서 가장 행복한 사람이라고 자신만만했지요. 하지만 그리스의 현인 솔론은 왕의 행복을 그다지 높이 평가하지 않았습니다. 이상하지 않습니까. 강대국의 최고 권력자로서 많은 백성을 다스리고 부의 극치를 누리는 왕이 행복하지 않다고 한다면 누가 행복한 사람일까요.

솔론에 따르면, 가장 행복한 인간은 텔로스입니다. 번영한 나라에서 태어나 훌륭한 자식을 두고 생활도 유복했을 뿐더러 조국을 지키는 전쟁에 참전했다가 명예롭게 전사하는 죽음을 맞이했다는 이유에서지요. 그 다음 행복한 사람으로도 평민, 서민을 거론했지요. 잇따른 솔론의 언급에 크로이소스가 벌컥 화를 냅니다. 그러자 솔론은 차분하게 답합니다. "신은 질투심이 많아서 인간의 운명에 파란을 일으킵니다."

인간의 삶은 온갖 풍상을 다 겪는 법이어서 끝까지 행복하게 일생을 마칠 수 있는 행운이 없다면 그날그날 밥벌이하는 사람보다 행복하다고 말할 수 없다는 것이지요. 지나고 나서야 평가할 수 있는 것이 인생이고 그렇기에 결말을 보지 않은 삶을 왈가왈부할 수 없다는 것입니다. 물론 그렇다 하더라도 현재의 행복을 무시하고 무조건 끝이 중요하다고 하면 선뜻 이해는 되지 않습니다만, 솔론이 충고하고 싶었던 본의는 그리스 사람들이 가장 경계한 휴브리스^{hubris}, 즉 인간의 오만이 아니었나 합니다.

신은 성공에 도취된 인간의 오만을 반드시 심판한다는, 그리스인들의 겸손한 지혜가 응축된 단어가 휴브리스입니다. "함부로 신의 영역에 도전하지 말라!"는 뜻입니다. 아테나 여신에게 베 짜기에 도전했다가 거미가 된 이라크네, 밀랍으로 된 날개를 달고 태양을 향해 날아가다 추락한 이카루스 같이 그리스 신화의 많은 내용도 휴브리스를 경고하고 있습니다. 한자문화권에도 비슷한 말이 있습니다. 개관사정蓋棺事定, 즉 관 뚜껑을 덮고 나서야 그 삶에 대해 평가할 수 있다는 것이지요. "현재의 모습만으로 단정할 수 없으니 있는 사람들은 겸손하고 없는 사람들도 절망하지 말라"는 해석도 가능하겠습니다.

세상에서 가장 행복한 사람이라고 과신했던 크로이소스는 그후 어떻게 됐을까요. 솔론이 떠나고 나서 많은 일이 생깁니다. 그의 아들이 사냥터에 나갔다가 그가 살려준 은혜를 입은 이가 던진 창에 맞아 죽게 되지요. 게다가 이웃한 페르시아가 신흥대국으로 커가자 이 싹을 자르기 위해 정복에 나섭니다. 델포이의 신탁도 페르시아를 침략하면 대제국을 멸망시킬 것이라고 했기에 자신만만했습니다. 특히 크로이소스의 군대는 당대 최강의 기병대였으니 지려 해도 질 수 없는 싸움입니다.

하지만 페르시아는 낙타 부대를 만들어서 말들을 도망가게 만듭니다. 본래 말이 겁이 많아서 낙타를 보거나 냄새만 맡아도 벌벌 떤다고 합니다. 최강의 리디아 기병대는 허무하게 궤멸됩니다. 결국 포로가 된 크로이소스는 산 채로 불에 태워질 위기에 처합니다. 그 때 크로이소스는 눈물을 흘리며 솔론의 경고를 떠올립니다. 1억 분의 1 정도로 선택받은 운명이라고 생각했던 자신이 이렇게 생을 마감하게 될 줄이야, 정말 인간이 살아 있는 한 그 누구도 행복하다고 자신할 수는 없지요. 크로이소스의 행과 불행을 보고 있노라면, 인생무상은 빈말이 아닌 듯합니다. 어떤 처지에서든 인간은 겸손해야 한다, 이것이 헤로도토스가 전하고 싶은 메시지였던 것일까요. "생각하느니 인생이란 얼마나 깊은 것인가" 천상병 시인의 시구절에 절로 한숨처럼 새어나옵니다.

사실 사람은 참으로 오만한 존재입니다. 극작가 소포클레스는 비극 「안티고네」에서 "세상에서 가장 무서운 존재는 사람"이라고 말합니다. 사나운 겨울 바다를 건너면서 농사를 짓고 야생 짐승을 가축으로 길들이며 한계를 뛰어넘어 자연에 도전하기 때문입니다. 주어진 환경에서 벗어나 새롭고 낯선 세계로 진입하는 것을 두려워하지 않기에 경이로운 존재인 것입니다. 인간이 살아 있는 모든 것의 최정상을 차지할 수 있었던 것도 이러한 호기심과 모험정신 덕분이었습니다.

그러나 선왕의 살인범을 찾기 위한 오이디푸스의 시도는 그 자신과 주변 사람들을 파멸을 가져왔습니다. 금단의 열매에 대한 공포와 두려움보다는 궁금증을 참지 못하는 호기심이야말로 인간을 위험하게 만들지요. 물론 미지의 대상을 알고 싶다는 욕망이 문화와 문명을 일구어 왔으니 부정적으로만 볼 필요는 없겠습니다. 하지만 독일의 철학자 하이데거는 위험을 초래할 가능성을 무릅쓰고라도 일상에서 벗어나려는 인간의 '괴물' 같은 습성을 경고합니다. 내가 알지 못하고 통제할 수 없는 것은 있을 수 없다는 휴브리스가 자연은 물론 문명과 인간 그 자신을 수렁에 빠뜨리는 본질적 위협이 된다는 것이지요. 문명의 발전 단계와 상관없이 인간의 한계를 무시하려는 이성 중심주의, 인간 중심주의에 들어있는 깊은 어둠을 유념하는 것이 필요합니다.

눈물은 언제 터져나오는가―불행에 대한 역사적 탐구

신하에서 왕으로, 왕에서 사형수로 온갖 역전된 운명들이 나오는 혜로도토스의 역사는 대하소설과도 같습니다. 솔직히 역사는 드라마보다 더 드라마틱하지요. 아무리 천재적 상상력을 발휘한 흥미진진한 작품도 수많은 인간들이 엮어내는 역사와 대적하기는 쉽지 않거든요. 오히려 역사는 문학을 풍부하게 만들어주는 소재의 원산지 역할도 합니다. 헤로도토스의 역사에는 문학에 많은 자극을 주는 원재료들이 차고 넘칩니다.

헤로도토스가 전하는 이집트의 프사메니투스 이야기도 후세의 작가들에게 많은 영감을 주고 있습니다. 20세기의 가장 탁월한 비평가인 발터 벤야민은 '얘기꾼과 소설가'라는 에세이에서 이야기의 생명력을 입증하는 사례로 프사메니투스 왕의 슬픔을 다룹니다.

크로이소스를 무릎 꿇린 페르시아 키루스 왕을 이은 아들 캄비세스는 부전자전 격으로 이집트를 정복합니다. 그는 포로로 사로잡은 이집트 왕 프사메니투스를 모욕주려고 페르시아 군대의 개선 행렬이 지나가는 자리에 세워둡니다. 왕의 딸, 즉 이집트의 공주들이 노예 복장을 한 채로 물동이를 이고 울부짖으며 아버지 앞을 통과합니다. 게다가 그의 아들들은 입에 재갈이 물리고 목에 줄이 메어진 상태로 처형장에 끌려갑니다.

이 광경을 본 모든 이집트 사람들이 눈물을 줄줄 흘렸지만 프사메니투스는 꼼짝않고 묵묵히 땅만 내려다보고 있었습니다. 그런데 예전에 왕의 연회에도 참석할 만큼 잘 나가다 지금은 거지 같은 몰골로 지나가던 노인을 보고 갑자기 프사메니투스는 두 주먹으로 머리를 치고 울부짖습니다. 아들딸이 노예가 되고 사형장에 끌려가도 말이 없던 왕이 얼마나 서럽게 대성통곡을 하는지 모든 이들이 깜짝 놀랐지요. 정복자 캄비세스 왕에게 강한 의문이 들었지요. "딸이 학대받고 아들이 형장으로 끌려가도 탄식조차 않던 이집트 왕이 왜 저 거지를 보고 그렇게 슬퍼하는지" 궁금할 수밖에요.

프사메니투스의 대답은 간단했습니다. "제 집안에 일어난 불행은 울며 슬퍼하기엔 너무 엄청난 불행이었습니다. 하지만 유복한 처지에서 거지로 전락한 친구의 불운은 울어도 된다고 생각했습니다."

사실 가족을 잃거나 상상도 못할 큰 슬픔을 겪은 분들에 따르면, 가슴이 너무 아파서 눈물도 나지 않는다고들 합니다. 예전이나 지금이나 사람의 정서는 비슷한 것 같습니다. 뼈를 깎은 듯한 프사메니투스의 대답은 캄비세스의 마음을 움직였습니다. 그래서 프사메니투스에게 관대한 조치를 내려주지요. 물론 나중에 프사메니투스가 반란을 사주하다가 들통이 나 처형당하면서 해피엔딩은 되지 않습니다만. 그러나 프사메니투스의 슬픔에서 앞서 언급한 벤야민은 이야기가 가진 무궁무진한 생명력을 끌어냅니다.

벤야민에 따르면 왕의 가족들의 운명이 왕의 마음을 움직이지 못한 것은 그들의 운명이 바로 자신의 운명이었기 때문이라고 합니다. 한몸으로 묶인 운명공동체라서 특별한 감정이 따로 생겨나지 않는다는 것이지요. 일상 생활에서 우리가 늘상 관계하는 인물이나 사물, 사건은 범상한 것이기에 마음을 움직이지 않는다는 뜻입니다. 그런데 벤야민에 따르면, 삶의 현장에서 감동을 주지 못하는 많은 것들이 무대 위에서는 우리를 감동시킨다고 말합니다. 평소에 우리가 아무렇지 않게 내뱉는 말들을 누구에게 영상편지하는 방식으로 사람들 앞에서 한번 해보세요. 갑자기 감정의 속도가 급격히 올라가면서 마음을 통제하거나 주체하지 못하는 경험을 가지게 될 것입니다. 이런 측면에서 프사메니투스는 노인을 보는 순간 현실에서 무대로 감정이 이완되면서 눈물이 터졌을 것이라고 벤야민은 해석합니다.

프랑스의 문호 몽테뉴도 프사메니투스를 언급합니다. 몽테뉴는 수상록, 즉 에세이라는 말을 최초로 쓴 사람이지요. 몽테뉴가 살던 16세기 당시에 프사메니투스의 통곡과 비슷한 사건이 일어납니다. 프랑스 로렌에 살던 샤를 드귀즈 추기경이 프사메니투스와 비슷한 역할을 합니다. 추기경의 형이 예기치 못한 암살을 당합니다. 비극이 일어난 지 미처 2주도 안되어 아우도 급사합니다. 형제들의 잇단 죽음에도 의연하던 추기경은 며칠 뒤 부하의 죽음을 접하고 방성대곡을 합니다. 몽테뉴는 이 사건을 거론하면서 프사메니투스가 운 까닭을 이렇게 추리합니다. 이집트왕은 자식들의 비참한 모습을 보고 이미 슬픔에 가득 차 있었기 때문에 슬픔이 조금만 불어나더라도 정말 터질 수밖에 없었다, 즉 인내하고 억제한 슬픔이 위험수위까지 육박했는데, 때마침 거지 노인을 보면서 슬픔이 임계점을 넘어 범람한 것이라고 해설합니다.

헤로도토스의 역사에 나온 이야기가 16세기 프랑스에서 그리고 현대에도 계속 재해석되고 있는 것을 보면 역사가 현재와 과거의 대화라는 명제는 유효한 것 같습니다. 2,000년을 훨씬 넘은 헤로도토스의 역사가 오늘까지 생명력을 잃지 않고 논의와 영감의 원천이 되고 있다는 것은 인간 정신이 가진 높은 가능성과 궤적을 보여준다는 점에서 참으로 배울 대목이 많습니다. 벤야민의 문학적 수사를 빌리자면, 수천 년 동안 밀폐된 피라미드의 방에 놓여 있으면서도 오늘날까지 그 맹아적 힘을 보존하고 있는 한 알의 씨앗, 그것이 바로 헤로도토스의 역사라고 싶어집니다. 결국 숫자나 사건이 아니라 인간의 이야기가 바로 '역사'라는 것을 다시 한 번 깨닫게 됩니다.

3

역사와 혁명의 미아,
나폴레옹

권력을 향한 참을 수 없는 질주

위인들이 역사를 만드는 게 아니라

위대한 시대의 호명으로

위인들이 출현한다. _헤겔

시대의 승리자 혹은 혁명의 배신자

"나폴레옹은 한 시대의 혜맨 아이(미아)였습니다."   ─함석헌

프랑스대혁명 이후 권력의 절정에 올랐다가 추락한 나폴레옹은 근대인이 도달할 수 있는 극한점을 보여준 인물입니다. 자유와 평등, 민족주의의 이념을 유럽 전역에 전파한 '절대정신'의 표상으로 칭송받는 동시에 정복 전쟁을 통해 유럽의 지도를 바꾸면서 곳곳의 민족의식을 각성시킨 아이러니의 연출자이기도 합니다.

무엇보다도 그는 전제왕정을 전복시키고 민중의 공화국을 건설하려던 프랑스 혁명의 뒤통수를 치고 황제에 오른 배신자의 전형입니다. 그러나 식민지에서 태어난 야심만만한 청년이 본국의 황제로 즉위했다는 것은 나폴레옹이 근대가 가진 상승지향적 충동과 확대지향적 욕망의 화신임을 보여줍니다.

달리 말해서 나폴레옹이야말로 보잘것없는 여건에도 불구하고 운명을 내 손으로 만들어간 승리자라는 사실도 배제할 수 없습니다. 자신의 내면에서 잠자는 사자를 깨워서 황제가 된 나폴레옹이야말로 수많은 자기계발 서적들이 강조하는 인생의 성공 사례가 아닐까요. 또한 시련과 좌절의 연속을 딛고 절대권력의 최정점에 도달했지만 끝내 대서양의 절해 고도에서 숨을 거뒀다는 드라마틱한 운명은 희랍 비극의 영웅처럼 시대착오적이기는 하지만, 숙명에 반항하는

인간의 집념과 의지를 몸으로 써내려갔다는 점에서 경이롭기조차 합니다.

이것이 아닌 저것을 갖고 싶고, 이곳이 아닌 저곳을 가고 싶다는 시인의 언어처럼 나폴레옹은 본질적으로 방황과 도전의 아이콘입니다. 방황과 도전이야말로 청춘의 본질이고 의미가 아니겠습니까. 그래서 나폴레옹은 예로부터 청년들의, 특히 식민지나 개천에서 태어난 잠룡들의 열광적인 숭배를 받아왔습니다.

우리 현대사에서 첫 쿠데타를 주도한 인물들도 나폴레옹 예찬론자입니다. 쿠데타의 간판인 박정희 대통령과 설계사인 김종필 총리도 마찬가지였습니다. 그들의 학창시절 애독서는 나폴레옹 전기였습니다. 특히 박정희는 나폴레옹과 함께 키가 작고 식민지에서 태어나 본국의 군사관학교를 다녔다는 공통점이 있습니다. 문경소학교에서 학생들을 가르치던 교사 박정희의 하숙집 책상 위에는 배가 불룩 나오고 앞가슴 양편에 단추가 달려 있는 나폴레옹의 액자가 걸려 있었고 제자들에게 영웅 나폴레옹의 이야기를 열정적으로 들려줬다고 합니다. 대체로 쿠데타를 일으킨 사람들은 자존심이 극단적으로 센데, 주변 환경이나 신체 조건에서 형성된 콤플렉스 때문인 사례가 많습니다. 하지만 나폴레옹의 키는 당대 평균 신장을 넘어서고 용모도 수려했다는 반박도 요즘은 유력합니다. 프랑스 화가 자크루이 다비드가 그린 백마를 타고 '알프스를 넘는 나폴레옹'에 그려진 위풍당당한 꽃미남이 나폴레옹의 전성기 시절이라고 합니다.

그런데 나폴레옹에 대한 평가는 대나무 쪼개지듯 쫙 갈립니다. 씨알 사상의 함석헌 선생은 자유, 평등, 사랑을 표어로 삼은 프랑스혁명 이후에 있을 수 없었던 인물이라고 혹평합니다. 왕의 목을 베어버린 대혁명을 한 나라에서 역사의 물결을 거슬러 황제가 되었으니 역사의 미아가 될 수밖에 없었다고 말하면서, 나폴레옹은 국가 지상주의의 대표적 상징이라고 규정합니다. 한 말라깽이 포병장교가 황제가 되고 배가 나오면서 많은 나라를 집어 삼켰다고 야유한 시인 자크 프레베르도 나폴레옹을 침략자의 이미지로 그리고 있습니다. 이런 입장을 취하면, 영웅 나폴레옹은 한마디로 허상입니다.

　하지만 살아남은 자가 강하다는 적자생존의 이론을 따라서 나폴레옹을 영웅시하는 생각도 많습니다. 러시아 소설가 도스토예프스키의 『죄와 벌』에 나오는 라스콜리니코프는, 나폴레옹의 신체는 육체가 아니라 청동으로 만들어져 있다고 생각합니다. 한 사람을 죽이면 살인자지만 수십만 명을 죽이면 영웅이라는 관념으로 나폴레옹을 우러릅니다.

　나폴레옹은 생존투쟁과 권력투쟁의 마당에서 승리를 쟁취한 초인이고, 이러한 초인에게는 범인에게 적용되는 법과 윤리가 해당되지 않는다는 것입니다. 한마디로 정권을 잡는 것은 동물의 세계처럼 수천만의 경쟁자를 물리치고 최정상에 오른 것인데, 나폴레옹은 나아가 유럽 전역을 제패했으니 진정한 영웅이라는 것이지요. 이 관점에서는 나폴레옹이 허깨비라고 하더라도 황제였고 지금도 파리의 중심부에 누워 프랑스를 증언하는 것은 변할 수 없는 사실이 됩니다. 즉 아무리 맹공격을 퍼부어도 나폴레옹 황제에 대한 환상은 깨지지 않는다는 것이지요.

나폴레옹이 프랑스 역사의 엔진일까

영웅 숭배론자인 토마스 칼라일은 역사는 위대한 인물을 중심으로 벌어지며, 범인은 영웅을 위해 필요한 존재들이라고 폄하합니다. 이런 영웅사관에 따르면, 나폴레옹과 같은 천재적 전략가가 프랑스 역사의 주인이며 그의 행위와 지각, 상상력이 사회와 역사를 끌고가는 엔진이 됩니다.

인류사를 살펴보면, 특정한 개인을 영웅으로 떠받드는 관습은 고대부터 자연스럽게 생겨난 듯합니다. 사회적 존재로서 인간은 집단 생활을 할 수밖에 없는데, 집단 생활의 핵심은 최고의사결정에 있고, 이것을 내릴 지도자에게 경외와 복종의 관념이 축적되면서 영웅으로 모시게 되는 것이지요. 다시 말해서, 인간이 사회를 이루고 유지하는 과정에서 필연적으로 발생하는 여러 문제들을 해결하기 위해선 리더십을 가진 강력한 지도자, 즉 영웅에게 의존하게 된다는 것이죠.

근대적 합리성과 거리가 먼 전통적 사회일수록 위대한 영웅이 세상을 무대로 활동한다는 믿음을 강하게 신봉합니다. 그래서 유덕한 위인이나 호걸은 훌륭한 자질을 발휘해서 대동세계와 태평성대를 이룩합니다. 서양식으로 유토피아를 만드는 것이지요. 반면 부도덕한 인물이나 무능한 사람이 최고지도자가 되면 천하가 대란으로 빠져드는 디스토피아가 됩니다. 자연과 사회의 문제들을 해결하는 주체가 영웅이라 한다면, 그의 탄생부터 시작하는 모든 행적에 주술적 신비화의 베일이 드리워질 수밖에 없습니다. 물론 영웅사관의 주창자인 칼라일은 영웅을 사상과 정신에 있어서의 영웅이라고 강조합니다. 시인이나 예언자, 성직자를 거론하면서 군주도 빼놓지는 않습니다만, 다들 신비의 영역에 거주하고 있습니다.

그러나 과학과 민주주의의 확산으로 해서 근대는 영웅이 없는 사회로 전락합니다. 칼라일조차 행동의 영웅은 없다고 말할 정도지요. 선거를 통한 권력의 창출은 지도자의 우상화를 방지합니다. 보이지 않는 미래의 불확실성을 예견하고 달래주는 예언자나 제사장이 정치인에게 주도권을 넘긴 지 오래입니다. 그렇다고 영웅이 사라졌느냐 하면 그것도 아닙니다. 1차 대전 후 사회경제적인 혼란이 가중된 독일의 경우가 대표적입니다. 카리스마적 지도자를 대망하는 분위기를 읽은 나치의 히틀러는 국민을 선전선동하여 영웅으로 둔갑해서 등장합니다. 제3제국의 영광과 아리안 민족의 우수성을 호소하면서 독일의 불안감과 불확실성을 해소하겠다는 전근대적 영웅에게 국민들이 집단최면에 걸린 것입니다. 영웅 위인이 세계사의 주체라는 입장에서는 악한이 영웅 행세를 하다가 세계가 전화를 입었다고 변명

할 수도 있겠군요.

그러나 영웅은 해결사가 될 수 없습니다. 영웅은 결국 스스로 해결하기 힘든 문제를 누군가에게 넘기려는 집단 무의식에서 나온 것 아닐까요. 자연의 재해나 사회적 문제는 지도자의 카리스마에서 해답이 도출되지 않고, 사회 구성원 모두의 노력과 지혜를 집대성하게 만드는 제도와 교육에서 찾아야 하지 않을까 합니다. 이제 탁월한 개인의 시대는 지나가고 국민이나 집단 그 자체가 영웅인 시대가 왔다는 하인리히 하이네의 통찰이 생각납니다.

나폴레옹도 시대의 종이다

그렇습니다. 평범한 사람들은 영웅의 들러리가 아닙니다. 스페인의 철학자 호세 오르테가 이 가세트는 위대한 국가를 만드는 일차적 요소는 위인들이 아니라 무수한 보통사람들이라고 말합니다. 국가를 지탱하는 국보는 엘리트가 아니라, 이름이 안 나도 할 일을 묵묵히 하는 사람이라고도 합니다. 실제로 나폴레옹을 소설로 끌어들인 레프 톨스토이는 『전쟁과 평화』에서 어떤 영웅도 역사의 진로를 지배할 수 없다는 강렬한 메시지를 던집니다.

작품을 보면, 나폴레옹과 같은 영웅도 운명을 스스로 창조하려 했지만 혼자만의 의지로는 어떻게 할 수 없는 힘 앞에 좌절한 것으로 드러납니다. 세계사는 운명과 같아서 아무리 뛰어난 개인도 큰 역할을 할 수 없다는 것이 톨스토이의 지론입니다.

모든 역사적 사건은 거기에 관여한 민중의 의지에 의해 좌우되는 것이지, 위대한 영웅이 움직인다고 보는 생각은 환상이라는 것입니다. 나폴레옹이 러시아 원정을 통해 허다한 사람의 운명을 결정한 것처럼 보이지만, 이것이야말로 얄팍한 인식이라고 통렬히 비판합니다. 항우와 같은 천하장사라도 산을 뽑을 수 없고 대세를 돌리지 못한 것처럼, 나폴레옹 또한 초인적인 집념을 갖고 역사에 도전했지만 당랑거철蟷螂拒轍의 신세를 면치 못한다는 것이 역사의 진실이지요.

나폴레옹 또한 역사의 하인이고 시대의 종이라는 것은 달리 말하면 영웅은 시대의 산물이라는 논리입니다. 아무리 재능과 역량이 출중한 영웅도 생물학적 한계와 시대적 한계에 갇혀 있습니다. 인류사의 중대한 발견과 발명을 해내고 사회변화를 이끌어낸 위인이라 하더라도 자신이 놓인 역사적 환경의 영향권 아래 있기 때문입니다. 그가 천재성을 발휘하고 업적을 실현한 것 또한 당대 사회의 조건과 한계 속에서 가능한 것이며, 그렇기에 어떤 영웅도 독불장군처럼 외따로 존재할 수 없습니다.

그래서 독일 관념론 철학의 완성자격인 헤겔은 "위인들이 역사를 만드는 것이 아니라 위대한 시대의 호명으로 위인들이 출현한다"고 단언합니다. 겉으로 보면 위인들이 자신의 권력이나 명예 등을 위해 싸운 것처럼 보이지만, 실상은 세계사의 최종적인 목표를 향하여 위업을 쌓는다는 것입니다. 그래서 헤겔에게 역사는 영웅 위인의 의도와 희망대로 진행되는 것이 아니라 보이지 않는 힘, 즉 이성의 간지에 의해 지배되는 절대정신의 자기 전개에 다름 아닙니다. 영웅이 재주를 넘지만 배후 연출자는 역사의 간지라는 것이지요.

표면적으로 역사의 주인공은 영웅으로 보입니다. 심층적으로 들여다보면 아무리 영웅이라도 사회와 시대정신이라는 토대에 조응하지 못하면 금세 사라지거나 교체됩니다. 다르게 말하면, 역사적인 그 어떤 사건도 인물의 외피를 두르고 나타나지 않는 것이 없습니다만 그 사람이 역사의 책임자는 아니라는 뜻입니다. 오히려 그 인물을 둘러싼 시대적 배경이 큰 영향을 미치기도 합니다. 아무리 특출한 영웅도 문화와 환경의 영향을 떨칠 수가 없는 것이지요. 물론 이러한 문화와 환경 또한 인간 사회가 만들어낸 것이기에 기계적으로 영웅과 시대를 분리할 수는 없습니다. 인간은 역사를 움직이는 창의력을 발휘하여 위인이 될 수는 있지만, 이 또한 사회적 환경 및 시대정신에 부단하게 적응한 결과로 이해해야 하지 않을까 합니다. 프랑스대혁명을 보면 표면적으로 과실을 따먹은 인물이 나폴레옹으로 귀착된 것은 우연입니다. 그러나 대혁명의 반작용이 수반되고 혁명 이념이 전파되는 것은 필연이었습니다. 인물이나 사건을 독립적으로 바라보면 역사는 우연의 연속이지만, 우연이 관철되는 과정은 필연의 작용에서 벗어날 수 없는 것이 역사의 이치입니다.

우연과 필연의 변증법: 나폴레옹은 무엇인가

그러나 저러나 역사의 우연이라는 관점에서 나폴레옹은 특히나 흥미롭습니다. 나폴레옹은 1769년 8월 15일 코르시카 섬에서 태어납니다. 코르시카는 나폴레옹의 출생 1년 전인 1768년 8월 15일 프랑스 땅이 되었습니다. 애초 코르시카는 이탈리아 제노바공국의 지배하에 있었습니다. 그런데 당시 제노바공국은 독립투쟁을 하던 코르시카 때문에 골머리를 앓고 있었지요.

두통거리를 없애려고 고심하던 제노바 사람들은 프랑스 루이15세의 재무대신에게 뇌물을 써서 코르시카를 넘겼다고 합니다. 만약 코르시카가 계속 제노바공국의 치하에 있었더라면 나폴레옹은 프랑스 군인으로 성장할 수 없었을 것이고, 당연히 프랑스 황제가 되지도, 러시아 원정이나 워털루 전투도 일어나지 않았을 것 아니겠습니까. 물론 그렇다 하더라도 프랑스 혁명의 이념은 다른 인물에 의해서 판이한 방식으로 확산되었을 것은 의심의 여지가 없습니다만.

역사를 보면 힘 대 힘이 부딪칠 때 사람들은 명장이나 영웅을 대망합니다. 선거와 사업에서 대결이나 경쟁 열기가 고조되면 가장 먼저 찾는 전문가 또한 전략가입니다. 전쟁 혹은 비상 상황에서 가장 먼저 떠오르는 역사적 위인이 나폴레옹입니다. 세계 역사상 최고의 군사적 천재로 엄지를 들게 하는 나폴레옹은 "내 사전에 불가능은 없다"는 말 그대로의 운명을 살았습니다. 코르시카의 섬마을에서 태어나

전 유럽을 발 아래에 둔 황제까지 올랐다가 절해고도 세인트헬레나에서 쓸쓸하게 숨진 파란만장한 영웅입니다.

특히 역사상 다른 위인과 유별난 점이 나폴레옹은 성보다 이름으로 알려져 있는 것입니다. 장자크 루소하면 루소로, 막시밀리앙 로베스피에르 하면 로베스피에르로 기억되는데 나폴레옹 보나파르트는 유독 이름인 나폴레옹으로 호명되는 특이한 존재입니다.

역사적으로 나폴레옹의 평가는 한 마디로 끝내기가 어렵습니다. 오늘날의 프랑스 나아가 유럽의 원형을 만든 설계사이기도 하지만 히틀러나 스탈린과 같은 독재자의 효시이기도 합니다. 그래서 영국 작가 조지 오웰의 소설 『동물농장』에서 독재자로 나오는 돼지의 이름이 나폴레옹일까요. 기분이 나빠진 프랑스에서는 돼지 이름에 나폴레옹을 붙이면 불법이라는 기이한 법률을 만들기도 합니다.

나폴레옹은 모순덩어리의 인간입니다. 전장에서도 책을 손에 놓지 않은 지적인 거인이지만 도덕적인 면에서는 천하의 난봉꾼이었지요. 군사적인 측면에서는 프랑스 육군의 위상을 세계 최강으로 끌어올린 천재인 동시에 수많은 생명을 스러지게 만든 흡혈귀로 묘사되기도 합니다. 어떻든 나폴레옹 몰락 이후 유럽에서는, 다시는 나폴레옹과 같은 인간이 튀어나와서 통째로 유럽을 삼키려는 것을 막아야 한다는데 의견을 모았을 만큼, 막대한 역사적 영향을 끼친 인물입니다.

영국의 역사가 칼라일은 나폴레옹의 업적에 깊은 영향을 받고 한 사람의 존재가 역사를 결정적으로 움직인다는 영웅사관을 만들었습니다. 그러나 랑케 같은 독일의 실증주의 역사학자는 프랑스대혁명이나 나폴레옹의 등장을 우연으로 보지 않고, 당시 유럽의 선진 조류에 낙후되어 있던 프랑스 사회의 집단 무의식이 결정적으로 분출된 것이라고 봅니다. 유럽을 선도하던 프랑스가 산업혁명이나 왕정 시스템 변화 등을 따라가지 못하고 열세에 처한 현실을 한번에 뒤엎어서 새롭게 출발하자는 사회적, 역사적 열망이 작용한 것이라는 분석입니다.

영국의 역사가 프랭크 매클린은 저서 『나폴레옹: 야망과 운명』에서 심리학자 칼 융이 파악한 나폴레옹을 소개합니다. 융은 나폴레옹의 의미를 개인적인 것이 아니라 집단적인 것으로 파악합니다. 즉 과학과 이성을 상징하는 프랑스 혁명 정신에 의해 억압되어 있던 프랑스 사람들의 야만적이고 비합리적인 힘이 나폴레옹을 매개로 한순간에 솟구쳐서 나폴레옹 시대를 만들었다는 것입니다. 이렇게 보면 나폴레옹과 같은 불세출의 영웅도 시대의 아들인 것은 분명합니다.

역설적인 사실은 프랑스 혁명으로 가장 큰 혜택을 누린 나폴레옹이 황제에 등극하면서 혁명에 종지부를 찍었다는 사실입니다. 요즘으로 치면 쿠데타를 일으킨 것으로 봐야 할 것 같습니다. 권력을 장악한 근본이 무력에 있으니까요. 프랑스의 변방 섬마을에 태어난 나폴레옹이 주류 엘리트와 같은 방식으로 권력을 잡기란 불가능한 일이었을 것입니다. 게다가 나폴레옹은 어린 시절부터 권력에 대한 욕망이 강렬했고, 흔히 손금을 칼로 파서라도 운명을 바꾸겠다고 할 만 큰 거센 권력의지의 화신이기도 합니다.

나폴레옹은 어떻게 단련되었는가

보통 혁명가나 자수성가한 위인들을 보면 큰아들이 아닌 경우가 많습니다. 흔히 둘째나 막내 출신이 혁명가가 되곤 하는데, 이는 부모의 애정을 둘러싼 경쟁에서 투쟁심을 키워나가기 때문이라고 합니다. 나폴레옹도 둘째 아들입니다. 나폴레옹의 이름은 애초 부모가 결혼 다음 해 낳았다가 바로 죽은 첫 아이의 이름을 땄다고 합니다. 그래서 나폴레옹의 무의식에는 자기가 죽은 형을 대신한 아이라는 콤플렉스가 있었고, 이것이 한 살 위의 형을 향한 적개심과 경쟁심으로 커졌다고 합니다. 그래서 나폴레옹은 황제가 되고 나서 형이 마음대로 욕망에 탐닉하도록 방치하면서 형에 대한 무의식적 증오심을 해소했다고 합니다.

어린 나폴레옹의 귀가 열리면서 가장 먼저 들은 대화는 패배, 저항, 배신, 고문, 처형, 음모 이런 단어들입니다. 당시 코르시카는 독립운동을 하고 있었고, 혼란과 무질서한 정치 상황에 놓여 있었습니다. 나폴레옹은 어머니 뱃속에 들어있을 때부터 가파른 산길을 따라 피신의 행군을 떠났다고 합니다. 일곱 살에 예수회 학교에 들어가 읽기와 쓰기, 셈법을 배웁니다. 그런데 어린 시절부터 군사적 재능을 드러냈다고 합니다. 다른 아이들이 모두 인형을 그릴 때 혼자 병정을 그리고, 로마 군과 카르타고 군으로 전쟁 놀이를 할 때도 늘상 승자인 로마 군인 역할을 하려고만 했습니다. 군인의 싹이 어릴 때부터 엿보였다고나 할까요.

나폴레옹의 부모님들은 일반적인 엄부자모嚴父慈母형이 아닙니다. 아버지는 아이들을 응석받이로 키웠으나 어머니는 말보다 주먹이 먼저였습니다. 나폴레옹의 어머니인 레티치아는 본래 권력욕이 강한 남성적 성격에 아무리 사소한 잘못도 그냥 눈감아 주는 법이 없었습니다. 레티치아는 나폴레옹이 아주 어릴 적부터 병적인 거짓말쟁이의 징후를 보여서 항상 잔소리와 체벌을 했다고 증언합니다. 그래서 어린 아들의 뺨을 때리고 주먹을 날리고 채찍을 들었습니다. 그런데 나폴레옹은 아무리 맞아도 울지를 않았답니다.

무서운 엄마는 적어도 나폴레옹에게는 좋은 결과로 나타났습니다. 우선 어머니의 잔소리와 가르침으로부터 규율의 가치를 습득합니다. 굶주림은 참아도 위신과 외양을 중시하는 어머니에게 받은 영향은 나중에 나폴레옹이 군대를 지휘하고 정치를 하는 데 큰 자산이 됩니다. 물론 나폴레옹은 어머니에 대한 사랑보다는 두려움과 존경심이 컸다고 고백합니다만, 엄격한 어머니 덕택에 자부심도 갖고 분별력도 길렀다고 회상합니다. 하지만 사석에서는 어머니가 돈에 몹시 인색하고 의심이 많고 바람을 피우지 않았을까 하는 의심도 품었다고 합니다.

나폴레옹의 어머니는 아버지와 금슬이 좋지 않았습니다. 아버지는 쾌락과 사치를 즐기는 이기적인 성격에 처갓집을 상대로 재산 소송을 내는 찌질남이고 어머니는 그 시대 여인으로 꼭 갖춰야 할 덕목, 즉 아이를 잘 낳는 것 말고는 내세울 것이 없었다고 합니다. 게다가 어머니는 나중에 코르시카의 권력자와 핑크빛 스캔들도 연출합니다. 그런데 물과 불처럼 그렇게 다른 부모의 성격이 영웅 나폴레옹을 만들어낸 것을 보면 참 오묘합니다.

그럼에도 나폴레옹의 미래는 아버지가 결정했다고 봐야 합니다. 아버지는 코르시카의 독립운동에 참여했지만 결국 타협과 출세의 길을 택했고, 혜택이 크지 않지만 귀족의 지위를 받은 인물입니다. 나폴레옹은 기회주의적 성향의 아버지를 싫어했지만, 가난하나마 귀족 자제라는 환경을 만들어준 아버지 덕분에 무상교육을 하는 군사학교에 입학할 수 있었습니다. 생물학적 생명뿐만 아니라 사회적 생명도 아버지에게서 받게 된 것입니다.

아버지로 상징되는 고향의 풍토도 나폴레옹의 성격과 재능에 크게 작용합니다. 기본적으로 나폴레옹은 코르시카의 물과 흙으로 빚어진 사람입니다. 프랑스라는 문명의 중심에서 떨어진 원시적인 코르시카의 분위기는 나폴레옹의 심성에 휴화산처럼 숨어 있습니다. 수많은 전쟁을 일으키고 수다한 여인들을 편력하는 나폴레옹의 밑바닥에는 혼란과 충동이라는 코르시카의 원초적 색채가 짙게 배어 있습니다.

무엇보다 코르시카는 '피의 복수'라는 사회적 규칙이 작동되고 있습니다. 피의 복수는 일곱 세대까지 전해 내려갔고, 가문의 명예를 모욕한 행위를 복수하기까지 남자들은 수염을 기른 채 살아야 합니다. 코르시카 사람들의 힘은 원한과 보복인 것이지요. 마피아의 고향 시칠리아도 '오메르타'라고 해서 가문의 일은 스스로 해결하는 것이지, 외부에는 절대로 발설하지 않는다는 침묵의 규율이 있습니다.

합리성과 몽상가의 모순 ─나폴레옹이 말하는 성공의 조건

프랭크 매클린은 나폴레옹이 모순에 처한 성격이나 상황을 지양하면서 한 단계 높이 나아갔다고 보고 있습니다. 군인과 독서광, 수학자와 몽상가라는 충돌하는 성향과 기질을 통해 나폴레옹은 일종의 변증법적 종합으로 향상심을 발휘했다는 것입니다.

젊은 시절 나폴레옹은 책에 미친 포병장교로 불렸습니다. 그가 한 번 읽은 책을 버린 까닭이 다른 사람에게 읽을 기회를 주려 했기 때문이라는 일화도 있습니다만, 군사학교 시절부터 책벌레였습니다. 정독을 하기보다는 다독을 했다고 하는데 인민주권론을 제창한 장 자크 루소에 심취했습니다. 재미있는 것은 일찍이 루소가 나폴레옹이 태어난 코르시카를 유럽에서 진정한 자유와 평등이 실현될 이상향으로 설정했다는 점입니다. 위인과 위인 사이에 기맥이 상통하는 뭔가가 있나 봅니다. 무엇보다 나폴레옹이 좋아했던 책들은 그리스 로마의 고전이었습니다. 그런데 당시 교회는 고전의 저자들이 다 이교도이기 때문에 지옥불에 고통받고 있다고 가르쳤고, 나폴레옹은 이런 교회의 담론을 끔찍이 싫어했다고 합니다.

그래서일까요. 나폴레옹은 사회와 종교에 비판적인 사고를 길러갔고, 이것은 권력의 재편성을 가져오는 혁명이나 정변을 거부감 없이 수용하거나 주도하는 자산이 됩니다.

솔직히 말해서 가난하지만 야심만만한 청년이 당시 프랑스 귀족 사회를 호의적으로 볼 리가 만무합니다. 나폴레옹은 귀족을 "국가의 불행", "바보들", "유전적 얼간이들"이라고 부르면서 증오심을 키웠습니다. 그때 프랑스 군대는 귀족 출신만 고급장교가 될 수 있을 만큼 폐쇄적이었는데, 유일하게 문호를 개방한 병과가 포병입니다. 포병은 수학을 잘해야 하는데, 다행히 나폴레옹은 수학에 특출한 재능을 지녀서 포병 장교로 출세할 수가 있었습니다. "수학이 국력이다"는 나폴레옹의 명언이 그래서 나왔는지도 모릅니다.

독서광인 나폴레옹이 많이 읽다보니 작가지망생으로도 발전합니다. 자신의 영웅인 루소를 공격하는 주장을 반박하는 글을 쓰기도 하고 "예언자의 가면"이라는 제목으로 승승장구하다가 패배해 자살하는 아랍인 예언자의 이야기를 짓기도 합니다. 자신의 생애를 예감하는 글 같기도 합니다만, 어떻든 나폴레옹은 기존의 가톨릭 문화보다는 이슬람 세계에 대한 동경과 매혹을 갖고 있었던 것 같습니다. 무엇보다 들라크루아 신부가 쓴 『지리학』을 읽고 공책에 "세인트헬레나, 작은 섬"이라는 메모를 남겼는데 본인의 유배지를 예언한 것 같아 소름이 끼치기도 합니다. 아무튼 글쓰기를 매우 좋아했던 나폴레옹은 15개월간의 초급장교 시절 포병전술과 역사와 철학에 관한 비망록 서른여섯 권을 남깁니다.

군인의 몸에 수학의 머리와 이국의 가슴을 가진 나폴레옹. 이 실존적 모순이 나폴레옹의 청년기를 지배합니다. 겉으로는 숫자와 논리처럼 고요하지만 속으로는 마그마가 부글부글 끓는 휴화산과 같은 삶을 견뎌내어야 했으니까요. 나중에 나폴레옹이 프랑스 혁명의 정신을 상징하는 동시에 권위주의적 행태를 보이는 모순이 여기서 나오지 않았을까요. 머리는 혁명에 있지만 마음은 구시대에 가 있는 사람이 나폴레옹과 시대와의 간격이었습니다. 어떻게 보면 나폴레옹이 대혁명가가 되는 것을 막았던 가장 큰 장애물은 영국이 아니라 바로 자신이었지요.

나폴레옹이 겪은 것처럼, 존재와 현실 사이의 모순은 프랑스대혁명과 같이 모든 것이 뒤집혀지는 혼란기에는 광채를 발하고 활개를 치게 만들어줍니다. 난세에는 교양 있는 불량배가 큰일을 한다는 중국 말이 있습니다. 프랑스에서 전제왕정이 무너지고 새로운 공화정부는 정착되지 않은 과도기적 혼란 상태가 지속되면서 당연히 외국 세력들이 눈독을 들이게 되고 그러면서 전쟁이 불가피합니다. 이 과정에서 권력에 발생한 진공은 결국 장군이 메우게 되는 것입니다. 교양인 나폴레옹은 물 만난 고기처럼 군사적 재능을 인정받습니다. 특히 1796년에서 1797년까지 이어진 알프스를 넘는 것으로 유명한 이탈리아 전쟁은 전쟁사가들이 최상의 찬사를 보낼 만큼 군인 나폴레옹의 최전성기였습니다. 백마를 타고 눈 덮인 산을 넘는 나폴레옹의 모습이 바로 그의 성공을 포착한 카이로스적 순간이 아니었나 합니다.

승전의 비결은 몰락의 씨앗

『나폴레옹: 야망과 운명』에서는 나폴레옹의 연전연승을 다음과 같이 네 가지로 설명합니다. 첫째, 기술입니다. 과학자들의 노력으로 새로운 대포와 화약이 개발되고 포격전의 규모나 대포의 운용에서 프랑스의 군사력이 압도하는 기술적 기반이 마련되어 있었습니다. 둘째, 프랑스 혁명의 영향입니다. 대혁명의 정신에 고취된 동질적인 군대를 지휘했다는 것입니다. 즉 세계사상 최초로 프랑스에서 국민군이 탄생한 것입니다. 나폴레옹 이전의 다른 나라 군대들은 이질적인 부대원으로 구성된 외인부대들입니다. 오스트리아 군대는 세르비아, 크로아티아, 헝가리인 등 여러 언어를 썼고, 형제 간에도 부자 간에도 왕실을 위해서 서로 다른 군대에 속해 전투를 벌였습니다.

하지만 프랑스는 혁명을 거치면서 나라를 위해서 총을 드는 징병제가 실시됐고 나아가 지성을 지닌 총검, 즉 지적인 병사들이 전쟁에 나섭니다. 그러다보니 병사들의 사기가 높습니다. 이 사기가 승리의 셋째 요소이지요. 마지막으로는 병사들의 마음과 심리를 이해한 나폴레옹의 리더십과 지휘능력이 화룡점정입니다. 인간은 근본적으로 돈에 좌우되지만 이를 인정하기는 몹시 싫어한다는 것을 이용해서, 칼을 서훈한다거나 레지옹도뇌르처럼 훈장을 만들어서 자극을 준 것이지요. 사람의 마음을 이해하고 이용하는 리더십이 나폴레옹 승전의 비결이었습니다.

그러나 사람을 알면 사람을 지배할 수 있다는 오만한 생각이 나폴레옹의 황제 등극으로 나타납니다. 혁명 이념의 전파자가 거꾸로 혁명의 정신을 등치고 황제에 오릅니다. 말을 탄 절대정신으로 추앙받은 나폴레옹이 황제에 즉위한 것은 자가당착, 이율배반적인 행위입니다. 그가 황제가 되었다는 소식을 들은 베토벤은 나폴레옹에게 바치려던 교향곡 제3번의 제목을 보나파르트에서 《에로이카》로 바꾸기도 합니다.

지지 기반을 다지기 위해서 노력했는지 모르지만, 나폴레옹은 황제로서 업적도 많습니다. 수도 파리를 세계 제일의 수도로 만들기 위해 근대적 도시 정책을 추진하기도 하고, 나폴레옹 법전을 만드는 등 프랑스의 근대화와 유럽의 계몽에 선구적인 역할을 합니다. 그렇지만 프랑스 혁명의 본질은 왕정 폐지인데 나폴레옹이 다시 왕위에 올랐다는 것은 어떤 미사여구로도 정당화되기 힘들 것 같습니다.

자기모순적인 나폴레옹의 행보 때문인지 백전백승의 신화도 깨지기 시작합니다. 나폴레옹의 해군은 1805년 10월 트라팔가르해전에서 영국의 넬슨 제독에게 완패당합니다. 게다가 1810년 나폴레옹은 조제피나 황후와 이혼하고 오스트리아 황제의 딸 마리루이즈와 혼인합니다. 정략결혼이라고 봐야겠지만 조강지처와 결별한 이러한 가정사의 변화도 나폴레옹의 심리나 정서가 흔들리고 있음을 보여줍니다. 무엇보다 나폴레옹을 귀족과 왕정의 해방자로 환영했던 유럽의 민중들이 침략자로 인식을 바꾸면서 여론의 지지를 잃게 됩니다.

　프랑스 혁명의 아들이자 유럽 민중의 친구인 나폴레옹은 침략의 아이콘으로 변질됩니다. 스페인을 해방하러 온 나폴레옹이 자기 형 조제프를 스페인 국왕으로 내세우면서 반대하는 스페인 민중을 학살하자 곳곳에서 게릴라 투쟁이 일어납니다. 왕과 귀족에 가장 반항했던 나폴레옹이 왕과 귀족 놀이에 빠졌으니 일이 제대로 될 리가 없는 것은 불문가지입니다.

　특히 바다의 패권을 거머쥔 영국은 끊임없이 나폴레옹을 위협했습니다. 이에 대응하여 나폴레옹은 1806년 대륙봉쇄령을 내려 유럽과 영국의 교역을 금지시킵니다. 반발한 러시아가 봉쇄령을 어기자 이에 격분한 나폴레옹은 1812년 60만 대군으로 러시아를 공격합니다. 결국 모스크바 침공은 실패로 끝나고 대신 문학에서는 톨스토이의 전쟁과 평화, 음악에서는 차이코프스키의 《1812년 서곡》이라는 걸작만 낳게 합니다.

섬과의 운명적 인연

2년 뒤, 나폴레옹은 지중해의 작은 섬인 엘바 섬의 영주로 추방되었습니다. 그리고 나폴레옹 때문에 숨을 죽이고 있던 유럽의 왕가들이 일제히 자기 권리를 주장하는 왕정복고의 시대가 열립니다. 고민에 빠진 나폴레옹에게 어머니가 조언을 합니다. "아들아 가서 너의 운명을 실현해라. 너는 이 섬에서 죽으려고 태어나지 않았다." 어머니의 격려를 받은 나폴레옹은 천 명의 병사와 말 마흔 마리를 갖고 프랑스 본토에 상륙합니다. 이후 프랑스 언론은 나폴레옹을 엘바의 살인귀라 부르다가 며칠 후 황제 폐하, 파리 입성으로 바꾸는 등 기회주의적 변신을 부끄럼없이 자랑합니다.

하지만 나폴레옹의 복귀는 백일천하로 막을 내립니다. 워털루전투에서 결정적으로 패배한 나폴레옹에게 재기는 물 건너갑니다. 망명지를 놓고 나폴레옹은 미국으로 영국으로 의사를 타진합니다. 아이러니컬하지만 그가 원한 곳은 영국이었습니다. 마치 그가 애독한 그리스 고전에 나오는 아테네의 명장 테미스토클레스의 운명을 염두에 둔 것이 아닌가 합니다. 테미스토클레스는 페르시아 해군을 격파했지만 나중에 페르시아에 망명합니다. 나폴레옹 또한 자신의 호적수 영국에 여생을 의탁하려 했습니다. 그러나 영국은 나폴레옹으로 인해 풍전등화의 위기를 겪은 터라 결국 대서양의 절해고도 세인트헬레나를 유배지로 낙점합니다.

섬에서 태어난 나폴레옹은 섬으로 유배되었다가 섬에서 생을 마감합니다. 그를 파멸로 몰고간 나라도 바로 섬, 영국입니다. 어쩌면 공화국의 군인이었던 나폴레옹이 왕이 된 순간, 이미 운명은 파국을 향해 가고 있었는지 모릅니다. 혁명가가 아니라 권력자의 길을 선택하면서 파국을 맞은 것이 나폴레옹의 운명이지요.

나폴레옹을 둘러싼 사람들의 행과 불행도 엇갈립니다. 나폴레옹의 주변 인물을 보면 나폴레옹에게 충성을 다했던 사람들은 모두 요절합니다. 반대로 나폴레옹을 배신하거나 저버린 자들은 모수 장수를 누립니다. 나폴레옹의 철천지 원수들인 웰링턴 장군이나 메테르니히, 탈레랑 같은 정치인들도 19세기에 모두 80대까지 살았으니 쉰두 살로 사망한 나폴레옹이 불운하다고 해야할까요. 하지만 나폴레옹의 죽음은 역설적으로 부활로 이어집니다. 곧바로 나폴레옹에 대한 국민적, 국가적 추모의 분위기가 일어나고 이것은 조카인 루이 보나파르트를 다시 왕좌에 오르게 만듭니다.

결론적으로 나폴레옹이 특출하고 위대한 인물이었다 해도 독재자였던 것은 분명합니다. 나폴레옹은 자신의 독재가 혁명기의 혼란에서 일시적으로 불가피했다고 변명했지만 이것은 스탈린이나 히틀러가 독재의 정당성을 옹호하는 것과 다름이 없는 일입니다. 이런 독재자들은 평화의 시기에도 자신의 권력을 내려놓지 않으려고 합니다.

어떻든 나폴레옹은 고독한 죽음 이후 신화의 영역으로 올라갔습니다. 손금으로 승리를 점치면서 미신과 운명을 믿은 인간이 정해진 운명은 없다는 것을 온몸으로 보여줬다는 이 역설이 나폴레옹을 신과 같은 존재로 만들었다는 설명에 고개를 끄덕입니다. 그래서 프랑스는 그의 유해를 수도 파리의 중심부에 묻고 오늘도 나폴레옹의 영광과 향수를 호흡하면서 살아가는 것 같습니다.

4

민족주의와 제국주의의 명과 암, 근대인

우리는 역사 공부로 무엇을 배울까?

민족주의와 제국주의는 서로 다른 나무이지만

뿌리는 하나입니다. 근대적 이성이라는

모체에서 양분을 받은 것이지요.

때문에 민족주의와 제국주의를 알려면

먼저 근대와 이성을 살펴봐야 합니다.

우리는 하나라고 믿게 하는 환상 ―민족주의

민족이란 말을 듣기만 해도 가슴이 뛰는 사람들이 많습니다. "이 한 몸 민족과 조국을 위해"를 외치며 생명을 바친 독립운동가와 순국선열이 대표적입니다. 애국가가 울리고 태극기가 올라가는 금메달 시상식을 지켜보며 가슴이 고동칠 때, 정말 수천만 한민족이 하나라는 강렬한 경험을 공유하곤 합니다.

그런데 과연 민족은 존재할까요. 어떤 기준으로 민족을 판정하고 무엇이 민족을 하나라고 명명하게 만들까요. 사실 민족은 정말 애매하고 모호한 말입니다. 핏줄이나 언어, 문화나 지역 등을 구성 요소로 내세우지만 파고들면 파고들수록 정체를 알 수 없는 양파와도 같은 존재가 민족입니다. 사실과 정론 대신에 허구와 가필을 하는 것이 민족의 정체성 수립에는 유리할지도 모릅니다. 유구한 시간 동안 변함없는 동일성을 지니고 살아온 실체, 즉 민족이라는 중심을 설정해야, 이리저리 흩어진 사람들을 하나로 끌어당기는 구심력이 생겨나기 때문입니다.

특히 제국주의의 침략을 받고 식민지로 전락한 사회에서 민족이나 민족주의는 순식간에 성장합니다. 바깥의 침입에 대응하고 저항하면서 우리라는 민족 개념이 형성되는 것이지요. 이렇게 만들어진 민족과 민족주의는 국가를 지배하고 통치하는 권력 엘리트들에 의해 악용되기 일쑤입니다. 권력의 정당성이나 정통성에 위협이나 도전이 가해질 때 민족주의는 우리는 하나라는 식으로 내부 회피하거나 외부로 적을 투사하는 도구로 사용되었습니다. 그래서 민족주의는 가성비가 아주 탁월합니다. 실업이나 외국 노동자, 경제적 양극화로 정치적 불만이 심화되고 사회적 통합에 균열이 올 때, 민족주의가 만연하는 배경입니다.

이런 맥락에서 민족주의는 근대의 적자입니다. 민족주의의 호적을 조사하면, 1789년 7월14일 파리 시민들의 바스티유 감옥 습격으로 태어났습니다. 출생의 씨앗을 뿌린 장본인은 장자크 루소입니다. 루소는 인간은 본래 자유롭게 태어났으나 지금 도처에서 사슬에 얽매여 있다고 불평등의 기원을 탐구합니다. 그에 따르면, 고귀하고 존엄한 인간의 본성을 훼손하는 낡은 사회는 끊어버려야 할 사슬에 불과합니다. 루소의 철학을 받아들인 프랑스 민중들은 출신 성분의 차별을 철폐하는 정치세력을 지지하고, 부조리한 현실은 총을 들고서라도 타파하기 위해 혁명의 방아쇠를 당깁니다. 혼란의 와중에 프랑스를 침략하려는 외세에 맞서 국민 개병제가 실시되어 내 손으로 내 나라를 지키는 민족국가, 국민국가가 등장하면서 민족주의는 근대의 정치 이념으로 우뚝 섭니다.

민족주의의 경제적 배경은 산업혁명입니다. 산업혁명 이후 경제적 양극화가 심화되면서 내부 공동체를 맺어주는 연대감과 믿음이 붕괴 위기에 처합니다. 이완된 사회를 붙이는 강력한 접착제가 민족주의입니다. 그래도 우리는 하나라는 민족주의는 내부의 불평등 문제를 외부 세계, 즉 식민지 확대를 통해 타개하려고 합니다. 외부로 뻗어나가기에 앞서 적전 분열은 피하고 하나로 뭉치자는 민족주의가 득세를 하게 됩니다. 그렇기에 민족주의는 본질적으로 침략적인 성격을 띠고 있습니다.

더욱이 침략을 당한 쪽에서도 싸우는 과정에서 민족을 발견하게 되고 민족주의는 성장 확대 일로를 걷습니다. 서구의 식민지가 된 신대륙과 아시아의 대부분 지역에서 민족주의는 저항적인 기조로 갈 수밖에 없습니다. 그래서 민족주의는 침략적이자 저항적이라는 양가 성향을 내포하면서 제국주의와 반제국주의 투쟁의 대립항을 갖게 됩니다.

제국은 한마디로 다른 지역을 정복해서 식민지로 만들어 지배하는 국가입니다. 비유하자면 해적과 같은 것이죠. 해적질은 대단히 위험하고 불확실하지만 잘만 하면 보물섬의 주인공이 될 기회를 가져다 주기도 합니다. 하이리스크, 하이리턴의 일확천금식 도박입니다. 끝 간 데 없이 정복하고 팽창하는 침략 국가의 정치적 욕망이 제국주의입니다. 역사적으로는 1870년대부터 제1차 세계대전까지가 제국주의의 시대입니다. 영국, 프랑스 등의 선발주자에 맞서 독일, 미국 등 후발주자들이 경쟁적으로 식민지 침략 대열에 뛰어들면서 뒤엉킨 시기였지요.

근대의 빛과 그늘

민족주의와 제국주의는 서로 다른 나무 같지만 뿌리는 하나입니다. 근대적 이성이라는 모체에서 양분을 받은 것이지요. 때문에 민족주의와 제국주의를 알려면 먼저 근대와 이성을 살펴봐야 합니다.

인류는 장구한 세월 동안 신분이 세습되고 내세가 현실을 부정하고 관념이 육신을 속박하는 차별과 멍에를 안고 살아왔습니다. 모순이 있는 곳에 저항이 있고 예속이 강할수록 자유를 갈구하는 것이 인간의 속성입니다. 역사 속에서 인간은 해방을 위해 지속적으로 투쟁하고 전진해왔습니다.

지상에서 유토피아를 건설하기 위한 인간의 가장 강력한 무기가 바로 이성입니다. 인간의 이성이 설계하고 건축한 근대 사회는 인류 해방의 가능성을 보여줬습니다. 정치적 이성의 측면에서 인간의 자유와 평등에 기초한 휴머니즘은 민주주의를 가져왔습니다. 인간이라면 누구나 태어났다는 것 그 자체로 동등하게 생존과 생활을 누릴 천부의 권리를 확보했다는 관념은 전면적으로 확산되고 있습니다.

합리적 이성은 물질적 추구를 긍정하고 현세의 가치를 우선하면서 과학기술혁명을 낳아 의식주 문제를 획기적으로 개선시켰습니다. 여전히 빈곤의 문제는 글로벌한 차원에서 해결을 필요로 하지만, 적어도 물질적 측면에서 인류는 지구상에 존재한 이래 황금 시대에 진입했습니다. 합리성으로 빚어진 과학이 현대판 연금술인 셈입니다.

그러나 민족주의와 제국주의처럼 이성도 빛과 그늘을 보여줍니다. 정치적 이성의 표현으로 치러진 선거 민주주의는 오히려 선출된 파시즘 권력의 정당성을 보증하주면서 억압과 차별의 부작용을 빚어냈습니다. 선거로 정권을 획득한 나치 집단은 아우슈비츠로 상징되는 폭력과 야만을 이성의 깃발 밑에서 수행했습니다. 인간의 해방을 위한 물질적 기반이 되었던 과학과 기술은 원자폭탄을 개발하면서 인류 절멸의 위험을 자초하고 있습니다. 더 많은 이익을 위해 동원된 과학기술은 글로벌 환경 문제를 야기하면서 현대를 '위험 사회'로 한 걸음씩 나아가게 만듭니다.

결국 근대 이성이 만든 빛과 그늘을 총체적으로 파악하면서 극복해나가야 합니다. 이성의 장점을 극대화하고 이성의 단점을 최소화하는 것이 필요합니다. 이성의 부작용이 크다고 폐기하는 것은 우물에 벌레가 나왔다고 해서 폐쇄하는 것과 다름이 없습니다. 이성의 이중성을 충분히 인식하지 않고 한 면만 본다면 세상을 특정한 방향으로 끌고가려는 권력의 의도에 부화뇌동하게 됩니다.

물론 홀로코스트와 원폭 투하를 겪고 나서 인간의 이성이나 진보에 대한 믿음이 산산조각 나면서 그 빈 자리를 정서와 주관이 채웠습니다. 그러다보니 대중의 판단력이 현저히 떨어지게 되고 그 틈을 국수주의적이고 배타주의적인 사람들이 파고들어서, 이른바 "이주노동자가 누리는 특권 때문에 한국 국민의 생명과 재산이 위협받고 있다"는 식의 유치하고 치졸한 주장을 사람들이 쉽게 받아들이고 마는 사회가 되고 있습니다.

트럼프와 제국주의

이렇게 가면, 즉 합리적인 사고를 포기하면 어떤 일이 일어날까요. 최근에 국내외적으로 가짜 뉴스가 눈사태처럼 일어나고 있습니다. 미국의 트럼프 대통령은 자신에게 불리한 보도를 하는 시엔엔CNN과 같은 유수의 매체들을 가짜 뉴스라고 공격합니다. 우리도 특정한 정치 세력이 의도를 갖고 에스엔에스SNS를 통해 짜깁기한 가짜 뉴스를 대량 유통시키고 있습니다.

그런데 뉴스를 수용하는 사람의 입장에서, 가짜 뉴스와 진짜 뉴스를 가려내기가 쉽지 않습니다. 게다가 자신의 입맛에만 맞는 정보를 선호하는 경향이 심화되면서, 오히려 가짜 뉴스를 즐기기도 합니다. 전문가도 이해관계에 따라 정보를 취사선택해서 공급하다 보니 그에게만 의존하는 것도 위험합니다. 객관과 사실에 입각하지 않은 가짜 뉴스는 개인과 공동체의 몰락과 해체만 촉발할 것입니다.

따라서 가짜 뉴스에 속지 않고 정확한 판단을 내리기 위해 가장 필요한 도구는 합리적 이성입니다. 지금의 사회와 질서가 형성된 전후 맥락을 꼼꼼히 따져서 서로 정보가 충돌하는 뉴스를 크로스체크cross-check하면 진위를 파악할 수 있으니까요.

인간을 계몽하고 해방하는 이성의 역할을 역사에 적용하면 어떨까요. 권력이 선동하는 억압적, 착취적 민족주의, 즉 제국주의를 제어하고 민족주의의 평등적, 저항적 역할을 주시하는 무기가 되지 않겠습니까. 일본의 논객 사토 마사루가 쓴 『흐름을 꿰뚫는 세계사 독해』라는 책은 그런 면에서 많은 시사점을 던집니다. 지금의 국제정세를 과거 19세기말 제국주의의 역사와 비교하고 유추해서 향후 동향과 전망이 어떻게 될지 예측하게 해줍니다.

　현재의 상황을 두고 100여 년 전의 과거가 재연되는 것 아니냐는 지적이 많습니다. 칼 마르크스는 "역사는 반복되는데 한 번은 비극으로 한 번은 희극으로 되풀이된다"고 했지만, 인간이 잘못 대처하면 비극이 거듭 올지도 모르는 일입니다.

　사토 마사루는 지금 세계가 예전의 제국주의를 반복하고 있다고 분석합니다. 당시 제국주의의 종착역은 세계대전이었습니다. 최근 시리아 내전이나 우크라이나 분쟁, 브렉시트Brexit로 상징되는 유럽의 민족주의 정서 고조, 동북아시아의 영토 분쟁, 그리고 중국과 러시아의 세력 팽창 시도 등도 제국주의의 부활을 알리는 징조 같습니다. 특히 전쟁을 국가간 문제 해결의 수단으로 활용할 가능성이 높아지고 있다는 측면에서 더욱 혐의가 짙어집니다. 국제 사회가 모두 자국가 혹은 자민족 중심주의의 외길을 가다보면 조만간 충돌은 불가피할 수밖에요.

제국주의의 패권 비교 — 영국과 미국

19세기 제국주의 시대에는 영국이 패권국가였습니다. "해가 지지 않는 나라"로 불리던 영국은 세계 전역의 4분의 1을 실효적으로 지배하고 해상 교통로를 장악한 세계 최강국이었습니다. 19세기 전반에 걸쳐 영국이 국제 사회에 제시한 정책 기조는 자유주의였습니다. 왜냐하면 자유 경쟁이 영국의 이익에 가장 부합하는 이념이기 때문이지요. 산업혁명으로 물질적 토대를 구축한 영국의 자본가들은 국가의 규제를 거추장스럽게 느끼고 야경국가처럼 최소한의 질서 유지만 담당하라고 요구합니다.

다른 나라에 대해서도 마찬가지로 자유주의를 강요합니다. 당시 영국은 슈퍼카인 반면 경쟁자인 독일과 프랑스 등은 소형 경차인데, 시속 100킬로미터로 속도제한을 하면 오히려 쌩쌩 달리기가 힘들게 됩니다. 그러니 영국은 속도제한과 같이 국가가 룰이나 규제를 하지 말고 자유롭게(!) 거래하자고 강요하면서 식민지 확장 속도를 높여 나간 것입니다.

하지만 영국의 상승세가 꺾이는 국면이 펼쳐집니다. 1873년에 세계적 경기불황이 시작됩니다. 이 때 철강, 전기 등 중화학 공업에 기술혁신이 일어났는데, 영국은 기존의 경공업 체제에서 중공업으로의 전환이 늦어집니다. 승자의 저주라고도 할 수 있는데, 후발주자인 독일과 미국은 오히려 장기공황을 잘 활용해서 국력을 강화합니다.

영국의 패권이 약화되면서 제국주의 국가들 간 식민지 쟁탈전은 더욱 치열해집니다. 이렇게 되자 국가가 시장에 간섭하는 제국주의의 움직임 또한 더욱 활발해집니다.

현재 흐름도 그때와 비슷합니다. 지금 미국은 세계 경찰입니다. 미국과 나머지 세계 모든 나라가 전쟁을 한다고 해도 미국이 승리할 것이라는 예상이 현실적입니다. 미국의 패권에 도전할 간 큰 국가가 아직은 보이지 않습니다. 그렇지만 국가도 아닌 무장집단인 탈레반이나 아이에스^{IS}를 완전 제압할 수 없는 나라가 미국이기도 합니다.

1991년 소련 붕괴 이후 미국은 슈퍼프라이머시$^{super\ primacy}$로 독보적인 지위를 고수해왔습니다. 영국이 패권국가로서 자유주의를 주장했듯이 미국도 신자유주의를 온 세계에 전파했습니다. 글로벌 세계가 전개되면서 미국의 이익은 최대치에 달했습니다. 그러나 신자유주의의 국제정치적 종착점은 9·11 테러였고 2008년의 금융위기는 경제적 한계선이었습니다.

이와 맞물려 러시아와 중국이 군사력을 바탕으로 국력을 신장하고 국익을 추구하면서 미국이 누린 패권도 점차 약화되는 실정입니다. 마치 독일, 미국이 영국을 추격하는 19세기말 사정과 흡사합니다. 무엇보다 중국은 2010년 세계 경제규모 2위로 부상하면서 마치 옛날 독일이 영국에 도전한 것처럼 미중의 대립과 대결 분위기가 고조되고 있습니다.

제국주의를 예고하는 날갯짓

반론도 만만찮습니다. 예전의 제국주의는 식민지를 확장하기 위한 영토적 야심이 가득했고 무력 동원에 의존했지만 지금은 사정이 다르다는 것이지요. 총성 없는 경제 전쟁은 치열하지만 실제 전쟁을 통해 국경선을 변경하려는 정책은 어렵다는 것입니다. 그러나 흐름을 꿰뚫는 세계사 독해에서는 2008년 8월을 21세기 제국주의의 분기점으로 지적합니다.

구 소비에트 연방의 일원이었던 조지아(그루지아)가 2008년 베이징 올림픽을 앞두고 러시아 군이 주둔 중인 남오세티야 자치공화국을 공격합니다. 당시 조지아의 사카슈빌리 대통령은 부시 행정부와 돈독한 관계였고, 그런 관계를 감안하면 러시아가 별다른 개입을 안할 것이라고 낙관합니다. 하지만 크렘린은 조지아 군을 격퇴한 데 그치지 않고 조지아의 거점 도시 등을 공습하고 포격하는 등 정당방위를 넘어 과잉방위로 치닫습니다. 내친 김에, 남오세티야와 압하지야를 조지아로부터 독립시켜 버립니다. 조지아 입장에서는 빈대 잡으려다 초가삼간 태운 격이 된 것입니다. 냉전 이후의 국제 규칙의 측면에서는 조지아 사태 이후 무력으로 국경을 바꾸지 않는다는 암묵적 룰이 깨어졌습니다.

중국과 일본의 조어도 분쟁, 우크라이나 내전과 크림 반도 합병 문제, 그리고 우리의 독도 문제도 이런 맥락에서 새롭게 봐야 합니다.

19세기 중엽 영국이나 20세기 후반의 미국과 같이 패권국가가 강력할 때는 자유주의가 득세하고, 패권국가가 약화되면 군웅이 할거하는 제국주의가 찾아오는 역사적 순환이 작동하고 있습니다만, 일단 강제적으로 식민지를 병합하는 방식은 꺼리는 추세입니다. 현지인들의 저항과 투쟁에 따른 식민지 관리비용이 너무 높기 때문이지요. 세계 대전으로 끝난 과거나 핵전쟁의 피해를 교훈 삼아 전면전 대신 국지전을 하는 것도 예전과 다릅니다.

그렇지만 아무리 세탁을 해도 제국주의는 제국주의입니다. 외부를 침략해서 국가를 유지한다는 것이 제국주의의 본질인 이상, 앞으로 국지적인 분쟁이나 전쟁은 더욱 빈발해질 가능성은 짙습니다. 미국의 트럼프 행정부가 이를 증거합니다. 상대 국가를 배려하지 않고 자국의 요구만 관철시키려는 이기주의적인 제국주의의 면모를 여실히 드러냅니다. 아메리카퍼스트의 노골적인 정책이나 메시지는 강압과 억지를 함축하고 있습니다.

하지만 상대국이 저항하고 국제여론의 비난이 거세지면 한 걸음 물러납니다. 자국 이익만 너무 강요하다가 오히려 국익에 마이너스가 될까봐 그런 것이지요. 그러다가 상대국의 대응이 약화되고 국제여론이 호전되면 호시탐탐 맹수의 발톱을 드러내는 것을 주저하지 않습니다.

국가 간의 분쟁도 무력으로 대처하려는 경향이 뚜렷해지면서 내부적으로도 군대나 경찰 등 억압적 국가 기구를 동원하려는 유혹이 커집니다. 국가도 사람처럼 자기를 보호하려는 일종의 생존본능이 있는 듯합니다.

제국주의적 압박이 나라를 조여올 때 국가는 군사력으로 외국에 맞서고 내부적으로는 치안 기능을 강화합니다. 국방과 치안을 뒷받침하기 위해 세금을 징수하는 역할도 커집니다. 자유주의나 신자유주의가 득세할 때는 기업들이 어떻게든 세금을 적게 내려고 해외로 수익을 돌리는 풍조가 팽배해집니다. 이렇게 되면 세원이 축소되어 부의 재분배가 어려워지고, 국민들의 줄어든 일자리와 낮은 임금으로 경제, 사회적 불안과 불만이 고조되면서 국가의 역할에 대한 의문과 도전이 증대됩니다. 게다가 글로벌화가 진행되면서 국경의 의미가 희미해져갑니다. 이럴 때 국가는 생존본능을 강화합니다.

예전 제국주의가 움직였던 19세기도 수천만 명이 이민을 가고 돈이 국경을 넘어 움직였던 글로벌 시대였습니다. 당시 시장을 찾아 해외로 진출하는 자본을 군사력으로 뒷받침하는 국가의 기능, 달리 말하면 폭력성이 엄청나게 강화된 시기였고 지금도 국가기능의 강화가 재요청되는 시기라고 말할 수 있습니다.

역사를 되풀이하지 않는 지혜

19세기 말엽의 글로벌화와 국가의 강화된 물리력이 맞물리면서 세계 대전이 일어났듯이, 21세기 초반도 유사한 상황이 펼쳐지고 있습니다. 전쟁은 인류가 발명한 최악의 행위이니만큼 어떻게든 피해야 합니다. 당시에도 전쟁이라는 대파국을 막기 위해 고민한 사람들이 있습니다. 한쪽의 힘이 너무 세지면 전쟁이 일어나니 힘의 균형에서 충돌을 예방하자는 세력 균형의 해법이 대표적입니다.

영국의 경제학자 홉슨J. A. Hobson은 영국과 미국의 앵글로색슨 연합, 독일의 범게르만 연합, 러시아의 범슬라브연합, 이탈리아의 범라틴 연합 이렇게 권역별로 나눠서 세계적 규모로 무게중심이 분산되면 영구평화도 가능할 것이라는 구상을 제출합니다. 홉슨의 아이디어는 지금도 독일이 중심이 된 유럽연합EU, 유라시아 공동체를 내세우는 푸틴, 이슬람 국가들의 중동 연합, 아시아 연합 등의 세력균형 움직임으로 효력을 잃지 않고 있습니다.

가장 근본적인 해법은 역사 교육이 아닌가 합니다. 역사 교육을 통해 과거의 사례에서 교훈 혹은 대응방안을 얻는 것이 가장 효과적이고 평화적입니다. 그러나 전쟁처럼 역사 교육도 상호 작용이 중요합니다. 다른 나라의 역사 교과서나 교육 방식을 알아보는 일이 필요합니다.

사토 마사루는 제1차 세계대전의 원인을 놓고 일본과 러시아, 영국의 역사 교과서를 비교합니다. 역사 교과서의 왜곡으로 악명 높은 일본이지만 중고생이 보는 『상설세계사』에는 독일이나 영국 어느 한쪽에 원인을 돌릴 수 없다고 기술되어 있습니다. 패전 이후에 일본의 역사 교과서는 가치관을 배제한 서술 방식을 취했습니다. 그러나 1980년대 이후 역사교육의 방향성을 잃어버리면서 빈곤하고 조잡한 역사관이 날뛰게 되고 그래서 지금과 같은 극단적인 자민족 중심주의 사관이 대두됐다고도 합니다.

러시아가 보는 제1차 세계대전은 『러시아 역사』라는 역사 교과서에 나옵니다. 러시아측은 전쟁의 책임이 대부분 독일과 오스트리아에 있다고 단정적으로 서술합니다. 전쟁 당시 러시아는 독일과 명확히 대립하는 입장이었고 그래서 교과서에는 "독일은 전쟁을 할 준비가 되어 있었다"고 못을 박습니다. 러시아의 입장을 정당화하는 역사관이지요. 물론 독일이 후발 자본주의 국가로 영국을 추격하면서 군비경쟁을 펼친 끝에 전쟁에 돌입한 것은 역사적 사실에 부합합니다만. 사건을 나열하는 일본의 역사 서술과 달리 러시아는 의미나 가치를 부여하는 듯 합니다.

영국의 역사 교과서는 확연히 다릅니다. 책의 구성이나 내용이 평면적이지 않습니다. 식민지 인도의 총독이던 마운트배튼 경에게 인도에서 철수할 것을 권하는 편지를 쓰는 과제가 있는가 하면, "이 교과서에는 왜 여성이 등장하지 않나", "왜 피지배층의 관점에서 서술한 항목이 없나"와 같은 질문을 학생에게 제기합니다.

영국은 학생들에게 자기주도적 역사 공부를 하도록 권유합니다. 교과서를 편찬한 저자들이 학생들에게 역사를 상대적으로 객관적으로 바라보도록 해줍니다. 영국이 식민지 지배에서 실패한 역사를 가르치면서 앞으로의 세상에서 제국주의 모델은 안 된다는 점을 자연스럽게 깨우치게 합니다. 특히 식민주의 실패의 교훈을 통해 영국은 향후 신제국주의 시대에 어떤 국가로 나아가야 하는지를 학생이 스스로 구상하도록 가르친다는 점에서 높이 평가할 만합니다.

영국이 한 수 위의 역사 교육을 하는 것이지요. 제국주의 국가라는 영국의 과오를 인정하면서도 품격 있는 역사 교육을 실시하는 것입니다. 이렇게 공부한 영국 학생들은 자국의 약점을 알고 있는 상태에서 다른 나라를 상대하는, 즉 백전백승하려면 지피지기를 하는 것이니 자기 민족만 잘났다고 왜곡하는 교육을 받은 학생보다 입체적으로 사고하고 이들이 투표권자나 의사결정권자가 되어서 역사적 과오를 반복하지 않을 확률이 훨씬 높아질 것입니다.

민족주의 출생에 관해 알고 싶은 몇 가지들

영국의 교과서처럼 상대적 시각이나 관점에서 역사 공부를 하는 것은 글로벌 시대에 개인뿐 아니라 국가적으로 강한 경쟁력이 됩니다. 역사적 사실을 놓고 다양한 견해가 존재할 수 있음을 깨닫고 역지사지하는 방식을 습득한다면 사고의 폭이 넓어집니다. 특히 나와 다른 시각이나 사고방식을 가진 사람을 접해도 거부감이나 반감이 줄어들 것입니다.

글로벌리즘과 민족주의가 동시에 가열되는 시대에는 이런 상대주의적 태도가 참으로 소중합니다. 사실 제국주의와 민족주의는 동전의 양면입니다. 자본주의가 발달하고 식민지배가 성행하면서 빈부격차가 극도로 벌어집니다. 이 때 같은 공동체 구성원이라는 의식이 약화되면서 사람들의 의식에 공동화 현상이 일어납니다. 이 공백을 파고 드는 것이 민족주의, 즉 내셔널리즘이죠. 19세기말도 그러했고 지금도 마찬가지입니다.

민족주의에 대해 우리가 가진 고정관념, 이를테면 단군 이후부터 혹은 최소한 삼국통일 이후부터 존재왔다는 생각을 전면적으로 뒤흔들지 않습니까. 언어, 지역, 문화, 혈통의 동일한 기원을 규명하는 것을 원초주의적 민족주의라고 부를 수 있는데, 최근의 연구 성과들을 보면 민족주의는 국가 엘리트가 통치 목적을 위한 수단으로 창출했다는 기능주의적, 도구주의적 해석이 유력합니다.

서양의 경우, 중세 유럽에서는 교회와 사람들이 자웅동체라서 지금과 같은 민족의식은 없었다고 합니다. 민족으로 번역되는 네이션은 1789년 프랑스대혁명에서 태어납니다. 당시 혁명으로 헌법을 만들고 프랑스 민중이 스스로 병사가 되어 국가를 지키면서 네이션, 즉 국민, 민족이 탄생합니다. 이제 주권재민의 원칙, 즉 국민과 국가가 한몸이 되는 국가, 국민국가가 나폴레옹의 유럽 원정으로 온 유럽에 수출됩니다. 나폴레옹의 유럽 원정은 결과적으로 유럽 각지의 민족의식을 각성시키는 결정적 역할을 수행합니다.

나폴레옹이 거둔 백전백승의 비결은 전쟁의 천재라는 측면도 있지만, 가장 결정적인 비결은 나폴레옹의 군대가 전 국민에서 동원한 국민군이라는 데에 있습니다. 프랑스의 국민군 앞에 다른 왕들의 군대, 귀족들의 군대는 썩은 수숫단처럼 무너져 버립니다. 그만큼 국민군의 위력이 대단하고 민족국가가 강력한 것입니다. 그래서 독일 지역의 철학자 피히테는 "독일 국민에게 고함"이라는 격문을 통해 독일 민족도 하나가 되자고 주장합니다. 프랑스 혁명은 인류 보편의 민주주의적 가치와 더불어 개별 민족에게 민족주의의 유산을 상속합니다.

다시 한 번 정리하면 민족주의는 근대가 발명 혹은 발견한 이념이며 근대 국가가 국민을 통치하기 위해 만든 도구로 보는 것이 주된 해석입니다. 민족주의를 인위적인 창설로 보는 대표적인 학자가 베네딕트 앤더슨입니다. 민족주의의 근원을 추적한 『상상된 공동체』를 저술한 그는, 민족이나 국민이란 것은 상상을 통해 존재한다고 주장합니다. 이미지로 존재하는 정치 공동체가 민족이란 말입니다. 우리는 한국인이다, 한민족이라고 생각하는 어떤 이미지를 모두가 공유하면서 한민족으로서의 민족의식이 성립한다는 것입니다.

물론 민족이 이미지로 존재한다고 해도, 그 이미지는 저절로 생겨나는 것은 아닙니다. 앤더슨은 표준어 사용에 주목합니다. 지역마다 방언이 다양한데 단일한 표준어가 만들어지면서 이것이 민족의식을 만드는 결정적 역할을 했다는 겁니다. 그리고 이 표준어를 만든 주인공은 바로 출판업입니다. 종교개혁으로 루터가 독일어 성서를 출판하면서 베스트셀러가 되고 출판업은 대규모 산업으로 비약적 발전을 이룹니다.

그런데 책에 적힌 글을 사투리로 한다면 각각의 판본을 따로 만들어야 하니까 이익이 안 나겠지요. 그래서 이문을 많이 내기 위해 출판용 언어, 즉 표준어를 만들어서 다수의 독자층을 창출했는데 이 시스템이 민족주의로 이어졌다고 봅니다. 특히 소설이나 신문이 민족주의와 밀접합니다. 어떤 작품이나 기사를 같이 읽는 사람끼리는 '우리'라는 인식이 한층 강력해지죠.

여기서 국가를 통치하는 세력들은 학교나 교과서의 가치나 의의를 재발견하게 됩니다. 전국의 모든 어린이들에게 민족의식을 형성하려면, 학교를 만들어 같은 책으로 공부시키면 '우리는 하나'라는 관념이 몸에 배이게 될 것 아니겠습니까. 과학자 마리 퀴리와 교과서 일화를 생각해보십시오. 폴란드 출신의 퀴리 부인은 러시아의 식민치하에서 금지된 폴란드 말을 공부하다가 갑자기 시찰 나온 러시아 장학관에게 굴욕을 당합니다. 실제로 19세기말 러시아 왕실은 러시아 지배 하의 모든 학교에서 러시아어 사용을 의무화합니다. 러시아 국민, 러시아 민족을 만들기 위한 것이지요.

프랑스 작가 알퐁스 도데의 『마지막 수업』도 마찬가지입니다. 프로이센과의 전쟁에서 패배한 프랑스의 알자스 로렌 지방의 학교에 독일어로만 수업하라는 지침이 내려옵니다. 프랑스어로 수업하는 마지막 시간에 선생님은 "프랑스 만세"라고 판서하면서 프랑스 말의 아름다움과 가치를 역설합니다. 결국 국가가 의무화한 표준어가 민족주의의 저수지가 된 것입니다.

체조도 민족주의의 유력한 도구입니다. 체력은 국력이라는 말처럼, 체력 증진에 최적화된 체조야말로 민족주의의 운동이라고 부릅니다. 『교실 밖 세계사 여행』의 저자 김성환에 따르면, 체조의 아버지는 프로이센 출신의 프리드리히 루드비히 얀Friedrich Ludwig Jahn입니다. 얀은 나폴레옹에 대항한 해방 전쟁에 군인으로도 참전했는데, 평행봉, 링, 평균대, 뜀틀, 철봉으로 구성된 체조 운동을 만듭니다. 프로이센에서 체조가 만들어진 배경은 나폴레옹의 유럽 원정입니다. 나폴레옹으로 인해 각성되고 고양된 유럽 각지의 민족의식은 프로이센에서는 자유와 통일이라는 슬로건의 부르셴샤프트 운동으로 일어나고, 러시아의 청년 장교들에게서는 데카브리스트 운동으로 전개됩니다.

의용군을 경험한 얀은 외세와 싸우기 위해서는 일단 체력이 강해야 한다고 생각했습니다. 건강한 신체에 건전한 정신이 깃든다고 주장한 얀은 사실상 군사훈련으로 볼 수 있는 체조를 만들었습니다. 프로이센의 철혈 재상 오토 폰 비스마르크도 청년 시절 받은 체조 교육에 혀를 내둘렀다고 합니다. 그런데 체조 교육으로 강해진 젊은이들은 반외세는 물론이고 반귀족적인 운동 대열을 형성합니다. 그래서 체조 교육은 금지되고 얀은 수감까지 됩니다. 재미있는 것은 얀의 후계자가 히틀러라는 점입니다. 히틀러는 강건한 신체를 육성하는 것에 교육의 초점을 두고 정신적 능력은 차순위로 돌립니다. 나치 정권 하에서 체육 교육이 중시되고 베를린올림픽도 국력을 총동원해서 치릅니다. 엄격하고 혹독한 훈련으로 구성된 체조는 히틀러 이후 동유럽 사회주의 정권에서 각광 받습니다. 히틀러 정권처럼 체제 우월성을 입증하기 위해서, 또한 체육을 통한 국가 통제력을 강화하기 위해서 체조 교육이 실시됩니다. 표준어와 체조는 민족주의/국가주의와 기묘하지만 안성맞춤인 조합입니다.

태초에 민족이 아니라 주의가 있었다

우리는 보통 민족이라는 실체가 있은 뒤에 민족주의가 생겨났을 것이라고 생각합니다. 그런데 인류학자 어네스트 겔너Ernest Gellner는 먼저 민족주의가 있었다고 말합니다. 민족은 민족주의 운동의 산물이라는 것입니다. 원인과 결과가 뒤바뀐 것 같지만 실제 역사를 보면 겔너의 주장이 설득력 있게 다가옵니다.

예를 들어 독일이나 일본은 19세기 초중반만 해도 통일된 국가가 아니라 수많은 나라들이 모여 있었습니다. 그런데 프로이센의 비스마르크가 소독일주의를 제창하면서 오스트리아 중심의 대독일주의를 격파하고 독일을 통일합니다. 일본 또한 도쿠가와 막부가 에도에 본거지를 두고 있었지만 수다한 번국들은 같은 민족이라는 동질감이 희박했습니다. 1868년 메이지유신 이후 폐번치현의 행정개편과 같은 근대적 개혁 정책을 도입하면서 민족국가의 정체성이 만들어졌다고 봅니다. 즉, 성향이 비슷한 무리끼리 모임을 만든 게 아니고 먼저 모임을 만든 뒤에 생각이나 가치가 비슷해지는, 유유상종^{類類相從}이 아니라 상종유유^{相從類類}가 민족주의와 민족의 전후 관계입니다.

그런데 하필이면 민족주의가 근대에 출현했을까 궁금해집니다. 겔너에 따르면 고대나 중세 사회는 신분 사회였기 때문에 민족주의가 나올 수 없었다고 합니다. 민족주의는 월드컵 경기를 응원하러 광장에 모인 붉은 악마처럼 남녀노소를 떠나 모두가 하나라는 관념인데, 양반과 천민의 구별이 엄격하고 귀족과 평민이 갈라진 사회에서 민족적인 동질성이 생겨나기란 불가능하지 않겠습니까.

경제사적 변화도 민족주의 탄생에 한몫합니다. 산업 사회 혹은 자본주의 사회가 도래하면서, 신분과 토지에서 해방된 사람들은 이동의 자유를 얻어서 사회가 유동화됩니다. 중세 사회 연구를 보면, 동서양을 막론하고 평생 자기가 태어나고 자란 마을을 벗어난 사람이 전체 인구 가운데 한 자리 비율이 채 안 된다고 합니다. 신분과 지역에 얽매여 변화나 이동 가능성이 없는 사회는 딱딱한 고체에 비유할 수 있습니다. 반면 신분이 철폐되면서 고향에서 쫓겨날 자유, 다른 말로는 거주 이전의 자유를 얻은 사람들은 도시로 대거 유입되어 노동자 집단이 됩니다. 신분의 상승과 하강이 이뤄지고 이리저리 떠돌아다니는 근대 사회는 액체와 같은 속성을 가집니다.

그런데 전국 방방곡곡에서 도시로 모인 사람들끼리 공장에서 일하고 시장에서 물건을 팔고 사려면 의사소통을 해야 합니다. 사투리로는 상호 이해가 쉽지 않습니다. 표준어와 사칙연산의 기초 교육으로 공통의 소통 기반을 만들어야 하는데, 이러한 근대 교육 제도를 공급하는 주체가 국가입니다. 국가가 학교를 만들고 표준어 교육을 실시하면서 광범위한 사람들에게 문화적 동질성을 느끼게 해줍니다. 이 동질성이 민족주의의 기반이 되는 겁니다. 중세 유럽에서 교회가 담당하던 교육 기능을 국가가 가장 먼저 빼앗아간 나라가 민족주의의 요람인 프랑스라는 것은 이런 점에서 의미심장합니다.

민족의 깃발 아래 목숨마저 불사르다

하지만 민족주의의 원초적 본질을 중시하는 입장도 완강합니다. 엄연히 민족마다 구별되는 특성이 있는데 근대 사회라는 인위적 요소만을 강조하는 것은 무리수라는 것입니다. 아무리 막강한 권력이라도 통치를 효율적으로 하기 위해서 민족과 민족주의를 단시간내에 인위적으로 만들기는 어려운 일입니다.

일리가 있습니다. 솔직히 민족을 형성하는 특별한 무엇이 있습니다. 사회학자 앤터니 스미스는 그것을 에스니^{ethnie}라고 부릅니다. 공통의 조상, 역사, 문화를 지니면서 내부적 연대감을 소유한 인간집단이 에스니입니다. 스미스에 따르면, 에스니는 민족 형성의 필수조건입니다. 민족을 만들려면 반드시 에스니가 있어야 하며, 에스니가 없으면 민족이나 민족주의는 불가능합니다.

물론 에스니가 있다고 곧바로 민족이 형성되는 것은 아닙니다. 나아가 민족이 만들어졌다고 하더라도 온전한 민족국가로 가기 위해선 무수한 제약과 난관을 돌파해야 합니다. 그럼에도 에스니는 역사적 발굴이나 연구를 통해 재조명되면서 민족주의 운동이라는 정치적 모멘텀을 끌어내서 민족을 만들어냅니다. 이 과정에서 에스니와 연관된 역사적 사실이나 사료는 엄격한 대조 검토나 비교 분석을 거치지 않습니다. 오히려 대중의 감정을 자극하고 집단을 통합하고자 하는 뚜렷한 정치적 목적을 가진, 역사적 상상력에 기초한 콘텐츠들이 가공됩니다.

이렇게 에스니를 통해서 민족이 만들어지기 때문에, 우리는 먼 옛날부터 한민족으로 존재해왔다는 관념을 습득하게 됩니다. 민족주의 운동이 있고나서 민족이 있다고 한 것은 이런 까닭에서입니다. 실제로 민족주의를 일으키려는 정치적 운동이 확산되면, 역사에서 민족의 근거를 찾기 위해 에스니를 발굴하고 발견하려는 풍조가 대유행합니다.

일제의 침략이 본격화되면서 육당 최남선은 불함문화론으로 한민족의 탁월성을 예찬하면서 민족의식을 고취합니다. 단재 신채호는

『이순신전』 등의 역사소설을 쓰면서 민족의 영웅을 발굴하고 민족혼을 고양합니다. 민족주의 운동의 맥락에서 한민족이 에스니를 발견하려는 움직임으로 볼 수 있지 않을까요. 일제 강점기를 거치면서 국어학과 국문학, 국사학 등 국학이나 문화 분야에서 많은 연구자들이 한민족의 에스니를 구축하고 형성하고 보급합니다.

문제는 에스니가 민족으로 이어지고 국가로 독립하겠다는 움직임이 거세지면 갈등과 충돌이 불가피합니다. 한 국가 내부에도 다른 에스니가 존재하고, 동일한 에스니를 가진 집단이 여러 국가에서 생활할 때, 종족이나 지역간 분쟁은 피할 수 없습니다.

예전 소련이나 중국처럼 소수 민족이 존재하는 다민족 국가들 내부에서 빚어지는 참극들이 대표적입니다. 분쟁이 지속되고 있는 우크라니아와 같은 국가에서는 같은 민족이지만 지역에 따라 에스니가 상이한 경우입니다. 민족의식이 강한 친서방 성향의 우크라이나 서부와 러시아 정교회를 믿고 민족의식이 모호한 우크라이나 동남부 사이의 분쟁은 계속 격화되고 있습니다.

사실 우리도 한국전쟁 때 그랬습니다만 동질성이 높은 지역일수록 서로 죽고 죽이는 일이 쉽게 벌어집니다. 민족주의는 동질성이 높을수록 그 차이를 용인하지 못하고 한 가지 정체성만 선택하도록 강요하기 때문에, 순식간에 불이 붙고 폭발하게 되는 것입니다. 이런 면에서 에스니는 생명마저 민족주의의 이름 아래 주저 없이 희생하는 행동주의자들의 심리를 규명하는 열쇠입니다. 한 번 현출된 민족주의의 생명력은 종교 이상입니다. 특히 성스러운 힘이나 내세의 존재에 저항감을 느끼는 문화권에서는 민족이라는 불사의 실체에 자신의 모든 것을 투사하면서 청사에 남을 애국자가 된다는 관념이 구원이나 영생의 약속보다 더 강력하지 않을까 합니다.

5

전통과 근대 사이에서, 나쓰메 소세키와 도련님들

청사진이 없는 현재를 견디기

도련님은

시대라는 것에

질 수밖에 없다.

불안한 세상, 불확실성의 시대를 살아간 '도련님'

아담과 이브가 선악과를 먹은 이후부터 인류와 동행하는 벗은 불안과 고민이라고 생각합니다. 그래서 인간을 호모페이션스$^{Homo\ patience}$, "고민하는 사람"이라고 부르기도 합니다. 에덴동산에서 쫓겨난 이래 한 치 앞도 내다볼 수 없는 불확실한 운명은 불안을 야기하고, 끝없는 고민의 연쇄사슬로 묶어버립니다. 흔들리는 인간들은 안녕과 안정을 취하기 위해 사회와 제도를 만들어냈습니다.

그러나 견고하게 세상을 지탱해오던 모든 것들이 무너지고 있습니다. 현재의 지구촌을 만들어온 핵심 키워드는 글로벌, 자본, 자유와 같은 단어들이고, 이런 개념들이 모여서 만들어진 사회가 근대 혹은 현대입니다. 역설적이게도 글로벌은 민족간, 종교간 갈등을 더욱 부각시키고, 자본이 약속한 풍요는 양극화로, 자유는 사람들을 섬처럼 더욱 고립시키는 아이러니를 연출하고 있습니다. 선의로 포장한 도로의 종착지가 알고보니 지옥이더라는 부조리한 상황입니다. 이렇게 된 역사적 근원은 어디서 찾아야 할까요.

결론적으로 근대에서 찾아야 할 것 같습니다. 종교와 신분, 농업을 중시하던 전근대 사회에서 과학, 개인, 상공업으로 패러다임이 바뀐 때가 근대입니다. 이 근대에서 시작된 모든 것들이 다다른 종착점이 지금의 세계라고 말할 수 있습니다. 재일 학자 강상중은 지금 우리가 안고 있는 고민의 대부분이 근대와 함께 시작되었다고 말합니다. 여기서 잠시 근대의 윤곽을 그려보자면, 정치적으로는 민주주의 이념에 입각한 민족국가가 성립해야 합니다. 산업혁명을 통한 공업화가 근대의 물적 토대가 되어야 하고, 사회적으로는 신분사회를 탈피해야 합니다.

무엇보다 근대를 작동시키는 엔진은 이성입니다. 이성적으로 생각하는 인간이 자연을 정복하고 지구의 주인이 되는 것은 너무나 합리적입니다. 수천 년의 어둠을 깨고나온, 즉 계몽된 인간이 가야 할 목적지는 신분이 아니라 개인, 피안이 아니라 차안, 비가시적인 마음이 아니라 가시적인 화폐로 바뀝니다.

이성을 통해 불안과 불확실성에서 해방된 인간은 과학과 민주주의를 통해 인간 중심주의, 이성 중심주의의 대장정에 돌입합니다. 또한 근대를 쌓아올린 이성은 인류의 오랜 꿈인 유토피아의 실현을 알리는 예언자의 모습과 닮았습니다. 평등하고 자유로운 개인들이 지금 이곳을 긍정하면서 재산을 축적하는 삶이 가장 이상적이고 아름답다고 축복을 내려주고 있으니까 말입니다. 그러나 이 모든 덕성과 장점에도 불구하고 이성은 바닥 없는 어둠을 드러냈습니다. 역사 이래 전지구적 차원에서 발발한 두 차례의 세계대전에서 이성이 휘두른 폭력과 야만은 인류문명을 자기해체하는 부메랑으로 돌아왔습니다. 친구에서 야수로 돌변한 이성은 추방한 줄 알았던 불안과 불확실성을 다시 원점으로 귀환시키면서 과연 인간은 합리적이고 사회는 진보하는지를 되묻고 있습니다. 특히 우리에게 근대는 이중구

속의 의미를 띠고 있습니다. 근대가 시작되자마자 식민지로 전락했던 까닭이지요. 식민지의 역사적 경험으로 인해 근대는 긍정과 부정 어느 쪽으로 말해도 일본 제국주의와 연결이 되기에 우리의 해석과 이해를 가로막는 난공불락의 성채처럼 느껴지기도 합니다. 그렇지만 근대에 대한 인식을 포기하고 오늘의 문제를 어떻게 풀어가겠습니까.

우리의 근대로 가는 우회로: 일본의 메이지 시대

하나의 돌파구로서 우리의 근대와 불가분 관계인 일본의 메이지 시대를 알아보는 것이 어떨까요. 근대를 만들어간 메이지 시대 일본인들이 무엇을 생각하고 고민했으며 이웃 나라에 이식시킨 일본식 근대가 무엇이었는지를 우회해서 추적하다 보면 한반도의 근대를 스케치라도 하지 않을까 합니다. 그럼에도 꼭 일본인가 하는 반감이 가라앉기 쉽지 않을 것 같습니다. 식민지 경험은 우리 민족에게 드리워진 짙은 그림자니까요.

그러나 실패한 우리의 식민지 역사를 반복하지 않기 위해서라도 일본이 어떤 생각과 행동으로 근대를 헤쳐나갔는지 살펴봐야 합니다. 게다가 다시 일본이 급속도로 우경화되고 있지 않습니까. 경제는 잃어버린 세월 타령이지만 국가적으로는 군사대국으로 질주하고 있습니다. 마치 1868년 메이지유신을 하면서 나라를 개조하다가 오히려 우리와 중국을 침략하고, 나아가 세계대전을 일으킨 그런 불길한 전력을 상기시킵니다. 그런 측면에서라도 근대 일본의 원형질을 형성했다고 하는 메이지 시대를 우리가 알아보는 것은 지금의 현실과 맞닿아있다고 할 것입니다.

메이지 시대를 살아간 일본인의 고민과 정서를 가장 잘 담아낸 사람이 소설가 나쓰메 소세키입니다. 나쓰메 소세키를 주인공으로 해서 메이지 시대의 역사를 그려낸다면 어떨까요. 좀더 일본인과 일본 사회의 내면 풍경이 피부에 다가올 것 같습니다. 『도련님의 시대』가 그런 책입니다. 도련님의 시대는 일본의 국민소설가 나쓰메 소세키를 내세워 일본의 근대를 만든 메이지 시대를 들여다보고 있습니다. 다니구치 지로가 그림을, 세키가와 나쓰오가 대본을 담당하면서 1986년부터 무려 10여 년에 걸쳐 다섯 권으로 완성했습니다. 나쓰메 소세키의 소설 『도련님』을 골간으로 해서 근대를 만든 일본인의 정신과 특성을 다루고 있지요.

실존 인물인 나쓰메 소세키는 일본의 국민소설가, 일본의 셰익스피어로 불리면서 예전에 일본의 지폐 모델로도 선정되고 교과서에도 그의 작품들이 수록된 대문호입니다. 지금도 그의 위상은 대단합니다. 일본의 명문 대학에서는 나쓰메 소세키의 도련님에 대해 논하라는 논술을 출제하면서 "이 책을 안 읽은 학생들은 우리 학교에 들어올 자격이 없다"라고 할 정도입니다.

나쓰메 소세키는 이 책의 부제인 "혹독한 근대 및 생기 넘치는 메이지인"을 가장 세밀하게 관찰한 작가입니다. 여기서 혹독한 근대라는 것은 아마 당시의 시대가 엄청난 변화가 일어난, 그래서 변화의 속도에 적응하지 못하면 도태되는 세상을 의미하는 것이 아닌가 합니다. 근대의 상징으로 철도가 많이 거론됩니다. 열차는 운행표에 따라 정시, 정속 운행을 해야 하며 이에 맞춰 승객들은 시간 관념을 몸에 익혀야 합니다. 어제까지 자신의 생체 속도에 맞춰 살던 사람들이 새로운 변화를 견디려면 얼마나 괴롭고 힘들겠습니까. 그런 의미에서 근대는 혹독한 것이지요. 하지만 급변하면 급변할수록 인간은 변하지 않는 가치를 추구하면서 균형감각을 잡으려고 합니다. 돈이 최고라고 할수록 사랑이나 인정에 끌리게 되는 것과 같은 이치입니다.

　개인뿐만 아니라 사회도 비슷합니다. 서구의 문물이 물밀듯이 들어오는 것에 대한 반작용으로 일본의 정체성을 발굴하고 지켜내는 작업 또한 활기를 띠는, 즉 생기가 넘칠 수밖에 없습니다. 나쓰메 소세키가 일본의 국민 소설가로 추앙을 받는 것은 바로 그곳과 맞닿아 있습니다. 그가 메이지 시대에 던진 메시지를 요약하면, 아무리 서양의 발달한 문물이 들어와도 인간은 고립과 고독을 벗어나기 힘들다는 것입니다. 서양에 대한 콤플렉스를 갖고 있는 일본인의 상처를 멋지게 치유한 셈이지요. 그런 면에서 국민작가라는 호칭이 부여된 것 아닐까요. 서양에 대항하는 일본의 좌표를 어떻게 설정할까라는 물음에 그가 커다란 실마리를 제공했기에 지금도 일본인의 마음에는 나쓰메 소세키가 '큰바위 얼굴'처럼 자리잡고 있는 듯합니다.

전통과 근대 사이에서 길을 잃은 도련님들

도련님의 시대가 다룬 시기는 1905년 러일전쟁 직후에서 1910년 한일 병탄까지입니다. 메이지유신 이후 아시아에서 벗어나 서구로 진입하려고 총력을 기울였던 일본은 러일전쟁의 승리로 대망하던 선진 일등국가 대열에 합류한 일종의 '벼락부자'였습니다. 온갖 풍상과 신산을 겪던 무일푼 빈털터리가 하루아침에 부자가 되면 어떤 마음이 들겠습니까. 세상이 내 것이고 지구가 나를 중심으로 도는 것 같은 자부심과 자기확신으로 똘똘 뭉쳐 있을 듯합니다.

새로운 세상의 주인들인 부자와 관료들에 넌더리가 난 작가 나쓰메 소세키는 발톱을 깎으면서 새로운 작품을 구상합니다. "무턱대고 서양 흉내를 내는 나라가 어디로 가는지" 모르겠고, "신시대 신시대 하는 경박한 사람들을 놀려주겠다"는 의도를 형상화하겠다고 생각하지요.

당시 일본은 러일전쟁에서 승리했으나 포츠머스 강화조약에서 별다른 전리품을 챙기지 못합니다. 오히려 전비에 충당하려고 국채를 남발하면서 막대한 부채만 남고 물가만 폭등했지요. 국가는 승리했는데, 개인에게 돌아오는 것은 없는 그런 시대 상황이었습니다.

러일전쟁은 일본 입장에서는 러시아와의 승리를 통해 서양 콤플렉스를 벗어나는 출구에 진입했다는 점에서 커다란 의미가 있습니다. 일본 해군이 러시아의 극동함대와 발틱함대를 격파하고 만주에서 러시아 육군에게 승리를 거두면서 도고 제독이나 노기 장군 같은 군인들은 국민적 우상이 되었습니다. 일본의 진보적 작가인 요네하라 마리조차도 터키를 여행하면서 현지인들이 100여 년 전 러일전쟁에서 승리한 일본에게 찬사를 보내더라는 말을 소개할 정도니까요.

하지만 자세히 들여다보면 사정은 다릅니다. 일본의 롤모델 영국이 "뒷배"를 봐주고 있었던 것입니다. 19세기 내내 영국은 러시아와 세계를 놓고 그레이트게임Great Game을 펼쳤습니다. 동아시아도 예외는 아니었죠. 영국 해군은 1885년 남해의 거문도를 무단으로 점령했습니다. 블라디보스톡 항을 거점으로 하는 러시아 함대의 길목을 감시하면서 군수 보급을 위한 발판으로 활용하려는 의도였습니다. 2년 후에 영국은 조선 땅에 대한 욕심을 버리겠다는 러시아의 약속을 받고나서 물러납니다.

순순히 물러날 러시아가 아니죠. 시베리아 횡단열차를 착공해서 만주와 한반도를 압박할 심산이었습니다. 철도가 준공되면 조선이 일본 열도를 겨누는 러시아의 총검이 될 것이라고 긴장한 일본은 영국을 찾게 됩니다. 독자적 외교노선에서 좀처럼 벗어나지 않던 영국 입장에서도 끈질기게 남하하려는 러시아에 맞서기 위해 일본이 필요한 상황인 만큼 동맹 협약을 체결합니다.

실제로 한반도는 대륙 세력이 해양 세력을 견제하기 위해 지정학적으로도 반드시 필요한 교두보이기도 합니다. 이후 영국은 일본의 전쟁 경비 마련에 결정적 도움을 주는 한편 차르의 발틱함대가 수에즈해협을 통과하지 못하도록 조치합니다. 러일전쟁의 화룡점정으로 여겨지는 쓰시마 해전에서 일본의 연합함대가 거둔 압도적 승리에는 영국의 몫이 상당 부분 들어 있다고 해도 과언이 아닙니다. 다만 우리에게는 일본이 한반도를 지배하는 돌이킬 수 없는 지점을 통과했다는 측면에서 씁쓸하고 안타까울 뿐입니다.

승전을 평계로 도고나 노기 같은 군인이 전쟁 영웅이 되면서 사회는 군국주의적 분위기에 휩싸여 갑니다. 어떻게 보면 희생은 했지만 보상은 못받은 국민들의 불만을 무마하기 위해 군인들의 전공을 더욱 강조한 것일 수도 있겠지요. 사실 러일전쟁에서 일본 육군은 상처뿐인 영광이라는 조롱을 받았습니다. "무조건 돌격 앞으로"라는 구호 아래 수십만 생명이 스러졌습니다. 일장공성 만골고一將功成萬骨枯라는 말이 있습니다. 장군 한 명의 전공을 위해 만 명의 뼈가 마른다, 즉 죽어나갔다는 뜻인데요. 여순 전투를 지휘한 노기 장군이 그런 케이스죠.

실제로 노기 장군은 러일전쟁에서 두 아들을 다 잃었고 수많은 병사들을 죽게 만들었다는 자책감을 갖고 살아가다가 메이지천황이 죽자 그의 부인과 함께 순사, 즉 따라 죽었습니다. 일본은 도고나 노기와 같은 장군이 죽은 뒤, 그들을 전신으로 만들어서 신사에 모시는 등 우상화 몰이에 나서면서 군국주의 분위기를 더욱 짙게 확산시킵니다.

일본 사회가 군국주의의 가속도를 높여나가면서 새 시대의 열차에 올라탄 현실주의자들은 환호작약하지만, 구시대의 정서에 머무르는 '도련님들'은 어정쩡합니다. 도련님의 시대에 나오는 유도 시합 장면은 도련님과 현실주의자의 대결을 시사합니다. 도쿄 경시청의 이쥬인 가게아키 경시는 유럽에 유학도 갔다온 관료 엘리트입니다. 불란서 문화를 들려주며 여자에게 인기가 높은 이쥬인 경시에게 한 도련님이 애인을 빼앗깁니다. 친구의 복수를 해주겠다며 메이지대학 학생 오타 주자부로는 유도 시합에 나서 결승에서 맞붙습니다. 하지만 이쥬인은 오타의 팔을 부러뜨리면서 완승을 거둡니다. 구시대의 도련님은 애인에게도 버림받고, 전통의 무예인 유도에서도 패하지요. 이를 지켜본 소세키는 "도련님은 시대라는 것에 질 수밖에 없다"고 체념한 듯한 코멘트를 하지요.

사실 시대를 이기려면 도련님이 혁명가가 되어야 합니다. 이 시기에 오스기 사카에나 사카이 고센 같은 일본의 사회주의자들은 전단을 뿌리면서 체제를 비판하는 선전선동을 격렬하게 이어갑니다. "아담이 밭을 갈고 이브가 실을 잣는 시대에 영주가 있었던가!" 영국의 농민운동 때 나온 존 볼의 구호를 인용하며 경찰과 대립하는 시위 장면이 인상적입니다. 아담과 이브를 우리 버전으로 바꾸면 고려 때 노비 만적의 "왕후장상의 씨가 어찌 따로 있겠느냐"가 대구對句로 그럴 듯합니다.

　이 같은 반정부 시위는 러일전쟁 이후의 일본이 휩싸인 폭력적 분위기나 점증하는 사회 갈등을 잘 보여줍니다. 하지만 대부분의 도련님들, 특히 나쓰메 소세키의 실제 소설 도련님에서 보여주는 길은 혁명가나 반항아가 아닙니다. 소설에서 학교를 때려친 도련님은 자기를 길러준 하녀 기요 할멈에게로 돌아갑니다. 단순하고 순진한 도련님 같은 캐릭터가 현실에서 비웃음을 받지만 기요는 마지막까지 절대적 사랑을 주는 인물입니다. 어떻게 보면 시대의 변화에 갈피를 못 잡고 방황을 거듭하는 도련님과 같은 사람들에게 기요는 반근대, 반시대의 정신과 전통을 상징하는 안식처와도 같은 존재지요.

　그러나 결국 기요는 죽고 도련님은 이 지상의 어느 곳에서도 도피처를 찾을 수 없게 됩니다. 일본이, 아니 우리가 당면했던 근대가 바로 현기증 나는 속도를 강제로 따라가야 했던 도련님들의 시대였고, 지금 또한 바로 그 변화의 속도 속에서 실마리를 잡을 수 없는 시대가 아닌가 합니다. 전통과 근대 사이에서 길을 잃은 도련님들의 이미지는 어떻게 보면 청년, 청춘과 겹치는 것 같습니다. 미성년에서 어른의 세계로 가면서 겪는 방황과 시대가 교체되는 과도기적 진통이 흡사합니다. 사춘기나 청년기에 질풍노도를 겪는 것처럼, 국가나 사회도 변화의 성장통이 수반될 수밖에 없습니다.

꿈에서 현실로 내려온 개인: 무희

나쓰메 소세키와 더불어 일본의 근대를 형상화한 작가가 모리 오가이(본명은 모리 린타로)입니다. 둘 다 일본의 국민소설가로 추앙받지요. 도련님의 시대에서 다룬 모리 오가이는 그의 단편소설『무희』와 마찬가지로 개인과 가문, 전통과 근대의 갈등을 집약적으로 보여줍니다. 여기서 무희의 성립 배경을 잠시 살펴보겠습니다. 일본의 근대 문학에는 '사소설'이 있습니다. 작가의 실제 경험을 사실적으로 써가는 일본 특유의 작품 형식입니다. 모리 오가이는 청년 시절 독일 유학 생활에서 춤추는 소녀, 즉 무희였던 에리스와 연인으로 지내다 결국 헤어진 아픔을 간직하고 평생 살았다고 합니다. 그가 경험한 비극적 연애의 전말을 고백한 것이 바로 무희입니다. 개인적 체험을 예술적으로 승화시켰다고나 할까요.

첫사랑의 실연 혹은 추억은 문학에서 가장 많이 다루는 주제 중 하나입니다. 사람은 첫사랑 이전과 이후로 나뉠 만큼 급격한 변모를 보여주지 않습니까. 첫사랑을 하면서 사람은 변합니다. 자기라는 1인칭의 세계에서 당신과 그대의 2인칭, 3인칭으로 넓어지고 깊어집니다.

그런데 여기 무희의 첫사랑은 개인과 시대, 동양과 서양의 문제까지 중층적으로 안배하고 있습니다. 19세기 말 부국강병에 나선 일본 유학생이 선진문명국인 독일에서 백인 여성과 사랑에 눈뜨게 됩니다. 운명적 연인을 만나기 전까지는 가족과 가문의 기대와 요구만 기계적으로 따르던 사람이 이제 자아를 깨닫게 됩니다. 전통의 껍데기를 빗고서, 자신의 의사와 생각을 형성하는 근대적 개인으로 태어나는 것이지요. 이럴 때 가장 먼저 하는 일이 무엇이겠습니까.

나를 알고 싶다, 내가 좋아하는 일을 하고 싶다, 내가 원하는 사람과 사랑하고 싶다, 이런 나의 욕망이 분출하지 않을까요. 근대가 바로 나의 시대입니다. 집단이나 집안의 일원에서 나라는 개인 위주로 바뀌는 것이지요. 이렇게 될 때 가장 먼저 시작하는 일이 자유연애입니다. 나의 선택으로 내가 좋아하는 이와 사귀겠다는 것이 근대적 청춘의 자화상이었습니다. 비근한 예로 개화기나 일제 강점기에 동경 유학을 떠났던 많은 청춘남녀들에게 근대의 표상은 자유연애였지요. 모리 오가이의 무희도 바로 그런 개인의 선택과 고뇌를 표상합니다.

소설 무희에서는 연인과 사회 사이에서 방황하던 주인공이 결국 임신한 에리스를 버리고 귀국길에 오르고, 에리스는 미쳐버립니다. 도련님의 시대에 나온 무희는 조금 다릅니다. 일본까지 찾아온 연인 에리스를 만난 모리는 괴로운 이별을 통보합니다. 해 질 녘 마지막 만찬 자리에서 여인은 남자에게 당신은 어떤 사람이냐고 묻습니다. 하지만 모리는 계속해서 나는 일본이라고 말합니다. 지켜야 할 집안이 있고 국가를 위해 해야 할 임무가 있다고 강변합니다. 사랑보다 나라, 가문, 출세로 저울추가 기운 것이지요. 그러자 에리스는 떠나겠다면서 자리에서 일어납니다. 모리는 창가에 서서 떠나는 에리스를 지켜

봅니다. 인력거에 탄 에리스가 창가에 비친 모리 쪽으로 흘낏 시선을 돌리지요. 저녁 등불이 바다를 이룬 거리를 가로질러, 그녀를 태운 쓸쓸한 인력거 한 대가 항구를 향해 밤새 달려가고, 둘은 다시는 만나지 못합니다.

독일에서 개인으로 각성했던 국비 유학생 모리는 자신의 생활이 무대 위 배우의 연기와 다름없는 가짜 삶과 같다고 토로합니다. 스스로 주체로 살아가는, 살아 있는 느낌이 없기 때문입니다. 결국 일본이 서양을 따라가는 근대화의 정체가 바로 이런 연기, 즉 흉내를 내는 가짜 아닌가 하는 의문을 몸으로 웅변하는 것이지요. 나쓰메 소세키 또한 정부 장학금으로 영국에 유학하던 중 신경증에 걸려 하숙집에서 줄곧 칩거했던 것과 일맥상통합니다.

모리 오가이의 연애담이 실화인 것은 분명합니다. 독일 여성과 헤어진 모리 오가이는 당시 군부 실력자의 딸과 결혼을 합니다만 아들을 낳고 곧 이혼을 선언합니다. 나중에 재혼을 했지만 평생 자신에게 엄격했다고 합니다. 군의관으로도 최고위직에 오르고 『아베일족』 등 좋은 작품을 남겼지만 가족이나 어머니의 기대에 충실하다 보니 부인과도 사이가 평탄치 않았습니다. 재혼한 부인은 시어머니를 대놓고 하대하면서 시어머니를 "이런 것"이라고 불렀답니다.

그래서 모리는 소설에서 "동서고금의 역사는 물론 소설이나 대본에도 우리 부인과 같은 여자는 없다'"고 표현할 만큼 험악한 가족 생활을 했다고 합니다. 하지만 그는 끝까지 전통적 어머니와 근대적 부인 사이에서 절대적인 균형을 아슬아슬하게 유지했다고 합니다. 결국 모리 오가이의 연애와 결혼은 근대와 전근대, 일본과 서양, 개인과 가족, 자유와 전통 등 다양한 대립항에 걸친 충돌을 보여줍니다.

그러나 새드엔딩이 아니라 해피엔딩도 있습니다. 도고 시게노리, 한자로 동향무덕東鄉茂德인데, 애초 본명이 박무덕朴茂德인 인물이 있습니다. 일본의 태평양전쟁 개전과 패전 당시 외상을 지냈는데, 임진왜란 때 끌려간 조선인 도공의 후손입니다. 워낙 공부를 잘해서 동경제국대학을 졸업한 뒤 독일 유학에서 에디라는 여성을 만나 부부의 연을 맺습니다. 그런데 독일인 부인의 사별한 남편이 조선총독부 건물을 기본 설계한 건축기사였다고 하니 참 아이러니합니다.

도고 시게노리는 패전 후 전범으로 복역하다 옥사했는데 이후 아들과 손자에 걸쳐 3대가 외교관을 지내는 진기록을 세웁니다. 도고 시게노리의 사위였지만 양자로 대를 이은 사위양자 도고 후미히코는 외무성 사무차관을 역임하면서 김대중 대통령의 일본 납치 사건과 육영수 여사 암살 사건을 수습하면서 한국과도 인연을 맺었지요. 쌍둥이 손자인 도고 가즈히코는 네덜란드 대사를 지냈고 서울대학교 국제대학원 교수로도 근무했습니다. 다른 손자 도고 시게히코는 워싱턴포스트지 도쿄 특파원을 하면서 한국도 여러 번 방문했습니다. 뒤엉킨 역사와 근대 속에서 피어난 사랑이 한반도의 현재와도 참 끈끈히 이어져가는 것 같습니다.

대역大逆사건: 근대에 온몸으로 맞선 사람들

도식적으로 근대를 구분하면 정치적으로는 민족국가, 즉 내셔널리즘에 기초한 지배체제가 만들어지고 경제적으로는 상공업이 사회를 지탱하는 물적 토대가 됩니다. 사회적으로는 신분계급이 해체되고 개인의 성취지위가 강조되지요. 요약하면 왕과 귀족이 세습하던 고정된 사회가 해체되고 만인이 유동하는 사회, 즉 고체에서 액체로 바뀐 것, 이것이 근대 사회의 수직 단면이 아닌가 합니다.

하지만 근대문명의 종주국인 영국도, 그리고 근대를 따라잡으려고 총력을 기울인 일본은 신분 사회였습니다. 여전히 왕족과 귀족이 있고 여왕이나 일왕은 국가와 국민의 구심점으로 되어 있지요. 특히 일본은 참으로 불가해한 나라입니다. 일본의 왕은 성도 없고 투표권도 없는 특권적 존재입니다. 법 앞에 만민이 평등하다는 근대의 이념과 일본 왕족의 존재나 역할이 어떻게 양립하는지 참으로 형용모순적인 느낌이 듭니다.

그럼에도 일본에서 왕, 이른바 '천황'에 대한 권위는 상상을 넘어섭니다. 단적인 사례가 가까이 있습니다. 2012년에 한국 대통령이 독도에 발을 디디자, 일본 사회는 격심한 알러지 반응을 보였습니다. 그런데 일본이 화가 난 이유는 자기네 땅이라고 우기는 독도 방문이 아니었습니다. 오히려 "일왕이 한국을 방문하고 싶으면 진심으로 사죄하라"고 한 메시지가 일본 국민을 분노의 도가니로 몰아넣었다고 합니다. 특히 일본의 노인 세대가 격렬하게 반응했답니다. 일왕의 지위가 지금도 헌법 1조에서 일본국과 일본 국민통합의 상징으로 규정되어 있기 때문일까요. 하늘과 같이 높아보여서 천황이라고 부르는지도 모르겠습니다.

그런데 그 높고 높은 하늘에 죽음을 선사하려는 파천황의 발상이 시작됩니다. 절대자인 일왕을 암살하려는 '참람'한 시도가 근대 계몽 사상과 민주주의 철학이 보급되면서 움트게 된 것이지요. 그래서 일어난 것이 바로 1910년의 대역사건입니다. 일본의 사회주의자와 무정부주의자들이 메이지천황 암살을 모의하다가 사전에 적발되어 형장의 이슬로 사라진 변고였지요. 요즘으로 치면 헌정질서를 무시하고 국가기관을 전복하려는 일종의 내란 음모죄에 해당되지 않을까 생각합니다.

이 대역사건 또한 '도련님들'이 맞이한 근대의 한 단면입니다. 무정부주의자 고토쿠 슈스이 등을 권력의 희생양으로 만든 대역사건을 분기점으로 일본 사회는 군국주의를 향해 돌아올 수 없는 다리를 건너게 됩니다. 당시나 지금이나 대역사건에 내리는 주된 해석은 일본의 지배권력층이 사회 내부의 불만이나 분란의 조짐을 발본색원하기 위해 침소봉대한 것이라는 데 초점을 맞춥니다. 그런데도 반세기가 지난 1965년에 제기한 대역사건에 대한 재심 청구를 일본의 법원은 곧장 기각했습니다. 하나를 보면 열을 안다고, 자국의 대역 사건에 대한 역사적 신원을 처리하는 일본의 방식을 보면서 지금의 일본

정부가 왜 잘못된 과거사를 인정하고 사과하는 데 인색한지 짐작이 갑니다.

대역사건의 전말을 살펴보면, 사회주의 혹은 무정부주의 성향을 가진 몇몇 행동파가 모여 일왕을 암살하려는 목적을 세우고 폭탄을 만들어 시험을 해봅니다. 하지만 리더로 지목된 고토쿠 슈스이는 별반 흥미를 보이지 않다가 그만두고, 그의 애인인 간노 스가코와 두어 명 정도가 모의를 이어나갑니다. 하지만 엉성한 대본과 어설픈 구상으로 유치한 수준이었던 암살 모의를 포착한 정권 상층부는 이것을 미증유의 공안사건으로 키워나갑니다.

왜냐하면 이 사건을 본보기 삼아 당시 일본 전역에서 서서히 일어나던 사회주의 운동의 싹을 깡그리 뽑아버리겠다는 의욕이 넘쳤기 때문이지요. 그래서 정부의 눈 밖에 난 운동가/주의자들까지 포함해서 모두 스물여섯 명을 재판에 넘기고, 무려 스물네 명에게 사형을 내립니다. 스물네 명의 사형수 중 열두 명은 실제로 형이 집행되고 열두 명은 무기징역에 처합니다. 예전 군사 독재정권 시절에, 민심이 흉흉해지고 통치기반이 약화되는 위기를 맞으면 경고와 훈계로 넘어갈 사건도 무시무시한 반체제 사건으로 프레임업^{frame up}하는 경우가 있었습니다. 정통성이 취약하거나 국정관리 능력의 자신감이 떨어지는 정권일수록 일본 제국주의와 같은 고약한 정치권력들로부터 이런 잔혹한 통치기법을 배운 게 아닐까 하는 심증이 듭니다.

당시 일본은 1868년 메이지유신 이후 계속해서 조선을 침략하고 중국과 러시아와 전쟁을 치르면서 사회적으로는 양극화가 날로 심화되는 치지였습니다. 게다가 공장에서 일하는 노동자 계급이 출현하면서 노동쟁의가 일어나는 등 사회 전체적으로 불만과 불안의 공기가 번져가고 있었습니다.

거기에 더해 계급투쟁과 인간해방을 강조하는 사회주의와 무정부주의(사실 무정부주의는 무정부상태의 혼란이 아니라 개인의 자유를 침해하는 정부나 자본, 종교 등의 권력에 반대하는 탈권위주의로 해석하는 것이 맞습니다)의 사상 풍조가 유행하면서 기존 체제에 대한 반감이 높아져갑니다. 이렇게 되자 일본 지배층은 체제 존립에 대한 엄청난 위기감을 느끼게 됩니다. 그 와중에 터진 대역사건을 기화로 일본의 원훈 그룹과 신진 세력들은 판을 싹 쓸어버리고 사회 분위기를 일신하자는 공감대를 형성합니다.

이에 권력은 부국강병을 위해 국론분열을 용납할 수 없다며 서로 알지도 못하고 만나지도 못했던 사람들까지 대역사건이라는 범주에 묶어서 '묻지마' 사형에 처하는, 일종의 사법살인을 저질렀지요. 그리고 그것에 저항하지 못하거나 암묵적으로 용인했던 일본 국민들은 결국 만주사변, 중일전쟁, 그리고 태평양 전쟁으로 가는 열차에 올라타면서 패전의 파국과 몰락을 맞게 됩니다.

안중근과 고토쿠 슈스이의 저항

일왕 암살 모의 사건, 즉 대역사건의 주모자인 고토쿠 슈스이란 인물은 마르크스의 공산당 선언에 나온 마지막 문장, "만국의 노동자여 단결하라"의 번역으로 유명합니다. 《평민신문》을 창간해서 반전, 평화를 주장하고 애국주의 고취에 반대한, 한마디로 불꽃같은 생을 사르고 간 인물입니다(평민은 프롤레타리아의 번역어입니다). 우리 근대사와 관련해서도 중요합니다. 안중근 의사와 신채호 선생 등 조선의 독립운동가들과 앞뒤로 영향을 주고받은 사람이 고토쿠 슈스이입니다.

그는 일본의 도사 지역, 지금은 고치 현이라고 부르는 곳에서 태어났습니다. 8살에 한시를 짓고 민권운동 집회에 참석하는 등 조숙한 천재였다고 합니다. 그가 태어난 도사 지방은 일본의 메이지유신을 이끈 주역들을 배출한 유서 깊은 고장입니다. 하지만 도사 출신의 핵심인사인 사카모토 료마가 암살당하면서 메이지유신 이후의 권력 배분 과정에서 주도권을 쥐지 못합니다. 주류 핵심에서 한 발짝 떨어진 도사 지역에서는 민권운동이 거세게 일어나면서, 일종의 야당 인사들을 양성하는 거점으로 변모합니다. 대표적인 인물이 루소의 『사회계약론』을 번역한 일본의 루소, 나카에 조민입니다. 고토쿠 슈스이는 조민의 집에서 기숙하면서 제자가 되고 민권 사상의 세례를 받습니다. 그는 어린 시절 이후 평생을 바쳐 사회 운동에 몸을 던지지만 결국 마흔 살에 대역사건으로 생을 마감하게 됩니다.

솔직히 고토쿠 슈스이 입장에서 대역사건은 시큰둥한 일이었다고 합니다. 폭탄 제작과 같은 실행 단계에는 참여하지도 않았다고 나오지요. 그런데 왜 고토쿠에게 주모자의 올가미를 씌웠을까요. 도련님의 시대에는 이 사건의 처리를 둘러싼 일본 위정자들의 회의 장면이 그려집니다. 기라성 같은 권력자들이 사회주의와 무정부주의에 대한 갑론을박을 벌입니다. 하지만 일본 육군의 대부이자 막강한 실세인 야마가타 아리토모는 "선배들이 목숨바쳐 이룬 메이지 체제를 지키기 위해 힘으로 눌러야 한다"고 결론짓습니다. 무엇보다 향후 태평양의 패권을 미국과 다투어야 하는 마당에 국론분열을 방치하면 안 된다는 지적도 인상적입니다. 그렇기에 고토쿠 슈스이와 같이 필력도 좋고 언변도 좋은 반골 '스피커'는 분쇄당할 운명에 놓였는지도 모릅니다.

그런데 이 대역사건에 안중근 의사의 그림자가 짙고 길게 드리워져 있습니다. 1909년 10월 26일 안중근 의사의 하얼빈 의거가 일어난 8일 뒤, 대역사건 관련자들은 첫 폭탄 시험을 했다고 합니다. 그리고 안 의사가 1910년 3월 여순 감옥에서 순국한 지 세 달 뒤에 대역사건이 터집니다. 대역 사건의 스케줄과 안 의사의 행적 사이에 시간적 연관성이 상당합니다.

그리고 고토쿠가 평소 휴대하던 줄부채에 안중근 의사의 휘호가 적혀 있었다고 하며, 경찰이 압수한 그의 물품 중에는 안 의사의 사진과 안 의사의 거사를 칭송한 자작 한시가 발견되어서 놀라움을 줬습니다.

> 목숨을 버리고 의를 취했으니 　　　　　死生取義
>
> 살신성인을 이루었도다 　　　　　　　　殺身成仁
>
> 안 의사여, 단 한번 거사로 　　　　　　安君一擧
>
> 이 세상 전부를 진동시켰소 　　　　　　天地皆震

대단한 박력이 느껴지지 않습니까. 그런데 안 의사의 조국인 대한제국에서는 안중근을 "정신병자", "미친 사람"으로 취급하고 전국에서 유지들을 뽑아 일본에 "사죄단"을 보냈지요. 참으로 역설적이고 거꾸로 가는 근대 조선의 한 장면입니다.

　근대 국가가 이성적 타산으로 내린 사형의 날벼락을 맞은 고토쿠 슈스이는 사후도 처참했습니다. 국가 반역자로 몰린 가장의 무덤에 유족들은 성묘조차 할 수 없었습니다. 심지어 고토쿠의 무덤 방향으로는 쳐다보지도 말라는 도저히 믿기지 않는 압력까지 가해졌습니다. 당국의 압력과 주위의 눈치로 정든 고향을 떠날 수밖에 없었던 유족들은 온갖 고생을 하며 모진 삶을 영위해야 했습니다. 역사의 광야를 달리는 천리마에게 마구간을 돌볼 것을 기대하는 일은 과욕일까요.

　돌이켜보면 안중근에게서 발아한 혁명의 씨앗은 고토쿠에 이어지고 고토쿠가 키운 종자는 신채호로 이어졌습니다. 단재 신채호는 고토쿠 슈스이의 글을 통해 독립 운동과 아나키스트 활동의 근거와 활력을 찾았다고 고백합니다. 참으로 역사에는 우연이 없는 것 같습니다. 원인과 결과가 일직선인 인과율의 법칙이 작동하지는 않더라도 바다 건너 일어난 사건들이 서로 긴밀하게 영향을 주는 상관 관계에 있었다는 것은 분명합니다. 한 가지 생각해볼 것은, 안중근과 고토쿠 슈스이를 보면서 일제와 일본인을 구분하는 문제입니다. 전쟁 반대와 동양 평화를 위한 안 의사의 의거에 감명을 받고 그 길을 따라간 일본의 운동가들을 인식하고 평가해야 합니다. 인간 해방의 정신과 제국주의에 반대하는 저항의 논리는 인류가 다함께 이어받아야 할 값진 유산이니까요.

여담입니다만, 고토쿠 슈스이의 재판을 목격한 한 젊은 검사는 무고한 지식인을 죽이는 사법부 실정에 분개하며 인권 변호사로 나섭니다. 후세 다츠시라는 인물입니다. 후세는 1923년 조선인 박열과 그의 아내 가네코 후미코가 일왕과 왕세자를 죽이려 한 제2의 대역사건에 변호사로 나서 맹활약을 펼칩니다. 재판 과정에서 피고인들이 한복을 입을 수 있도록 뒷받침하고 옥중 결혼도 성사시켜 냅니다. 후세는 몇 차례나 변호사 자격정지를 당하면서도 사법 투쟁의 최일선을 지켰고, 1945년 해방 이후에는 "조선건국헌법초안"을 만들어 보낼 만큼 의로운 인물입니다. 재일교포들이 힘든 송사에 몰리면 늘 앞장서서 도와준 후세는 일본인으로는 유일하게 대한민국 건국훈장을 받았습니다. 이렇게 꼬리에 꼬리를 물면서 상호 영향을 주거니 받거니 하는 것이 역사일까요. 공교롭게도 핼리 혜성이 찾아온 1910년에 일어난 일이 일본의 대역사건입니다. 우리도 핼리 혜성이 찾아온 1456년 성삼문을 비롯한 사육신의 단종 복위 시도가 무위로 끝나지요. 어제도 오늘도 역사는 인간의 운명을 섭취하면서 무심히 흘러가는 것일까요.

6

프랑코, 박정희, 그리고 이병주

동정 없는 세상에서 희망을 간직하기

일시적인 불의라 하더라도

우리가 증오하는 적들이 쓴

수단을 써서는 안 된다. _앙드레 지드

정의와 진리는 어디로 가나

15세기 서양의 세계 대진출을 선도했던 스페인은 정열의 나라입니다. 축구와 투우, 플라멩코 춤과 음악의 관능은 물론이고 무엇보다도 세르반테스의 소설 『돈키호테』가 보여주는 막무가내 "무데뽀" 정신이 강렬합니다. 이러한 이미지들이 형성된 연원을 역사적으로 거슬러 올라가면, 세계사에서 스페인이 담당했던 대항해 시대와 그리스도교 전파에서 비롯되지 않았나 합니다. 새로운 항로의 개척과 이교도에 대한 선교의 열정은 죽음을 두려워하지 않는다는 점에서 유사합니다.

초기 그리스도교의 역사는 순교의 역사입니다. 권력의 탄압이 수백 년간 이어지면서 그리스도교 지도자들은 대속을 강조해야 했습니다. 구원의 빛이 현실적으로는 보이지 않는 끝없는 압제의 터널 속에서 신앙을 지키려면 "희생=구원"이라는 대속의 공식을 말할 수밖에요. 그래서 밀알 하나가 썩어야 밀밭을 만들 수 있듯이 신앙을 위해 생명을 바치면 예수 그리스도의 길을 따라가는 것이고 수많은 사람들을 구할 수 있다고 설교합니다. "예수 천국, 불신 지옥"의 구호처럼 믿으면 죽음도 공포스럽지 않습니다. 맹수의 먹이가 되는 것도, 망나니의 칼날에 떨어지는 일에도 초연할 수 있습니다.

두려움 없는 그리스도교 선교의 열정은 때마침 스페인이 780년간의 투쟁 끝에 성취한 레콩키스타^{Reconquista}와 맞물려서 더욱 불타오

룹니다. 레콩키스타는 이베리아 반도에 진출한 이슬람 세력에 대항하여 그리스도교도들이 잃어버린 땅을 회복하려는 운동입니다. 수백 년의 노력 끝에 1492년 이슬람의 마지막 보루인 그라나다를 접수하면서 '회복'에 성공했고, 이러한 분위기는 종교적 열정을 최대치로 끌어올리는 방향으로 나아갔습니다. 실제로 콜럼버스의 항해를 지원한 이사벨라 여왕은 인도행 신항로 개척의 실리도 탐이 났지만, 레콩키스타를 완성한 주역으로서 그리스도교 전파의 명분을 중하게 여겼습니다. 뱃사람과 선교사가 동거한 대항해 시대는 이렇게 열린 것입니다. 눈에 보이지 않는 종교와 같은 가치가 보이는 현실을 끌고 간 것이 스페인이 가진 역사적 정열의 한 단면을 드러냅니다.

그런데 이런 정열이 20세기에 들어와서 동족상잔의 비극으로 분출합니다. 1936년 7월에 일단의 파시스트 세력들이 합법적으로 선출된 인민전선 정부에 반기를 들면서 한국전쟁처럼 3년간 나라가 좌우로 갈라져 내전이 겹습니다. 내전은 1939년에 반군 지도자인 프랑코 장군이 수도 마드리드에 입성하는 것으로 끝납니다. 스페인내전은 단순히 한 국가 내부의 싸움이 아니었습니다. 여기에 서구의 지식인들이 대거 참여합니다. 프랑스의 앙드레 말로나 영국의 조지 오웰, 미국의 헤밍웨이가 대표적입니다. 세계적 지성들의 집단 참전은 국제 여론의 주목과 관심을 불러일으켰습니다. 또한 한국전쟁이 미국과 소련의 대리전적 성격을 가졌다면, 스페인내전은 2차 세계대전의 전초전이었고, 20세기 온갖 이념이 전면적으로 맞붙은 격전장이었습니다. 스페인내전과 한국전쟁의 유사점은 많습니다. 작가 이병주는 두 전쟁의 공통점으로 좌우익의 이념 대결, 동족상잔, 무의미한 희생 이라는 공통점을 꼽습니다. 반면에 한국전쟁은 북한의 남침으로 시작됐고 스페인내전은 우익의 반란으로 촉발됐다는 차이점도 있지요. 특히 스페인 내란은 완전히 끝났지만 한국전쟁은 아직도 휴전 상태이고 그래서 스페인은 하나지만 우리는 여전히 두 개의 한국Two Koreas으로 분단되어 있습니다. 분단의 결과, 한반도는 한민족의 힘만으로는 어떻게 할 수 없는 통일과 같은 문제들을 많이 떠안게 됐고, 그런 면에서, 비극은 비교할 수 없다지만, 훨씬 비극적인 것이 우리 현대사가 아닌가 합니다. 이러나 저러나 스페인내전은 우리의 역사와 현실을 성찰하는 차원에서도 의미가 깊습니다.

파시즘과 인민전선의 한판 승부

앞서 스페인내전을 이념전이라고 했습니다. 반란을 일으킨 주체세력들의 이념은 파시즘입니다. 이에 맞선 세력은 인민전선입니다. 노동자·농민과 중산층, 자유주의자와 사회주의자가 제휴한 연합체지요. 파시즘은 일본 학자 야마구치 야스시가 요령 있게 설명합니다. 야마구치 야스시에 따르면 분열에 빠진 사회가 민족주의와 카리스마형 리더를 두 축으로 해서 위기를 극복하려는 시도가 파시즘인데, 역사적으로는 사회주의 운동과 기존의 지배세력에 대한 반발에서 유래한다고 합니다. 풀어보면, 사회경제적 위기가 가중되면서 몰락의 불안과 불만을 가진 중산층이 그들을 대변하고 대표할 새로운 정치세력을 찾아 나섭니다. 사회주의는 하층 노동자 계급을 옹호하기에 동조하기 힘들고, 중산층을 위기에 빠뜨린 기존 통치 엘리트에 대해서는 더 이상 지지를 유지하기 어렵고 해서 이도저도 못하는 딜레마에 봉착합니다.

이러한 중산층의 정신적 공백을 메꿔주는 사상이 바로 파시즘입니다. 1차 대전 후 패전과 인플레이션의 절망과 좌절 속에서 탄생한 파시즘은 이성 대신 감정, 사색 대신 행동, 무기력 대신 폭력을 들고 나오면서 기존 체제를 깡그리 부정합니다. 이를 통해 확산된 민족주의적 정서의 바탕에서 독재적 리더십을 구축해 나갑니다. 보편적 인류 대신 특수한 민족에 집착하거나 감정을 이성의 상위에 위치시키면 결과적으로 자민족 중심주의나 폭력 예찬이 횡행하게 될 공산이 커집니다. 특히 '우리'의 동질성과 응집력을 더 크게 하려고, 우리에 포함되지 않는 여타 모든 것을 배제하고 억압하고 말살하는 폭력성이 심화됩니다. 그리하여 "우리가 남이가"로 똘똘 뭉칩니다. 유대인과 집시를 가상의 적으로 만들어서 홀로코스트의 학살극을 연출한 것도 아리안족의 우월성과 독일 민족의 단결을 공고히 하려는 까닭에서지요.

이런 파시즘의 공세와 위협에 맞선 것이 인민전선입니다. 본래 공산주의는 이념이 현실에 우선합니다. 계급 철폐와 무산 대중의 해방을 기치로 내건 공산주의 사회를 건설하려면 현실에 따라 오락가락해서는 안 되기 때문이죠. 특히 "만국의 노동자여 단결하라"는 공산당 선언의 결구처럼, 국제적 경향이 강한 이념이 공산주의입니다. 그러나 1930년대 들어 파시즘이 득세하면서 전운이 고조되자, 코민테른(공산주의 국제연합)에서는 인민 통일전선을 채택합니다.

공산당의 입장에서도 파시즘에 반대하는 것이 급선무이기에, 무산 계급인 노동자와 농민에서 중산층과 자유주의자까지 광범위한 협력 관계를 형성하는 것이 화급한 과제였거든요. 1930년대 당시 유럽인들은 계층과 당파를 초월해서 파시즘에 대항하지 않으면 민주주의가 무너질 수 있다는 위기감에 사로잡혔고, 공산당을 비롯한 정당과 사회단체 등에 가해진 '단일화'의 압력으로 인민전선이라는 결실을 얻게 된 것입니다. 첫 시작은 역시 혁명의 원조국 프랑스입니다. 1935년 파리에서 98개 정당과 단체가 연합한 '인민전선front populaire'이 태동해서 1936년 총선에서 승리하여 내각이 발족됩니다. 스페인에서는 1936년 총선 결과 인민전선이 집권세력으로 부상합니다. 그러나 프랑스도 2년만에 붕괴하고 스페인은 인민전선 정부가 출범한 지 다섯 달만에 프랑코 장군이 반란을 일으켜 결국 1939년 3월에 무너집니다.

한국의 사마천이 본 비극의 20세기

20세기 초반 격돌한 파시즘과 인민전선을 살펴보는 것은, 결국 좌우 이념의 대리전이 되어버린 한반도의 역사와 현실에 잔뜩 묻은 역사적 얼룩을 닦아내는 일입니다. 스페인내전이라는 역사의 거울을 좀 더 선명하게 보여주는 인물이 소설가 이병주입니다. 이병주는 『스페인내전의 비극』이라는 여행기를 통해 인민전선에 경도된 청년 시절의 이상과 현실을 담담히 상기하면서 스페인과 한국을 비교하고 분석합니다. 인간의 숭고한 이상과 추악한 욕망이 적나라하게 드러나는 전장터에서 정의와 진실이 어떻게 훼손되고 수호되는지 다양한 각도에서 음미하게 도와줍니다.

한국의 발자크로 불리는 이병주는 사마천을 꿈꾸면서, 현대판 사관을 자처한 소설가입니다. 일제 말기 일본군에 강제 징집되었다가 귀환한 다음 교편을 잡다가 언론계에 투신해서 편집국장과 주필로 활동했지요. 그런데 1960년 5·16 쿠데타 이후 2년 반의 옥고를 치르고 마흔넷에 늦깎이 소설가로 데뷔합니다. 이병주는 스스로를 학병세대라고 불렀습니다. 학병세대는 2차 세계대전에서 대학을 다니다 일제에 의해 징집된 식민지 청년들입니다. 학병세대는 자신들을 해방하려는 연합국 군대에 대항하는 임무를 맡고 있어서 존재론적 모순에 빠져들 수밖에 없었다고 합니다. 거기에 이병주는 1960년 전후로 부산에서 군수기지사령관으로 있던 박정희 소장과 술친구로 친분이 돈독했습니다. 그러나 쿠데타를 일으킨 박 소장은 중립국 통일론을 쓴 이병주를 잡아들여 오랫동안 옥고를 치르게 만듭니다. 군사 정변으로 권력을 잡으려던 박정희 의장은 자신의 남로당 전력을 의심하던 미국에 사상적 결백을 입증하려고 했는지 수많은 좌익 혹은 중도 성향 인사들을 영장 없이 체포하고 사법처리합니다. 이병주 또한 반공 광풍의 희생자가 된 것이죠.

역설적이게도 이병주의 학병 체험과 군사 정권에서의 수인 생활은 인간의 이성과 욕망에 대한 깊은 고민과 빛나는 사색으로 이어집니다. 그는 스페인의 프랑코와 한국의 박정희가 가진 독재적 친연성과 무단적 통치행태를 일란성 쌍둥이처럼 보여주면서 그들이 욕망한 경제적 성과가 결코 이성적 비판을 덮을 수 없다고 갈파합니다. 둘 다, 인민전선 정부와 장면 정부를 무력으로 전복한 민주주의의 적이며, 지식인이나 정치인이나 경제인이나 인정사정없이 탄압한 국민의 적이라는 낙인은 역사에서 지울 수 없다는 것이지요.

꿈은 현실에서 깨어난다

역사에서 종합적 가치판단을 구하려는 이병주는 스페인내전을 선과 악의 대결로 파악하고 있습니다. 1921년 태어난 그는 중학생일 때, 스페인내전의 소식을 듣습니다. 조숙한 작가는 인민전선을 선으로 파악합니다. 투표를 통해 합법적으로 선출된 정부였고 세계의 대다수 지성과 양심들이 지지하고 있다는 이유에서지요. 당연히 프랑코 장군의 반란군은 악으로 규정됩니다.

하지만 한민족의 3·1 독립운동이 일본 제국주의에 무참하게 패배한 것처럼, 선은 지고 악이 이겼습니다. 게다가 1939년 정권을 잡은 프랑코 장군은 1975년 자연사로 생을 마칠 때까지 36년간 독재자로 권력을 휘두릅니다. 그래서일까요, 이병주는 스페인내전의 결과를 보고나서 역사에 대한 방관자가 됐다고 고백합니다. 역사가 정의의 편이 아닌데, 굳이 사회운동을 해야 할까 이런 회의감이 들게 됐다는 것이지요. 교과서의 권선징악은 드라마에서나 실현되고, 현실에서는 악인이 성공과 행복을 동시에 누리는 부조리한 상황을 겪다보면 염세주의적 성향이 강화되기도 합니다.

그런데 현실에서나 역사에서나 선과 악은 무 자르듯이 그렇게 단칼에 나뉘지는 않는 것 같습니다. 스페인의 인민전선 정부 내부도 선이라고 단정할 수만은 없습니다. 정부 내부의 공산당 세력이 같이 제휴한 무정부주의자들을 살육하는 등 야만적 권력투쟁이 점화됩니다. 거기에 반란군을 목전에 두고도 적전분열이 노정되는 등 수많은 추악한 일들이 벌어집니다.

초기부터 인민전선에 참여한 프랑스의 문호 앙드레 말로는 탄식합니다. "스페인내전은 예전에는 신부였다. 그런데 지금은 조강지처다." 말로의 여성 인식은 차치하고, 본의는 인민전선 정부에 참여한 세력들이 혁명을 꽃피우려는 청신한 새색시인 줄 알았는데, 알고보니 구태를 벗어나지 못한 파당과 분파에 불과했다는 의미로 받아들입시다. 역사에서 선과 악을 명료하게 구분하기가 쉽지 않은 것은 사람의 생각과 행동이 상황과 시간에 따라 유동하고 변화하기 때문인 듯도 합니다.

무엇보다 말과 글을 가지고 먹고사는 지식인과 정치인일수록 논란이 뜨겁습니다. 작가와 작품을 분리하듯 인격과 주장은 따로 봐야 한다고도 합니다만 이율배반적 언행을 일삼는 사람을 신뢰하기가 힘든 것은 당연한 일입니다. 그러나 종교개혁의 선구자인 후스는 부패한 사제가 미사를 집전한다고 해서 그것이 속된 것은 아니라고 했습니다. 저열한 인격을 가지고 있는 사람이라도 타인을 깨끗하게 할 수 있다는 것입니다. 명백히 악이라 하더라도 그 가운데 선이 작용할 수 있다는 이야기입니다.

성경에서는 가라지를 뽑으려다 밀까지 모두 뽑아버리는 불상사를 방지하려고 수확 때까지 그대로 두라고 말합니다. 특정한 기준으로 인간의 선악을 판가름하는 것은 종교에서도 어리석은 일이라고 여기는 듯합니다. 무엇을 하는지도 봐야 하지만 왜 하느냐를 주목해서 볼 때 이면에 숨겨진 복잡한 진상을 꿰뚫을 수 있습니다. 엄마의 옷을 입은 호랑이도 있고 도둑의 외관을 쓴 장발장도 있습니다. 그러니 일상생활에서 윤리적 분별을 내릴 때에는 이것이 두 번 다시 번복될 수 없는 재판관적 결정이 아니라 언제든지 바뀔 수 있는 잠정적인 판단이라는 절충적 태도를 취하는 것이 요청된다고 하겠습니다.

스페인 내전의 역사적 배경

스페인내전의 원인을 이념적 대립으로 볼 수 있지만 스페인 내부 역사에서 찾는 견해도 존재합니다. 스페인 사회는 외형적으로는 하나지만 내적으로는 두 개의 스페인이 맞서왔고, 인민전선 정부의 출범을 계기로 양대 세력의 내적 갈등이 폭발한 것이라는 해석입니다. 즉, 개방적이고 진보적 성향의 세력과 가톨릭적이고 보수적이며 민족주의적인 세력이 스페인을 양분하고 있었고, 이것이 결국 내전을 촉발시킨 도화선이 되었다는 것입니다.

　1930년대 당시 스페인은 대항해 시대 이후 몰락을 거듭하면서 유럽의 후진국으로 전락한 신세였습니다. 왕정 대신 공화정이 수립됐지만 기득권 세력은 여전히 부와 권력을 누렸습니다. 그러다 1936년에 공산주의자, 무정부주의자, 노동자 등이 연대한 인민전선이 정권을 쥐게 됐지요. 1917년 러시아 혁명 이후 선거를 통해 좌파가 정권을 잡은 기념비적 사건인 셈입니다. 이것은 세계체제적 관점에서 보면 묵과할 수 없는 사태입니다. 이에 스페인 내부의 좌우 분열이 내전으로 점화되고 내전이 또한 국제적 편가르기로 비화됐지요. 소련과 멕시코는 정부군을, 독일과 이탈리아는 반란군을 지원했고, 영국과 프랑스는 중립을 택했습니다. 게다가 스페인은 군사 쿠데타라는 뿌리 깊은 전통이 있습니다. 한 조사에 따르면, 1841년 이래 스페인에서는 202회의 군부 쿠데타가 일어났다고 합니다.

내전은 결국 반란군의 승리로 끝났습니다. 새로운 집권자 프랑코 장군은 내란이 종식된 이후에도 반대파 인사 19만 명을 보복 살해하고 50만 명을 망명길에 오르게 할 만큼 탄압과 학살의 대명사가 되었습니다. 그는 가톨릭 교회의 가치관을 무시하는 사조를 박멸하기 위해 동원할 수 있는 모든 공권력을 행사했습니다. 무엇보다 프랑코는 법률로 사람을 죽이는 것에 그치지 않았습니다. 독특한 살인 철학을 가지고 있었기에 인간적인 동정의 여지조차 두지 않습니다. 그래서 프랑코는 다른 독재자와 달리 자신에 대한 우상화도 금지합니다. 사람의 칭찬은 필요 없고 신의 은총만 있으면 그만이라는 것이지요. 여기에 더해 프랑코의 종신집권이 가능했던 것은 스페인 경제를 번영시킨 실적이었습니다. 독재자 프랑코 총통을 찬양하는 논리와 내용이 박정희 대통령 숭배론자들과 유사한 부분이 많은 것도 이 때문입니다.

프랑코와 박정희

프랑코 총통이나 박정희 대통령처럼 찬반이 엇갈리는 인물도 많지 않습니다. 이렇게 역사적 논란이 뜨거울수록 절대선과 절대악을 전제로 접근하면 생산적인 논의를 할 수 없습니다. 오직 프랑코는, 박정희는 악이었다고 선언하고 심판하는 것만으로는 할 수 있는 일이 무엇이겠습니까. 무조건 좋다, 나쁘다는 것은 종교적 신념이나 전쟁의 논리가 아닐까 합니다. 프랑코의 공과를 꼼꼼하게 기록하고 정밀하게 비교하는 노력을 기울여야 역사가 그나마 조금이라도 교훈을 던져줄 것 같습니다. 이런 구체적인 작업들이 쌓이다보면 사회적, 역사적인 공감대 또한 자연스럽게 형성될 것입니다.

우선 프랑코는 독재자였습니다. 프랑코가 살아있을 때 그를 나쁘게 말한 간 큰 사람은 없었습니다. 목숨은 하나니까 모두들 스페인판 '용비어천가'를 불렀습니다. 신작로도 깔고 지하철도 놓고 거리는 깨끗해지고 마천루 빌딩이 들어서고, 이 모든 게 다 프랑코 총통의 일인독재가 가져온 성과라고 주장합니다. 실제로 스페인은 1960년대 유럽 최고의 경제 성장률을 기록하고 국민소득도 늘면서 유럽의 후진국에서 벗어납니다. 프랑코가 노조를 틀어쥐고 중앙집권적 독재를 하지 않았더라면 스페인은 경제기적은커녕 경제파멸로 곤두박질쳤을 것이라고 강변합니다. 듣다보면, 박정희 지지자들이 찬양하는 방식과 놀랄 만큼 닮았습니다.

경제적 측면뿐만 아니라 두 사람 모두에 대해서 감히 반기를 들지 못하는 사회적 분위기도 닮음꼴입니다. 프랑코는 1975년 사망할 때까지 36년간 철권 통치를 실시했습니다. 스페인 사회는 내전에서 받은 처참한 충격과 후유증으로 만성적 공포 분위기가 조성됐고, 국민들은 감히 프랑코에 저항할 엄두조차 내지 못했습니다. 시기적으로 1939년에 끝난 내전에 관한 군사재판이 1963년까지 계속 진행되었으니 두말할 필요가 없지요. 수십만 명의 사람을 처형하고 투옥하는 등 무시무시한 공포정치 때문에 스페인 사람들은 항상 권력의 눈치를 보면서 생존할 수밖에 없었습니다. 독재의 가장 큰 부작용이 이것입니다. 이병주는 총칼로 수립된 독재권력이 사회를 퇴행시키고 사람을 노예 근성에 젖게 만든다고 비판합니다. 독재 체제에서 창의적이고 창조적인 사상이나 예술, 연구와 학문이 꽃필 수가 없는 까닭도 여기 있지요.

그럼에도 프랑코는 어떻게 20세기 중반 내내 독재정권을 유지할 수 있었을까요. 스페인내전에서 그의 후원자가 되어준 이탈리아나 독일의 파시즘 정권이 패망한 뒤에도 30년간 총통직을 지킨 것은 가히 경이로울 지경입니다. 혹자는 프랑코의 리더십을 거론합니다. 그는 아주 계산이 빠르고 냉혹할 정도로 총명했습니다. 풍채나 용모가 볼품없었지만 현실인식과 정세판단에 조금의 빈틈도 없었습니다. 대외적으로는 독일과 이탈리아의 군사원조를 끌어내서 강한 군대를 만들고 대내적으로는 보수세력을 집결한 팔랑헤당과 가톨릭 교회의 지지를 공고히 하여 일종의 삼각체제, 즉 군대와 정당과 교회를 프랑코 개인의 일인 독재를 뒷받침하는 권력구조로 재편해냈습니다. 무엇보다도 국민에게 보여준 경제발전이 장기집권을 뒷받침하는 데 큰 역할을 했다고 평가됩니다.

그러나 프랑코 종신집권의 뒤안길에 스러진 희생자들이 무수합니다. 내전 이후 반대세력을 가혹하게 탄압하는 바람에 수다한 사람들이 죽고 망명하면서 스페인 국내에는 저항 기반이 초토화되었습니다. 앞서 말한 것처럼 프랑코는 확고한 살인 철학을 갖고 정치적 반대자를 죽이기 때문에 소름끼치는 사형 방식을 도입합니다. 프랑코 치하에서 사용된 사형기구를 가로테라고 합니다. '가로테'라는 기구는 사형수의 목에 쇠바퀴를 두르고 이것의 나사를 틀어서 목을 죄는데 절명하기까지 25분이나 걸립니다. 프랑코는 죽기 두 달 전까지도 청년 다섯 명을 이렇게 사형시킵니다. 사형을 정의 집행의 수단으로 인식하기에 일말의 거리낌이 없었던 냉혈한이 프랑코입니다.

그렇기에 프랑코가 악이었다는 명제에 대한 역사적 평가는 내려졌다고 봅니다. 어떤 경우에도 합법한 정부를 전복하고 무고한 국민을 탄압한 행위는 범죄임이 분명합니다. 말년에 프랑코가 남긴 유언도 걸작입니다. "나에게 잘못한 사람을 용서할 것이니 다른 사람들도 나의 잘못을 용서하기 바란다." 너무나도 뻔뻔하고 후안무치한 사람이죠. 이렇게 기계적인 역지사지로 사람들을 바라보면, 이 세상에 악인은 하나도 없지 않을까요.

누군가는 프랑코가 철면피지만 개인 우상화는 물론이고 지식인을 곡학아세하도록 강요하지 않았다는 의외의 면도 부각합니다. 그러나 들여다보면 속사정이 있습니다. 독특한 신앙과 철학을 지닌 프랑코는 국민들의 존경보다는 신의 은총만 있으면 된다는 생각에서 우상화하지 않은 것에 불과합니다. 그리고 지식인들을 타락시키지 않은 것도 그의 미덕이라기보다는 우나무노의 용기와 양심으로 어쩔 수 없었다는 것이 이병주의 지적입니다. 스페인의 학자이자 작가인 미겔 데 우나무노는 그가 총장으로 있던 살라망카 대학에서 프랑코의 부인과 부하 등이 다 모인 자리에서 목숨을 건 연설을 합니다.

그는 당신들이 아무리 야만적인 폭력을 가지고 승리한다 하더라도 이성과 정의가 없다고 맹공을 퍼붓습니다. 특히 바스크와 카탈로니아 지방을 없애야 한다고 주장하는 프랑코 부하의 면전에 대고, 카탈로니아가 없는 스페인은 당신과 똑같은 불구 나라가 될 것이라며 열변을 토합니다. 그는 눈과 팔이 한 쪽씩 없었지요. 그는 울화가 치밀어 권총을 빼들고 우나무노를 즉결 처분하려고 겨누지만 프랑코의 부인이 가까스로 뜯어말립니다. 보고를 받은 프랑코조차도 우나무노를 어떻게 할 수 없었지요. 우나무노는 스페인 지식인의 표상이자 사표로서 프랑코 독재의 암흑기에서도 반짝이는 별빛으로 남습니다.

이상과 이념에 따라 행동한 지식인들

스페인내전은 다른 전쟁과 달리 전 세계의 지식인들이 달려와 참전했다는 점에서 독특합니다. 미국의 헤밍웨이, 프랑스의 앙드레 말로, 칠레의 파블로 네루다, 영국의 조지 오웰, 아서 쾨슬러…… 한가락 하는 지식인들이 스페인으로 몰려왔습니다. 무엇이 이들로 하여금 생명과 명성을 다 버리고 오게 했을까요.

『좁은 문』으로 유명한 프랑스 작가 앙드레 지드의 말이 이들을 대변합니다.

"나는 인민 대중을 적으로 돌릴 수 없었다."

즉, 선거로 선출된 정부에 반란을 일으킨 파시스트 군대에 항거하는 것은 휴머니즘의 명령을 따르는 것이자 인류의 양심을 지키는 의무이기에 거부할 수 없었다는 고백입니다. 이상을 추구하고 이념에 따라 실천하는 사람이 지식인입니다. 이상과 이념을 형상화하는 사람은 예술가이구요. 다양한 지성인과 예술가들이 참여하면서 스페인내전을 배경으로 한 작품이 우수수 쏟아집니다.

헤밍웨이의 『누구를 위하여 종은 울리나』, 조지 오웰은 『카탈로니아 찬가』, 그리고 파블로 피카소의 "게르니카"만 봐도 스페인내전은 대작의 산실이 됩니다. 하지만 스페인의 천재 시인 페데리코 가르시아 로르카, 영국 시인 존 콘퍼드와 랠프 폭스, 그리고 여류 소설가 버지니아 울프의 조카인 시인 줄리언 벨 등 많은 예술가들이 희생됩니다. 망명하려던 스페인 시인 안토니오 마차도는 국경 부근의 싸구려 여관에서 병들어 죽고, 미겔 에르난데스는 체포되어 옥사했습니다. 이렇듯 수많은 지식인들의 파란만장한 운명이 내전 속에서 펼쳐졌습니다.

그런데 꿈을 품고 참전한 지식인들은 야만적이고 냉혹한 전쟁을 겪으면서 애초 신념이나 이상에 많은 변화가 일어납니다. 적군과의 전투로 인한 상처도 크지만 오히려 아군 내부에서 겪는 환멸과 반감이 월등해집니다. 전쟁사를 살펴보면, 애초 피아가 분명하던 전쟁도 장기화하면 아군과 동지 내부에서 오히려 죽고 죽이는 내분이 더 격화되는 사례로 점철되어 있습니다.

스페인내전도 동일한 패턴을 따라갑니다. 스페인 공화국 정부(인민전선 정부)는 연대세력인 통일노동자당poum을 탄압하고, 공산당은 무정부주의자들을 공격합니다. 내부 투쟁이 격화되면서 동일한 이상 아래 모였던 각국의 지식인들도 갈라집니다. 공화국 정부의 조치를 무조건 지지하는 지식인들에 대해서 앙드레 지드는 "일시적인 불의라고 하더라도 우리가 증오하는 적들이 쓴 수단을 써서는 안 된다"고 맹렬하게 반발합니다. 이러다 보니, 애초에 꿈꾸었던 혁명은 꽃피지 않고 쥐꼬리만한 권력이라도 서로 차지하려는 권력투쟁의 현실 속에서 갈 곳을 잃어버린 지식인들의 좌절과 실망은 더욱 증폭되어 갑니다.

트라우마가 너무 혹독했을까요. 내전 체험 이후 기존의 생각과 180도 달라진 작가들이 나옵니다. 아서 쾨슬러나 조지 오웰이 대표적 인물입니다. 아서 쾨슬러의 『한낮(백주)의 암흑』, 오웰의 『동물농장』, 『1984』는 반혁명, 반공 소설을 곧바로 연상시킵니다. 이들은 인간의 이성에 대한 문제제기를 하고 역사의 진보를 의혹에 찬 시선으로 바라봅니다. 혁명이나 역사에 대한 대책 없는 열광이나 근거 없는 낙관주의는 흔적 없이 사라져 버립니다.

그러나 스페인내전의 비극을 몸으로 겪었다 하더라도 내전의 진실을 다 담아내기란 불가능합니다. 일본 작가 아쿠타가와 류노스케의 소설 『수풀 속』처럼 하나의 사건을 놓고 당사자와 관찰자 모두의 기억은 각양각색인 것처럼 스페인내전의 역사적 진실은 인간적 체험으로만 포착되기 어렵습니다. 하지만 지식인은 입장이나 시각이 바뀌더라도 전체적으로 사건과 사람을 파악하려고 애쓰는 존재입니다. 아무리 리얼리스트의 한계를 체념하더라도 가슴 속에 불가능한 꿈을 품고 살아가는 것이 지식인이고 나아가 인간입니다. 이병주의 조언처럼, 진실한 역사를 쓸 수 있다는 생각 그 자체를 포기해버리면 인간은 역사에서 희망을 길어올릴 수 없을 테니까요.

오랜 기다림 끝에 프랑코 사후에 스페인에도 봄이 찾아옵니다. 철옹성 같던 독재정권도 민주주의로 체제전환을 이룹니다. 그 과정에서 불가피하게 혼란과 진통이 뒤따릅니다. 1975년 11월 프랑코가 죽은 뒤, 세 달도 안돼서 200여 개의 정당이 결성됩니다. 1977년 스페인내전 이후 41년만에 총선거가 실시됩니다. 총선거에서 프랑코의 유지를 받든 정당은 선거 두 달 전에 합법화된 공산당에도 지는 등 완전히 몰락합니다. 하지만 독재정권의 잔존세력도 반격에 나섭니다. 군부가 쿠데타를 일으킵니다. 육군 중령 테헤로가 이끄는 경비대원 150명이 국회 의사당에 난입해서 의원들을 인질로 삼고 이와 동시에 보슈 장군이 탱크와 장갑차를 출동시킵니다.

바람 앞의 촛불 같았던 스페인의 민주주의는 그러나 카를로스 국왕의 등장으로 기사회생합니다. 국왕은 군복을 착용한 채 TV에 나와 "최후까지 저항하겠다, 반란군은 나를 총살하라"고 비장하게 외칩니다. 의사당 바닥에 강제로 엎드려야 했던 의원과 장관들의 목숨은 경각에 처한 절체절명의 순간이었지요. 그런데 이때 수상을 필두로 여야 의원들이 "민주주의 만세! 스페인 만세!"를 외치면서 일제히 일어섭니다. 어떤 의원은 "죽일 테면 죽여라" 하며 앞가슴을 열어젖힙니다. 이후 쿠데타를 일으킨 테헤로 중령의 딸이 전화로 "아빠의 동지들은 아빠를 배신했어요" 하면서 48시간의 쿠데타는 탈 없이 진압됩니다. 수도 마드리드의 국회 의사당 앞에서는 100만 명의 시민이 모여 민주주의와 자유를 위한 대행진을 펼칩니다. 물론 지금도 프랑코 독재를 그리워하는 사람도 있겠습니다만, 한 번 흘러간 물은 다시 돌아올 수 없습니다.

7

아이히만, 아렌트, 그리고 유대인

안 되면 되게 하는 모사드엔
불가능이란 없다

권력에 대한 인간의 투쟁은

망각에 대한 기억의 투쟁이다. __밀란 쿤데라

유대인은 힘이 세다

역사를 만들고 세계를 움직인 무수한 종족 가운데 가장 작은 인구로 가장 큰 영향력을 발휘한 집단이 유대인입니다. 종교와 학문, 경제와 예술에 이르는 모든 분야에서 유대인의 힘과 재능은 정채롭습니다. 이슬람 신도 16억 명, 그리스도교(가톨릭과 개신교 합산) 신자 21억 명을 합하면 37억 명의 인구가 유대교에서 발원한 일신교의 우산 속에 있습니다. 20세기 동서 냉전의 이념적 대부였던 마르크시즘과 인류 절멸의 핵폭탄을 현실화시킨 과학이론이 유대계의 머리에서 출현했습니다. 사람을 움직이는 배후에 생각도 못한 '무의식'이 있다는 것도 유대인 학자가 발견한 일입니다.

미국의 팝아티스트 앤디 워홀이 제작한 "20세기 유대인의 초상 열 점"을 들여다보면 유대계의 활약을 더욱 실감합니다. 미국 최초의 유대계 대법관 루이스 브랜다이스, 이스라엘 총리 골다 메이어, "나와 너"의 철학자 마르틴 부버, 『변신』의 소설가 프란츠 카프카, 로스트제너레이션lost generation을 작명한 작가 거트루드 스타인, 상대성이론의 과학자 알버트 아인슈타인, 정신분석학의 비조 지그문트 프로이트, 최초의 유대계 스타 여배우 사라 베르나르, "랩소디 인 블루"의 작곡가 조지 거슈윈, 미국의 슬랩스틱 코미디언 마르크스 형제.

어떻게 해서 현재 세계 인구의 0.2퍼센트에 지나지 않는 유대인이 인구 대비 수십 배 이상의 역할을 해낼 수 있을까요. 노벨상을 봐도 마찬가지입니다. 역대 노벨 수상자를 살펴볼까요. 지금까지 노벨 의학상 수상자의 26퍼센트, 물리학상의 25퍼센트, 화학상의 18퍼센트가 유대계입니다. 세계를 좌우하는 미국을 움직이는 세력도 유대인입니다. 미국 억대 갑부의 40퍼센트 가량을 차지하고 있으며 금융이나 언론은 독과점적 지위를 고수하고 있습니다. 로스차일드, JP모건 등 유대계 금융자본의 아성은 시간이 지나도 흔들리지 않습니다. 무엇보다 미디어와 영화가 두드러집니다.《뉴욕타임스》를 지배하는 설즈버거 가문, 이제는 아마존닷컴의 제프 베조스가 소유한《워싱턴포스트》의 전 사주 캐서린 그레이엄, 글로벌 미디어 대제국을 형성한 루퍼트 머독 등은 대표적 인물들입니다. 꿈의 공장 할리우드를 장악한 7대 메이저 영화사는 한 곳을 빼고 모두가 유대계입니다.

고향을 잃고 사방팔방 흩어져 살아왔던 디아스포라, 수천 년간 극심한 인종차별을 받고 심지어 홀로코스트로 종족절멸 직전까지 갔던 유대인이 어떻게 해서 역사와 현실이라는 두 마리의 토끼를 다 잡았을까요.

머리 숫자에 비해 압도적인 부와 명성을 쌓은 유대계가 너무 잘 나가다보니, 음모론이 감자 넝쿨처럼 줄줄이 나왔습니다. 유대인의 세계지배 음모를 담았다는 "시온의정서"가 대표적입니다. 이 책은『성경』다음으로 세계에서 두번째로 많은 나라에서 출판됐다는 객쩍은 말이 나올 만큼 유명하지요. 세상에 판치는 음모론의 원조이기도 하고, 유대인에 대한 편견과 오해를 조장하는 문서이기도 합니다. 하지만 유대인이 전지전능한 신적 존재라면 왜 실향과 이산의 아픔을 겪었는지 의문입니다. 이런 음모론은 유대인의 성취와 성공을 합리적으로 수용할 수 없는 반유대주의 세력이 사후 정당화의 논리로 제시하는 것에 불과하다고 생각합니다.

세련된 반유대주의도 있습니다. 유대인에 천재가 많은 것은 유전적 오류에서 기인한다는 설명입니다. 대체로 유명한 유대인들은 동유럽 지역 출신이 많은데, 이 지역 유대인들은 대대로 특정한 유전자의 변이를 이어오면서 천재들이 탄생해왔다는 주장입니다. 우수한 자질의 남녀가 혼인을 맺어가다 보면 유전적 천재가 나올 가능성이 높다는 우생학적 주장과 비슷합니다. 그런데 동유럽 출신은 세계 유대인들의 80퍼센트에 이릅니다. 아무래도 동유럽 출신이 스페인 등 남부유럽 출신 유대인보다 엘리트를 배출할 확률이 클 수밖에 없습니다.

생존과 성공을 위한 유대인의 비결: 의심하라, 그리고 기억하라

그러나 사람이 사회적 동물이고 교육을 통해 사회가 유지, 발전된다는 맥락에서 보면, 유대인의 학습방식을 살펴봐야 할 것 같습니다. 유대인의 사유에서 가장 중요한 것은 '의심하기'가 아닌가 합니다. 예수의 열두 제자 중 한 사람인 토마는 '의심 많은 토마'라는 별명이 붙을 만큼, 예수 몸의 못자국과 창에 찔린 상처를 눈으로 보고 손으로 만지고 나서야 신앙고백을 결단합니다. 이 예화를 보듯이 유대인은 스스로 검증하고 체험하지 않고서는 쉽게 믿지 않습니다.

조국을 떠난 유랑자, 유대인들이 물설고 낯선 곳에서 살아갈 때의 가장 큰 자산이 의심하는 능력입니다. 지금 살고 있는 지역이나 사회의 가치나 관습을 그대로 받아들이다가 갑자기 재산을 빼앗기고 쫓겨나면 어떻게 제정신으로 살아갈 수 있겠습니까. 그렇기에 어떤 환경에서도 자신의 언어와 종교를 공부하고 정체성을 굳건히 하면서 이역의 풍속과 제도에 적응해 나갑니다. 타지에서 일상 생활을 하면서 체질화되는 의심은 비판과 문제제기, 혁신으로 이어지고 수다한 발견과 발명으로 이어집니다.

만약 유대인이 계속해서 예루살렘에 남아 있었다면 이러한 인류 사적 성취와 업적이 가능했을지 물음표가 남습니다. 머나먼 고향을 그리며 세계를 떠도는 영원한 이방인의 노스텔지어가 유대인의 영혼에 면면히 흘렀기에 오늘의 이스라엘이 가능한 것 아닐까요. 고향과 역사를 잊지 않은 유대인은 수천 년의 탄압과 차별에도 불구하고 20세기에 나라를 재건하는 기적을 창출합니다. 그리고 오늘날도 전 세계 어디에서 반유대주의나 홀로코스트를 부정하는 콘텐츠가 나오는지 촉각을 곤두세우면서 관찰하고 항의하며 시정하는 데 노력을 쏟습니다.

과거를 망각하지 않고 끊임없이 상기하는 것이야말로 약한 처지의 개인이나 집단이 취할 방책입니다. 체코의 망명 작가 밀란 쿤데라가 "권력에 대한 인간의 투쟁은 망각에 대한 기억의 투쟁"이라고 각성을 촉구한 것도 같은 맥락입니다. 1945년 광복 이후 아직까지 부끄러운 과거사 청산이 어려운 것도 결국은 기억을 환기하는 교육이 제대로 되지 않기 때문이 아닐까요. 이 지점에서 역사 세우기의 롤모델로 다시 유대인과 이스라엘을 돌아보고 싶습니다.

이스라엘은 건국한 지 5년 만인 1953년부터 야드바셈 홀로코스트 박물관을 만들었습니다. 야드바셈은 "(희생자들의) 이름을 기억하라"는 뜻인데, 이 박물관은 수 차례의 수정을 거쳐 무려 50년 만인 2005년에 완성됩니다. 내부시설은 아우슈비츠 수용소를 연상시키는 디자인으로 구성하는 등 6백만 유대인 학살의 과거사를 영원히 기억하려는 국가적 기념물입니다. 여기에는 "용서는 하되 잊지는 말자"는 다짐이 비문으로 새겨져 있다고 합니다.

역시 과거사 청산의 모범생답습니다. 가해자에게 직접적으로 사과만을 요구하지 않습니다. 유대인들은 지금도 세계 곳곳에서 홀로코스트의 비극을 다룬 영화나 소설, 연구서적을 끝없이 생산하고 있습니다. 그러니 가해자인 독일도 계속해서 사과하고 용서를 구할 수밖에요. 반면 우리는 어떠한가요. 일제의 만행과 범죄에 대해 실증적으로 연구하고 예술적으로 표현하는 노력을 얼마나 해왔는지, 그래서 일본을 뜨끔하게 만들었는지 반성해봐야 할 것 같습니다.

그러나 이스라엘과 우리의 가장 큰 차이는 정부의 의지와 결단입니다. 우리는 일제강점기 친일파를 심판하기 위해 만든 반민족특위가 1948년 10월에 설치됐지만 이승만 정권의 비협조로 인해 1년도 못 넘기고 해체됐습니다. 친일파를 처벌하는 '반민족행위처벌법'은 1951년 2월 전쟁 와중에 흐지부지 폐지됐습니다. 이렇게 반민족적 부역죄를 저지른 친일파를 제대로 심판하지 못한 결과, 이들이 거꾸로 지배세력으로 군림하면서 국민의 가치관이 흩뜨러지고 사회 정의가 무너지면서 오늘날까지 뿌리 깊은 부정부패와 극단적 이기주의가 범람하고 있습니다.

　반면 유대인들은 확실히 달랐습니다. 이들은 반민족적 행위를 저지른 나치 전범과 부역자들을 지구 끝까지 추적해서 역사의 심판대 위에 올렸습니다. 이스라엘은 '나치 및 그 부역자 처벌법'을 제정해서 중대한 범죄에 대한 공소시효를 인정하지 않고, 외국이 처벌한 범죄도 자기네 법원이 재판할 수 있도록 조치했습니다. 이 법에 따라 유대인 학살의 원흉을 외국에서 직접 납치해서 이스라엘의 법정에 세운 사건이 바로 '아이히만 전범 재판'입니다. 이 작전을 총지휘한 이스라엘 정보기관 모사드의 책임자 이서 하렐은 『가리발디 거리의 집』이라는 책을 통해 치밀하고 대담무쌍한 납치 공작의 전말을 낱낱이 보고합니다.

아이히만 재판은 역사 세우기

오토 아돌프 아이히만은 유대인 홀로코스트의 실무책임자로 전범입니다. 신출귀몰하게 가족들과 종적을 감춘 그는 잠적한 지 15년 만에 대서양 건너 아르헨티나 땅에서 모사드에 생포됩니다. 애초 그는 나치의 친위대 슈츠슈타펠^{SS}에서 유대인 업무를 책임졌습니다. 그는 '유대인 문제의 최종 해결책Endlösung der Judenfrage, final solution'을 기획하고 집행한 인간백정의 우두머리였습니다. 유럽 각지의 유대인 500만 명을 열차로 수용소에 이송하는 실적을 자랑할 만큼 수치에 집착하는 관료적 속성에 충실한 인물이기도 합니다.

전쟁이 끝난 뒤에 포로수용소에 수감되었다가 교회 성직자의 협조를 얻어 탈출한 아이히만은 1950년경 아르헨티나로 도피했습니다. 당시 아르헨티나는 집권당인 페론당이 나치에 동정적이어서 많은 나치 전범자들의 도피처 혹은 은신처가 되었습니다. 아이히만의 가족들도 몇 년 뒤 감쪽같이 유럽에서 사라져서 아르헨티나로 건너갔습니다. 1948년 건국한 이스라엘 정부나 세계 각지의 유대인들이 아무리 행방을 수소문하고 추적해도 종적이 묘연했습니다.

그런데 1957년 어느 날 모사드의 수장 이서 하렐에게 한 통의 전화가 걸려옵니다. 통화를 건 인물은 당시 독일의 검사 프리츠 바우어. 유대계 출신으로 나치 전범을 법정에 세우던 법조인이었습니다. 그는 하렐에게 살인마 아이히만이 아르헨티나에 살아 있으며 주소를 알고 있다는 첩보가 들어왔다고 알려줍니다. 바우어 검사는 아직 나치에 일부 동정적일지도 모를 독일의 사법제도를 신뢰할 수 없고, 또한 아르헨티나의 독일 대사관 직원들을 전적으로 믿고 첩보의 신빙성을 의뢰하기도 어렵다는 판단 하에, 이스라엘 측에 정보를 넘긴 것입니다.

어떻게 독일에 있는 바우어 검사에게 삼만 리나 떨어져 있는 아르헨티나의 아이히만에 관한 제보가 들어갔을까요. 앞서도 말씀드렸지만 나치 출신이 정착한 나라가 아르헨티나지만, 이 나라에는 지금도 유대인이 20여만 명 살고 있습니다. 종전 후 페론 정권 시절에 나치 출신도 숨어들어 왔지만 유대계도 많이 이주해왔습니다.

이 중에 독일에서 생존한 뒤 아르헨티나로 건너온 유대인 로타르 헤르만이 나치 전범 재판에 관한 신문을 읽고 나서 기사에 나온 독일의 검사에게 편지를 띄웁니다. 자신의 딸이 독일 출신의 청년을 만났는데, 이 청년은 닉 아이히만이라는 실명을 밝히면서 자신의 아버지가 나치의 장교로 일했으며 유대인들을 모두 몰살했다면 독일이 전쟁에서 이겼을 것이라며 못내 아쉬워하더랍니다.

확실한 물증은 아니지만 지푸라기라도 잡는 심정의 모사드는 바로 아르헨티나로 요원을 급파합니다. 편지에 나온 주소지를 확인했지만 아이히만은 여기에 살고 있지 않다고 결론을 내렸습니다. 그리고 제보자인 헤르만과 그의 딸과도 면담했지만 큰 성과는 없었고, 게다가 헤르만이 금전을 요구해서 불쾌하기도 했습니다. 그렇지만, 모사드의 수장은 뭔가가 있다는 직감에 계속 휩싸입니다.

또한 당시 세계적으로 반유대주의 정서가 고조됩니다. 1959년부터 독일과 유럽에서 나치의 심볼인 하켄크로이츠와 함께 반유대주의 구호가 등장하고, 뉴욕, 부에노스아이레스 등 유대인 거주지에도 친 나치 벽보가 나붙습니다. 지금도 홀로코스트는 없었고 유대인들이 역사를 과장했다는 식의 반역사적이고 반인도적인 망언이 나오기도 하는데 뿌리가 깊은 것이지요. 이에 모사드는 아이히만을 체포해서 법정에 세워 철퇴를 가해야 다시는 나치의 망령이 고개를 들지 못할 것이라고 생각하고, 아이히만 검거 특별수사대를 편성합니다.

이스라엘 정부로서는 과거사를 거울처럼 명백하게 밝히고 추상같이 심판하지 않으면 언제든지 홀로코스트와 같은 비극이 되풀이될 수 있다는 교훈을 실천으로 옮긴 것입니다. 그래서 모사드는 아이히만 체포에 조직의 명운을 겁니다. 민족의 적은 지옥이라도 쫓아가서 기필코 복수하겠다는 증오심과 적개심이 과거사 청산의 원동력이 되기도 하는 것이지요.

여기에 애초 제보자인 독일의 바우어 검사가 다시 중요한 정보를 전합니다. 아이히만이 가톨릭 신부의 도움으로 리카르도 클레멘트라는 이름으로 신분 세탁을 한 다음, 가족들과 함께 아르헨티나에 건너갔으며 옆 나라인 볼리비아의 정보기관에 일할 것을 권유받자 "국가보안국이라는 말만 들어도 살인에 대한 의욕이 솟아오른다"고 말했다는 내용입니다. 일단 아이히만의 신병을 확보할 중대한 실마리를 잡은 것입니다.

하지만 여전히 난공불락의 과제가 많았습니다. 아이히만의 생존 사실과 주소지 확인도 어려운 일이지만 무엇보다 아르헨티나와의 관계는 큰 부담이었지요. 아무리 이스라엘이 전범 아이히만의 신병을 확보해달라고 아르헨티나에 요구하더라도 주권 침해라는 외교적 문제가 발생하고 송환 과정에서 그가 잠적할 수 있다는 현실도 무시할 수 없는 까닭입니다. 그래서 모사드는 직접 아이히만을 체포해서 이스라엘로 데리고 와서 법정에 세우기로 결정합니다. 하지만 아르헨티나에서 이스라엘로 가려면 대서양과 지중해를 건너야 합니다. 1960년 당시 이스라엘 항공사는 남아메리카 지역에 정기노선조차 없는 상황이니만큼, 악조건의 연속이었습니다.

모사드에 불가능은 없다

그러나 모사드가 어떤 조직입니까. 불가능을 가능하게 만드는 정보기관의 대명사이지 않습니까. 모사드는 1960년 3월에 남아메리카 현지에 사는 유대계로 편성된 일차 공작조를 특파합니다. 젊은 건축가 부부와 중년의 변호사, 20대 대학생으로 구성된 팀원들은 아이히만의 실제 주소를 알아내기 위해 기발한 아이디어를 냅니다. 고급 호텔에 투숙한 여성대원이 귀부인으로 꾸민 다음, 영리해 보이는 벨보이를 섭외해서 아이히만의 옛 주소지에 극비리에 선물을 전달해달라고 부탁합니다.

만약 주소가 틀렸거나 이사를 갔다면 옮겨간 정확한 주소를 알아와야 한다면서, 절대로 누가 보냈는지 말하지 말고, 아무에게도 이 사실을 누설하지 말라고 당부합니다. "인생엔 비밀리에 해야 할 델리케이트한 일이 있다는 것을 이해해줄 수 있죠?"라는 여성대원의 말에 벨보이는 비밀스런 로맨스를 도와줘야겠다고 착각합니다.

다행히 벨보이는 훌륭하게 임무를 완수합니다. 아이히만 가족이 이사간 것을 확인하고, 아이히만의 아들이 일하는 회사 주소와 그의 오토바이 번호판을 메모해옵니다. 일차 공작조는 드디어 아이히만의 집을 알아내고 아이히만을 촬영해 사진도 확보합니다. 일차 공작조의 보고를 받은 이스라엘의 모사드 본부는 신바람에 휩싸였습니다. 이제 아이히만을 체포해서 납치해올 기동타격대를 보내야 할 차례가 온 것입니다.

천하의 모사드라고 하더라도 국제법을 위반하고 아이히만을 이스라엘로 납치하는 공작은 정말 쉽지 않았습니다. 게다가 아이히만 체포 작전 이전에 모사드는 한번도 대규모 해외 작전을 펼쳐본 경험이 없었기에 부담은 더 컸지요. 따지고 보면, 이 작전에서 가장 큰 문제는 체포라기보다 호송입니다. 극비보안을 유지하면서 수만 킬로미터 떨어진 이스라엘까지 무사히 데리고 오는 것이 작전의 성패를 가르는 관건이었지요. 호송 수단은 비행기 외의 대안이 없었습니다. 운좋게도 1960년 5월이 아르헨티나 독립 150주년 기념일이어서 이스라엘에 경축사절을 요청했는데, 여기에 사용되는 특별기를 이용할 수 있었습니다.

그야말로 이스라엘의 활용가능한 국력이 총동원됩니다. 그만큼 아이히만에 대한 유대인의 원한과 분노가 깊었던 것입니다. 어느 정도냐고 하면, 아이히만 체포 작전에는 모사드의 책임자 이서 하렐이 직접 현지 공작에 나섭니다. 우리로 치면 국가정보원장이 몸소 현장을 지휘하는 셈입니다. 하렐이 아이히만 체포의 전말을 쓴 가리발디 거리의 집에 나오는 모든 모사드 요원들의 이름은 실명입니다. 보통 정보원은 가명을 쓰지만 예외적으로 본명을 밝힌 이유는, 아이히만 체포 작전이 모사드의 명예뿐만 아니라 이스라엘의 위신, 그리고 유대민족의 양심을 건 성전이기 때문입니다.

순조롭게 진행되던 작전 일정에 예기치 않은 일들이 터지게 됩니다. 애초 이스라엘 특별기의 입국은 5월 11일로 예정됐다가 14일로 연기되고, 다시 아르헨티나 정부의 요청으로 19일에 도착하기로 결정됐습니다. 비행기가 떠나는 날짜는 21일. 이렇게 되면 아이히만을 체포해서 열흘 간 쥐도 새도 모르게 데리고 있어야 하는 변수가 발생합니다. 아이히만의 가족들이나 나치 잔당, 그리고 아르헨티나 공안당국이 개입할 시간적 공백이 생기면 납치 작전이 실패할 위험성이 커지게 됩니다. 나치의 잔당이 공공연히 준동하는 부에노스아이레스에서 아이히만을 그렇게 장기간 가두고 있다면 무슨 일이 생길지 아무도 장담할 수 없는 상황을 맞게 된 것입니다.

미션 임파서블: 안 되면 되게 하라

그러나 총책임자인 하렐은 작전을 원래 계획대로 실시하기로 결단합니다. 아이히만을 태우고 갈 특별기가 오기까지의 열흘간 피말리는 시간을 감수하기로 한 것입니다. 그가 일종의 미션 임파서블을 단행하기로 한 것에는 모사드 요원의 능력과 용기를 굳게 신뢰했기 때문입니다.

이스라엘 정부의 고위관계자와 모사드는 아이히만 납치작전에 참여할 공작원들의 충원 방식을 놓고 전원 지원을 선택합니다. 이 작전은 유대 민족의 양심에 의해 실행되는 민족적 역사적 의미가 있기에 자원해야 한다는 원칙을 세운 것이지요.

대장인 가비는 열두 살 때부터 이스라엘 독립운동에 참가한 베테랑 게릴라 출신입니다. 문서위조 전문가인 다니는 아르헨티나에서 쓰는 스페인어를 몇 주만에 마스터한 천재형 인물입니다. 변장의 달인, 자물쇠 열기의 명수, 의사 등 온갖 특기를 가진 요원들로 팀은 구성됐는데, 이들 모두는 나치에 의해 가족과 친지가 학살됐다는 공통점을 가지고 있었습니다.

작전에서는 단 한 번의 실수도 실패로 이어지니 만큼 준비가 철저

했습니다. 아이히만을 체포하고 감금하는 데 필요한 안전가옥을 운영하기 위해, 아파트나 별장 등 다양한 집들을 빌립니다. 임대한 가옥들의 내부에 밀실과 긴급대피소 등 리모델링 작업을 병행하는 것은 물론입니다. 렌트카 등 장비와 기구, 섭취할 음식물에 대한 확인도 필수적이었습니다. 작전의 총책임자인 하렐은 대원과의 접촉을 위해 부에노스아이레스의 카페와 식당 100여 곳을 매일 바꿔서 돌아다녔지요.

디데이인 5월 10일, 남반구인 아르헨티나는 당시 겨울이었습니다. 바람이 심하게 부는 겨울날 저녁 7시 35분, 모사드 요원의 차량 두 대가 아이히만이 살고있는 가리발디 거리에 도착했습니다. 아이히만을 강제로 태울 1호차는 보닛을 열고 엔진을 수리하는 것처럼 세워 놓고 2호차는 버스에서 내리는 아이히만이 1호차를 보지 못하도록 헤드라이트를 켰습니다. 그런데 평소 같으면 7시 40분쯤 도착해야 할 아이히만이 안 오는 겁니다. 8시까지 모습을 보이지 않자 초조한 대원들 사이에서 철수하자는 의견이 나왔습니다. 그러나 바로 그때 칠흑같은 어둠 속에서 아이히만이 모습을 드러냈습니다. 표적은 마지막에 나타나는 것이었을까요.

아이히만을 확인한 요원이 몸을 날려 아이히만의 가슴을 머리로 들이받아서 쓰러뜨렸습니다. 그런 다음 순식간에 아이히만을 1호차에 집어넣고 자살을 방지하기 위해 입에 재갈을 물린 다음, 전속력으로 가리발디 거리를 벗어나서 "궁전"이라는 이름의 안가로 이동했습니다. 작전에 소요된 시간은 채 1분이 안됐습니다. 완벽한 납치작전이었죠. 이제 본국 이스라엘에 긴급보고를 해야 하는데 암호가 "타이프라이터는 이미 준비되었다"입니다. 체포한 아이히만을 심문할 준비가 끝났다는 의미로 풀이됩니다.

작전 성공을 수신한 이스라엘 정부 책임자들은 한동안 입을 떼지 못합니다. 이스라엘 건국의 주역이며 나중에 수상을 지낸 골다 메이어 외상은 보고를 받는 순간 얼굴이 창백해지면서 비틀하며 몸을 기댔다고 합니다. 벤 구리온 수상은 한참동안 말을 잇지 못했다고 합니다. 불구대천의 존재, 민족의 원수를 잡았으니 만감이 교차한 듯 합니다.

그런데 아이히만 가족의 움직임도 작전의 변수였습니다. 시간이 지나도 귀가하지 않는 가장이 사고를 당하거나 납치를 당했다고 생각하고 실종 신고를 냈을 것 같습니다만, 모사드는 그렇게 생각하지 않았습니다. 왜냐하면 가족들이 단순 실종으로 신고하면 집에 가서 참고 기다리라 정도로 무성의하게 나올 것이니 실익이 없지요. 그렇다고 납치나 유괴된 것 같다고 하면 아이히만의 정체를 스스로 폭로하게 되는 자충수가 되니 신고를 안 할 것이라고 판단한 것입니다. 실제로 아이히만의 아들은 몇 년 뒤 언론 인터뷰에서 아버지의 실종을 이스라엘의 짓으로 생각하고 나치에 우호적인 300명의 페론주의자 청년대원들과 수색에 나섰다고 합니다. 이러나 저러나 문제는 아이히만의 가족들이 아르헨티나 당국이나 경찰의 도움을 받지 못한 것은 분명합니다.

문제는 체포한 아이히만과 열흘 간 한 지붕 밑에서 살아야 하는 대원들의 스트레스였습니다. 가족이나 친지의 원수를 눈앞에 보고도 감정을 억제하고 친절하게 보살펴줘야 하니 정말 견디기 힘들었다고 합니다.

아이히만이 자살할 위험이 있으니 면도부터 목욕도 시켜주고, 심지어 화장실까지 24시간 붙어 있어야 할 지경이었습니다. 이렇게 가중되는 스트레스를 해결하기 위해 대원들은 돌아가면서 외식을 했다고 합니다. 여담입니다만, 아르헨티나 스테이크는 양이 많으니까 무조건 베이비스테이크를 주문하라고 요원들은 교육받았습니다. 그런데 막상 식탁에 나온 것은 어린아이만한 고깃덩어리, 이스라엘 기준으로 10인분이 넘는 양이어서 화를 내기도 했답니다.

하루 이틀 아이히만과 한지붕 아래 불편한 동거를 이어가던 이스라엘 공작대원들 사이에서는 아이히만의 가족을 도와주자는 이야기도 나옵니다. 피해자가 가해자와 상황을 동일시하는 것이 '스톡홀름 증후군'인데 이것은 역 스톡홀름 증후군인지 모르겠습니다. 대원의 제안은 죄인은 미워하되 죄인의 가족은 미워하지 말자 이런 의미입니다.

이에 따르면, 아이히만의 무고한 가족들은 가장을 잃고 생계가 막연해졌으니 우리 민족이 생활보조금을 도와주는 것이 도리라는 주장입니다. 그러나 아이히만이 언제 무고한 유대인을 죽이면서 남은 가족들에 대한 걱정을 한 적이 있는가, 그리고 세상 어디에도 범죄자 가족의 생계를 도와준 사례는 없다는 반론에 부딪쳤습니다. 잔혹한 아이히만과 따뜻한 유대인이라는 극명한 대비에다가 아이히만의 가족을 도와주자는 발상 자체가 성숙한 인격과 넉넉한 인간성을 보여주는 에피소드로 삽입된 것 같습니다.

　모사드가 이 작전에서 아쉬워했던 한 가지는 멩겔레의 신병 미확인입니다. 사실 아이히만보다 어쩌면 더 잔인한 전범이 요제프 멩겔레입니다. 아우슈비츠 수용소의 의사였던 멩겔레는 죽음의 천사라는 별명처럼, 수용소에 도착한 유대인을 가스실 혹은 강제수용소로 보내는 것을 결정하고 생체실험도 했다고 합니다. 멩겔레도 아르헨티나에 있다는 첩보를 입수한 모사드는 아이히만을 잡는 김에 멩겔레도 같이 체포하려고 했습니다만, 두 마리 토끼를 잡으려다 다 놓칠 것 같아서 결국 포기합니다. 이후 아르헨티나에서 종적을 감춘 멩겔레는 1979년에 브라질에서 심장마비로 죽었습니다. 그의 죄악에 비하면 너무나 평화로운 죽음이었지요. 그러나 죽기 전까지 극도의 불안증세와 불면증에 시달렸다고 합니다. 재미있는 것은 멩겔레의 죽음을 확인하는 데 도입된 것이 당시 막 시작된 유전자 감식법입니다. 멩겔레의 자식과 유전자를 비교하여 그 유골이 멩겔레의 것임을 확인하였지요.

예루살렘의 아이히만: 악은 평범하다

이제 아이히만을 이스라엘로 무사히 데려가야 하는 마지막 숙제가 남았습니다. 아르헨티나 공항의 출입국 관리도 허술하지 않으니 작전을 잘 짜야 했습니다. 고심 끝에 아이히만을 아파서 몸을 못가누는 이스라엘 비행기 승무원으로 위장시킵니다. 그에게 마취약을 주사하고 양옆에서 요원들이 부축해서 출국 수속을 탈없이 마칩니다. 곧바로 부에노스아이레스 공항을 떠난 비행기는 열세 시간 반을 비행한 다음 중간 경유지에서 한 번 쉬고 다시 열한 시간 반만에 이스라엘 공항에 도착합니다.

이스라엘 날짜로 1960년 5월 22일 일요일이었습니다. 아이히만이 도착한 다음날인 23일 벤 구리온 수상은 국회에서 아이히만의 신병을 확보했으며 재판을 시작할 예정이라고 선언합니다. 일순 이스라엘 전역에서 환호성이 울리며 열광의 도가니로 변합니다. 나치에 의해 혈육을 잃은 전 세계 유대인들은 박수 갈채와 함께 기쁨과 통한의 눈물을 흘립니다.

얼마 후 세기의 재판이 열립니다. 2차 대전 후 열린 뉘른베르크 재판이나 도쿄 재판에서 전범들은 대부분 상부의 지시라고 책임을 돌립니다. 아이히만도 마찬가지였습니다. 명령에 따랐을 뿐이라고 변명과 회피의 연속이었지요. 사실 모사드의 수장인 하렐은 아이히만을 처음 보고, "어떻게 저런 존재감 없는 남자가 600만 유대인을 학살할 수 있었을까" 하고 놀랐다고 합니다. 길거리에서 우연히 볼 수 있는 평범한 필부였다고 증언합니다.

그래서 아이히만의 재판과 관련해서 악의 평범성이라는 개념이 나옵니다. 미국으로 망명했던 유대계 정치사상가 한나 아렌트는 아이히만 재판을 참관한 책『예루살렘의 아이히만』에서 "아이히만은 아주 성실하고 평범한 사람이다. 다만 그는 스스로 생각하기를 포기했을 뿐이다"라며 악의 평범성이라는 주장을 펼칩니다. 실제로 홀로코스트와 같은 어마어마한 범죄는 정신이 이상한 사람들이 아니라 평범한 보통 사람들에 의해 저질러진다는 것입니다. 조직의 지시나 명령을 어떤 비판적 생각도 하지 않고 무조건 따르게 되면 반인도적, 반사회적 악행이라도 죄의식 없이 일삼게 된다는 것을 아이히만의 사례가 증명합니다.

따져보면 아이히만은 성실하고 근면했지만 자신의 일에 대해 조금의 의심도 없었다, 즉 자신이 지금 무슨 행동을 하고 있는지를 생각하지 않았다는 것에서 문명사적 비극이 나오게 된 것입니다.

규정과 관례에 따라 기계적으로 살아가는 방식은 어떻게 보면 동물의 생존법입니다. 어제도 그제도 변함없이 똑같은 행동을 하면서 오늘과 내일 역시 다름없는 일상을 살아가는 동물은 스스로를 변화시키지 못하니까요. 그런데 반복이야말로 가장 반反생명적인 현상입니다. 생명의 가장 본질적인 특성은 변화에 있지 않습니까. 판에 박은 언어는 감정을 빈곤하게 만듭니다. 진부한 감각만 고집하면 타인의 감정을 느낄 수 없습니다. 같은 시대를 살아가는 사람들의 마음을 공유하지 못하는 광물질의 감수성이야말로 아렌트가 말한 평범한 악이 아닐까요.

아이히만과 달리 안톤 슈미트라는 독일군 하사관은 적극적으로 유대인을 돕다가 처형당합니다. 상부의 명령을 더욱 효율적으로 실행하려는 "영혼 없는 전문가"가 있는 반면에 부당한 분부는 거절하는 "사유하는 행동가"도 존재합니다. 조직에 대한 충성 대신에 인류에 대한 양심을 지키는 이들이 있기에 홀로코스트의 폭력이 아무리 가혹하다 하더라도 인간의 절대적 존엄함은 그것을 넘어설 수 있습니다.

물론 우리는 사회 생활을 하면서 모난 돌이나 튀어나온 못이 되는 일을 두려워합니다. 그러나 현실을 성찰하지 않으면 현실에 끌려가게 됩니다. 개인적으로 착하고 성실하지만 조직원으로서 끔찍한 범죄에 꼼짝없이 가담하는 사례가 종종 나오는 것도 결국 스스로 판단하지 않는 데에서 일어납니다. 명령과 복종의 위계 구조에 자신의 생각을 전적으로 위임한 아이히만으로서는 왜 자신이 법정에 서야 하고 처벌을 받아야 하는지 죽는 순간까지 이해하지 못했을지도 모릅니다.

그래서일까요. 아이히만은 사형장으로 끌려가면서도 "나는 군대와 전쟁의 법률에 복종하며 조국의 명령에 따라 충실히 살아왔소"라며 자신의 잘못을 인정하지 않는 최후 진술을 남깁니다.

그는 1962년 형장의 이슬로 사라집니다. 당시 이스라엘은 사형제를 폐지한 상태였지만, 예외적으로 아이히만을 전범으로 사형집행에 처하기 위해 특별법을 적용한 것입니다. 이스라엘 정부는 아이히만의 시체를 화장한 다음, 그 유해를 이스라엘 영해 밖의 지중해에 뿌립니다. 단 한 줌의 재조차도 이스라엘 땅에 거둘 수 없다는 거부감의 발로였던 것 같습니다.

　결론적으로 이스라엘은 끊임없는 전범 추적과 재판을 통해 악인은 반드시 처벌받는다는 역사적 교훈을 던집니다. 역사의 심판은 저절로 되는 것이 아니며 유대인의 힘은 결국 기억에서 나온다는 것을 입증하고 있습니다.

8

엎치락뒤치락, 트럼보, 매카시, 케네디

블랙리스트와 미국의 상류층이 살아가는 법

에스Yes 혹은 노No로만 대답하는 사람은

바보거나 노예일 뿐. __달턴 트럼보

전시의 친구, 전후의 적이 된 미국과 소련

"여행이 시작되자 길이 끝났다"는 헝가리 출신의 미학자 죄르지 루카치의 말은 미국과 소련의 냉전을 설명하기에 가장 적합합니다. 독일, 이탈리아, 일본의 추축국에 맞서 싸운 연합국의 쌍포인 미국과 소련은 채 전쟁이 종식되기도 전에 파트너십을 결별할 태세에 들어갑니다. 냉전Cold War이라는 용어는 1947년에 미국의 언론인 월터 리프먼이 쓴 글에서 기원하지만, 역사적인 냉전은 이미 2년 전 히로시마 원폭 투하에서부터 출발합니다.

1945년 8월 6일 미국 폭격기 B29에 탑재한 원자폭탄 '리틀보이'가 오전 8시 18분 히로시마 상공에서 폭발합니다. 3만 명이 즉시 스러지고 수 년에 걸쳐 모두 20여만 명이 목숨을 잃었습니다. 한순간에 지옥에 빠진 도시에서 살아남은 생존자들도 살점과 뇌수로 뒤범벅된 거리를 끊임없이 헤매다가 시신으로 변해갔습니다. 일본에 대한 원폭 사용의 불필요성을 파악하고 있었던 모스크바는 미국의 공격을 소련에 대한 경고라고 생각합니다. 종전 후 불가피하게 전개될 미소의 대결 국면에서 먼저 우위를 점하려는 군사적 메시지로 인식한 것이지요. 그런 의미에서 냉전은 히로시마와 나가사키에서 배태됐다고 할 만합니다.

그래서인지 미국은 제2차 세계대전을 승리로 이끌었지만 흔쾌하기는커녕 불확실하고 불길한 분위기에 휩싸입니다. 반면 소련은 전쟁을 통해 영토를 확보하고 세계 곳곳에서 공산주의의 영향력을 키워갔습니다. 특히 동유럽에서는 공산당이 권력을 장악해가고, 프랑스나 이탈리아 등지에서도 당원이 급증하고 지지율도 상승 일로였습니다. 소련의 부상을 초반부터 제압해야겠다고 느낀 해리 트루먼 대통령은 원자탄 사용 가능성을 압박하면서 1946년 7월 태평양의 비키니 환초에서 실험을 명목으로 다시 핵폭탄을 터뜨립니다.

차츰 긴장이 고조되면서, 미국민은 핵전쟁의 공포로 전율에 휩싸입니다. 세계의 평화와 질서를 지키려는 명분으로 인류와 지구를 파괴하는 핵무기 경쟁에 매달리는 것은 자가당착에 지나지 않습니다. 그러나 트루먼 행정부는 소련이 세계 지배를 위해 미국의 대외 입지를 약화시키고 공산당을 통해 미국의 분열과 갈등을 조장한다는 결론을 내립니다. 미국의 외교관 조지 케넌은 X라는 필명으로 미국은 소련의 팽창을 봉쇄해야 한다는 구상을 제시하면서 냉전 시기 미국 외교정책의 골간을 수립합니다. 어차피 외길이라면 과감히 직정경행 直情徑行할 수밖에 없다는 것이지요.

대외적으로 반소련, 반공산주의 노선을 분명히 한 미국은 내부 단속에 나서 사회주의자로 의심 받는 인사들을 색출하고 추방합니다. 모든 연방 공무원의 애국심을 조사하는 충성도 심사위원회를 운영해서 공무원 3,000여 명을 강제로 쫓아버립니다. 미국 의회는 반미활동조사위원회를 출범시켜 할리우드의 영화인을 소환해서 비판적인 감독과 작가들을 감옥으로 보냅니다. 출소한 이들은 이른바 블랙리스트에 올라 일자리를 구할 수 없어 고초를 겪습니다. 중세 마녀사냥이나 종교재판의 분위기가 미국 사회의 불안과 공포를 더욱 고조시키는 가운데 소련이 1949년 8월 핵실험에 성공하면서 미국의 위기감은 한층 더 상승합니다.

이런 분위기 속에서 조지프 매카시라는 희대의 선동가가 등장한 것은 필연적 귀결이었습니다. 매카시즘의 출현과 득세로 미국의 민주주의는 흔들리고 자유와 인권의 가치는 급전직하합니다. 소련이라는 잠재적 위협을 끊임없이 불러내서 국민들을 비이성적으로 흥분시키고 옴쭉달싹 못하게 만들면서, 권력의 광기에 따라 모든 것이 춤추는 시대가 도래하게 됩니다.

블랙리스트에 오른 어느 작가의 침묵

블랙리스트의 원뜻은 감시대상 명단입니다. 수사기관에서 범죄 우려가 있는 인물들을 관리하고 통제하는 목적에서 작성한 것이지요. 이것이 정치적으로 악용되면, 독재나 권위주의 정권에서 공포 통치의 수단으로 기능하게 됩니다. 권력의 입맛에 따라 예술가나 연구자들을 적과 아군으로 나누고 자의적으로 지원을 결정하는 일종의 살생부로 변합니다. 블랙리스트는 민주주의의 토대가 되는 표현의 자유를 위협하고 억압한다는 점에서 자유 민주 사회와 양립할 수 없는 구시대의 유물입니다.

1940년대부터 미국을 비이성적인 열기의 도가니로 몰아넣은 반공사조와 매카시즘도 애초 블랙리스트와 관련이 깊습니다. 매카시즘은 근거 없이 반대 세력을 용공분자로 모는 운동이라고 정리할 수 있는데, 대중에게 큰 영향을 끼치는 당시 할리우드 영화인들도 핵심 타깃이 되어 많은 피해를 입었습니다. 미국 현대사를 소재로 많은 영화를 만들어온 올리버 스톤 감독과 역사학자 피터 커즈닉은 『아무도 말하지 않는 미국 현대사』에서 반공의 광풍에 무고하게 희생된 영화인들을 소개합니다.

미국 현대사를 보면, 할리우드는 매카시즘이 본격적으로 펼쳐지기도 전부터 사상 공격을 받았습니다. 미국의 반공주의자들이 영화계를 빨간 색안경을 끼고 바라본 것입니다. 미국에서 블랙리스트 하면 바로 연상되는 단어가 할리우드텐Hollywood Ten입니다. 1947년 미국 의회의 반미활동조사위원회가 개최한 청문회에서 답변을 거부한 열 명의 시나리오 작가와 감독 들을 일컫는 단어인데, 이들은 정치적 신념이나 가입한 정당 때문에 열 명 전원이 의회 모독죄로 옥살이를 하고 영화계에서 쫓겨납니다.

할리우드텐은 미국 영화계에 침투한 공산주의자들이라는 흑색 선전의 희생양이 된 것입니다. 블랙리스트에 올라서 밥벌이를 할 수 없는 이들의 신산한 삶을 다룬 영화가 《트럼보》입니다. 달턴 트럼보는 할리우드에서 가장 몸값이 높은 시나리오 작가였지만 의회 청문회에서 공산당원 친구의 이름을 대라는 질문에 침묵하면서 감옥에 끌려갑니다. 할리우드텐 전부는 공산당원이냐는 추궁에 수정헌법 1조를 근거로 답변을 거부하면서, "예스^{Yes}혹은 노^{No}로만 답하는 사람은 바보거나 노예일 뿐"이라고 쏘아붙입니다. 1년간 징역을 살고 출소한 트럼보나 동료들에게 기존 영화사들은 일감을 주지 않습니다.

생계가 막막해진 트럼보는 B급 영화를 제작하는 킹브라더스에 찾아가 별별 영화 시나리오를 다 씁니다. 외계인과 목장 처녀의 사랑 이야기와 같이 까막눈이들을 홀릴 황당무계한 내용의 대본을 후닥닥 만듭니다. 여기에 할리우드텐의 친구들을 합류시켜 아예 B급 영화계의 시나리오 공장이 가동됩니다. 게다가 트럼보는 자신의 시나리오를 블랙리스트에 오르지 않은 친구 이름으로 팔아서 수입은 반으로 나누자고 제의합니다. 그런데 이 시나리오가 할리우드 각본상을 수상하게 됩니다. 바로 그레고리 펙과 오드리 헵번이 주연한《로마의 휴일》입니다.

시상식이 중계되는 티비 화면을 지켜보면서 그 자리에 가지 못하는 트럼보와 가족의 심정이 오죽했겠습니까. 로마의 휴일뿐만 아니라 또 다른 영화 각본으로도 트럼보 대신 다른 작가가 오스카상을 받습니다. 소년과 황소의 우정을 다룬 『브레이브원』입니다. 자기 이름으로 작품을 발표하지 못하는 암울하고 궁핍한 시절에 예술가로 살아간다는 것은 무척 고통스러운 일입니다.

할리우드텐 가운데는 가족도 떠나고 암에 걸려서 숨진 사람도 나오는 등 신념과 양심을 지키기 위해 치러야 하는 대가가 너무나 값비쌌습니다. 그럼에도 트럼보는 그 모든 시련을 뚫고 배우 커크 더글러스가 제작한 《스파르타쿠스》와 폴 뉴먼이 주연한 《엑소더스: 영광의 탈출》이 개봉되면서 비로소 본명을 찾게 됩니다.

본의와 무관하게 블랙리스트가 명작의 산실이 되는 아이러니가 일어나기도 합니다만, 문제는 블랙리스트가 사람들을 서로 의심하게 만들고 분열시켰다는 것입니다. 어제까지 한솥밥을 먹던 영화인들이 의회 청문회 자리에 나와서 할리우드텐을 비난하고 동료들을 고발하는 일이 비일비재하게 벌어지면서 할리우드는 배신과 밀고의 전당이 됩니다. 꿈의 공장이 아니라 악몽의 공장으로 변질한 것이지요.

동료를 배반한 대표적인 영화인이 《에덴의 동쪽》, 《초원의 빛》을 만든 엘리아 카잔 감독이죠. 카잔은 의회에 출두해 친구들의 이름을 발설하면서 배신자로 낙인찍힙니다. 그가 1999년 아카데미 영화제에서 평생공로상을 수상할 때 당시 시상식에 참석한 많은 후배와 동료 영화인들이 야유와 비난을 보낸 것도 이 때의 행적 때문입니다.

배우 출신인 로널드 레이건 미국 대통령도 한몫 단단히 합니다. 당시 영화배우협회장을 맡고 있던 레이건은 할리우드에 공산주의의 위협이 존재한다고 증언하면서 공포 분위기 조성에 일조합니다. 블랙리스트에 가장 주동적 역할을 한 인물들은 여배우 겸 칼럼니스트인 헤더 호파와 미국식 마초의 전형인 배우 존 웨인입니다. 두 사람은 할리우드텐을 규탄하고 이들의 취업을 원천봉쇄하면서 영화계에서 자신들의 영향력을 확대시켜 나갑니다. 영화《애수》의 주인공 로버트 테일러나 국민 배우 게리 쿠퍼는 물론 애니메이션 대부인 월트 디즈니도 여기에 동조합니다.

이들에 맞서 존 휴스턴, 오손 웰스, 윌리엄 와일러와 같은 명감독들과 그레고리 펙, 험프리 보가트, 로렌 바콜, 캐서린 헵번, 헨리 폰다, 프랭크 시내트라 등의 기라성 같은 배우들이 의회의 마녀사냥을 비판하면서 표현의 자유를 지지했습니다. 그럼에도 한번 만들어진 블랙리스트의 위력은 오래 갔습니다. 할리우드가 블랙리스트의 악습에서 벗어나기까지는 거의 20년이 걸렸다고들 합니다.

마녀 사냥의 벼락스타, 매카시

미국의 현대사를 보면, 민주주의를 위협하는 가장 큰 적의 하나가 매카시즘과 같은 마녀사냥식 대중 선동이라는 생각이 듭니다. 『미국사 산책』을 쓴 강준만 교수는 매카시즘을 특정 개인이나 집단이 이익을 얻기 위해 공산주의 이념을 악용하는 것이라고 설명합니다. 뚜렷한 물증이나 논리 없이 상대를 이른바 빨갱이로 낙인찍고 탄압하는 것이 매카시즘인 셈입니다.

매카시즘의 물줄기를 거슬러 올라가면, 중세 유럽의 교회가 사회적 약자인 여성을 근거 없이 마녀로 몰아서 박해한 것도 조상 쯤에 해당될 수 있겠습니다. 유대인에 대한 인종적 편견을 조장해서 학살한 홀로코스트의 역사나 특정지역, 특정집단을 소외시키는 지역감정이나 차별적 언동 또한 매카시즘과 비슷한 메커니즘으로 작동합니다.

근거 없이 낙인을 찍는 매카시즘은 미국의 상원의원 조지프 매카시로부터 나왔습니다. 위스콘신 주 출신의 초선 의원으로서 존재감이 약했던 매카시 의원은 1950년 2월 한 공화당원 모임에서 "지금 내가 가진 이 리스트에 205명이 들어 있다. 모두 행정부에서 일하는 공산당원들이다"라고 매카시즘의 대포를 쏘기 시작합니다. 다음날에는 57명이라고 정정했지만, 어떻든 블랙리스트가 있다고 한 그 발언은 거짓말이었습니다.

하지만 매카시의 황당한 폭로를 언론들이 주목하면서 연일 신문지면과 방송화면을 장식하게 되고 급기야 의회 청문회가 열립니다. 이 청문회를 통해 국무부의 멀쩡한 외교관들은 무작정 쫓겨나고 특히 마오쩌둥의 중국 공산당을 도왔다는 혐의로 아시아 전문가들이 대거 숙청됩니다. 이 결과 미국의 중국 정책은 수십 년간 후퇴했다고 할 정도로 심각한 부작용을 빚게 됩니다.

재미있는 것은 매카시 의원이 법률가 출신이라는 점입니다. 법과 원칙을 체화해야 할 법조인이 오히려 선동과 모략의 달인으로 능숙하게 변신하는 일은 스스로 존재를 부정하는 행동이기도 합니다만, 매카시의 인생 역정을 보면 이해가 갑니다.

그는 변호사를 하다가 판사 선거에 출마하는데 상대 후보에 대한 사실을 날조하고 왜곡하면서 당선됐습니다. 판사를 하면서도 비리를 계속 저질러 두 번이나 징계를 받고는 해병대 장교로 입대합니다. 하지만 나중에 2차 대전 중에는 폭격기 후방 기관총 사수를 했다고 거짓말을 합니다.

제대 후에 위스콘신에서 상원의원으로 당선됐지만 특별한 실적 없이 초조하게 세월을 보내던 매카시는 반공을 정치적 브랜드로 삼으라는 조언을 듣고 캠페인에 나섭니다. 당시 중국의 공산화와 소련의 원폭실험이 연달아 일어나고 레드콤플렉스가 커져가던 시대적 배경이 매카시로 하여금 반공을 외치면 탄탄한 정치적 입지가 구축될 것이라는 자신감을 심어 줬습니다.

그런데 매카시즘을 주도한 매카시 의원은 꼭두각시고 실제 배후 조종자는 에프비아이^{FBI} 국장 에드거 후버였습니다. 매카시는 자신의 주장을 뒷받침할 근거가 없다는 의회의 공격을 받자, 후버 국장에게 에스오에스^{SOS}를 칩니다. 후버 국장은 매카시가 너무 아마추어처럼 말했다고 나무라면서 본래 날조나 조작을 하려면 두루뭉술하게 이야기해야 한다고 조언합니다.

그러면서 그는 부하들에게 매카시를 도와주라고 명령합니다. '매카시 구하기'는 우리와도 관계가 깊습니다. 매카시가 한창 '빨갱이 색출'에 목소리를 높여가는 1950년 6월에 한국에서 전쟁이 발발합니다. 매카시는 한국전쟁은 미 국무부 내부의 공산주의자 때문이라고 근거없이 공격했는데, 미국 상원은 허위사실이라는 보고서를 채택합니다. 매카시의 입지가 흔들릴 수밖에 없는 바로 그날, FBI는 원자탄 비밀을 소련에 넘긴 혐의로 로젠버그 부부를 체포했다고 메가톤급 사안을 발표합니다. 상원의 관련 보고서는 로젠버그 부부 뉴스에 파묻혀서 아무도 주목하지 않게 됩니다. 매카시 의원을 살리기 위해 후버가 둔 꼼수가 아닐까요.

후버가 매카시의 구원자가 된 이유는 단순합니다. 매카시가 "빨간"공무원에 대한 조사를 주장할수록 그것을 담당하는 FBI의 힘과 예산이 증강되기 때문입니다. 이른바 빨갱이를 잡아내기 위해 돈과 인력을 확충한다는데 감히 누가 반대하겠습니까. 당시 반대는 곧 반역자로 찍히는 난장판이었습니다.

수사기관의 보이지 않는 도움까지 받으며 반공투사로 정치적 포장을 한 매카시는 사람 잡는 선무당이 됩니다. 막 나가는 매카시를 제지하지 못한 책임은 결국 언론에 있습니다. 오히려 언론은 매카시에 편승해서 미국 전역에 숨어 있는 공산주의자를 색출하자고 추임새를 넣기까지 하면서 이념 상업주의의 기수로 활약합니다.

매카시라는 정치인을 앞세운 공안당국과 언론의 삼박자가 맞아떨어지는 동안 수많은 사람이 직장을 잃고 감옥에 가고 밀고자가 애국자가 되는 가치전도의 시대가 열렸습니다. 그러나 벼락스타로 떠오른 매카시의 전성시대는 4년 만에 막을 내립니다.

매카시는 미국 육군 내부에 스파이 조직이 있다고 주장하면서 전쟁 영웅인 랄프 즈비커 장군을 모욕하는 무례한 언행으로 공분을 삽니다. 거기에 미국의 전설적 방송 앵커인 에드워드 머로가 매카시를 신랄하게 비판합니다. 머로의 트레이드 마크가 된 클로징 멘트가 "굿나잇 앤 굿럭Good Night, And Good Luck"이었는데 마치 매카시즘으로 불안한 밤을 보내는 미국 사회에 보내는 인사말 같습니다. 모두가 매카시를 두려워할 때, 머로와 CBS 뉴스팀은 위험을 무릅쓰고 매카시에 정면으로 맞서 마침내 매카시를 몰락시키고 헌법에 명시된 개인의 자유와 권리를 복구하는 데 큰 역할을 합니다.

결국 매카시는 미국 의회에서 정치적 사망 선고를 받습니다. 상원은 만장일치로 매카시의 행위를 비난하는 결의를 채택합니다. 그래도 매카시는 의원직을 유지했지만 직업적 연명 이상의 의미는 없었습니다. 술로 나날을 보내던 매카시는 1957년 간염으로 생을 마감합니다. 그러나 매카시는 사라졌지만 매카시즘은 때만 되면 좀비처럼 튀어나오고 있습니다.

매카시에 대한 진실 혹은 거짓

냉전 체제의 부산물이었던 매카시 의원은 냉전 체제의 해체 이후 재조명되고 있습니다. 무책임한 폭로로 국민을 선동하고 잘못된 방향으로 이끈 매카시에 대한 재평가는 역사가 수많은 복선과 중층적 구조로 이루어져 있다는 것을 실감하게 합니다.

1991년 소련 해체 후에 미소 양국의 기밀 문서가 대량 공개되면서 매카시의 주장이 100퍼센트 거짓말은 아니며 그가 전후 미국의 이념 지형을 재편성하는 데 기여한 점을 평가해야 한다는 목소리가 나오고 있습니다. 미국 역사학자 아서 허만이나 강경보수 논객 앤 코울터는 매카시가 많은 결점에도 불구하고 공화당의 지지기반 확대에 기여했고 심지어 매카시를 몰아낸 진보세력이 사실상 반역자라고 비난해 물의를 일으키기도 했습니다.

　그런데 매카시가 가장 문제가 되는 것은 구체적 근거 없이 미 정부 곳곳에 공산주의자들이 침투해서 암약하고 있다는 억지 때문입니다. 냉전이 끝나면서 미소 양국에서 해제된 극비문서를 연구한 허만 등에 따르면, 일부 고위 공무원들, 가령 1945년 얄타 회담을 성사시킨 국무부 차관보 앨저 히스는 소련을 위해 실제 스파이 활동을 했다고 결론짓습니다.

　앨저 히스를 공격해서 유명해진 사람이 당시 상원의원인 닉슨이었고 이를 기회로 드와이트 아이젠하워 대통령의 러닝메이트가 되기도 했지요. 아무튼 앨저 히스는 매카시즘에 희생된 대표적 인물로 동정을 받아왔고, 당시 국무장관인 딘 애치슨은 끝까지 히스를 두둔한 것으로 유명합니다. 유죄 판결로 공직에서 추방된 히스는 억울한 희생자라는 평가가 지배적이었는데, 다시 1990년대 들어서는 스파이 혐의를 받는 등 반전에 반전을 거듭합니다. 정말 서프라이즈한 인물입니다.

또다른 사례는 미국에서 스파이죄로 최초로 사형된 로젠버그 부부 사건입니다. 이 사건은 지금까지 매카시즘의 최대 비극이라고 묘사되어왔습니다. 1953년 로젠버그 부부가 사형되고 40년이 지난 뒤, 미국 변호사협회는 모의재판을 열어 이들의 혐의에 대해 증거부족으로 무죄를 선고하기도 했습니다. 당초 뉴욕의 전기기술자였던 줄리어스 로젠버그와 타자수였던 그의 아내 에셀을 스파이 혐의로 고발한 사람은 에셀의 남동생, 즉 처남입니다. 처남의 밀고 외에는 물증이 없었기에 로젠버그 부부는 정치적 희생양으로 여겨졌습니다.

그래서 당시 세계적 지성인 장 폴 사르트르나 알버트 아인슈타인 등이 구명운동을 벌이고 로마 교황까지 사형철회를 호소합니다. 그러나 부부는 결국 매카시즘의 희생양으로 두 아들만 남긴 채로 지상에서 사라졌습니다.

반전은 소련의 최고권력자였던 니키타 흐루쇼프의 회고록에서 발단합니다. 흐루쇼프는 로젠버그 부부의 공헌에 감사를 표하는 내용을 책에 남깁니다. 냉전이 끝나고 미소 양국의 극비 문서들이 하나씩 공개되면서 로젠버그 부부 사건의 진실을 둘러싼 논란은 한층 가열되고 있습니다. 현재까지는 미국만 독점하려고 했던 원자폭탄을 소련이 보유하게 되면서 불안과 공포에 휩싸인 미국 사회가 일으킨 정치적 과민 반응으로 보는 견해가 유력합니다.

두 가지 논란의 사례가 있음에도 불구하고, 매카시즘이 정치적 마녀사냥이라는 역사의 평가를 벗어날 수는 없습니다. 민주주의를 정당한 과정과 절차의 측면에서 볼 때, 매카시즘은 반민주주의 선동에 불과합니다. 아무리 애국하자고 해도 불법을 저지르면 이건 매국 행위와 같습니다.

한 가지 흥미로운 대목은 매카시와 가톨릭 교회의 관계입니다. 매카시가 이른바 빨갱이 공무원 명단이 있다고 흔들어댄 것은 어떤 신부의 요청 때문이었다는 이야기가 있습니다. 당시 가톨릭 계열의 조지타운 대학원장으로 있던 에드먼드 월시 신부가 매카시를 만났다는 것입니다. 본래 월시 신부는 투철한 반공주의자인데, 소련을 방문하고 나서 반공 신념을 더욱 굳힌 인물입니다. 때마침 가톨릭 신자이고 예수회 소속의 마케트 대학을 졸업했던 매카시 의원을 반공 투사로 내세울 적임자로 봤다고 합니다. 우리도 1994년에 예수회 계열의 한 대학에서 총장으로 있던 신부님이 주사파 문제를 제기해서 사회적 파장을 부른 것과 흡사한 인상을 받습니다.

그러나 매카시의 몰락은 매카시 스스로 초래한 것이 명백합니다. 매카시 의원이 대중의 선풍적 인기를 끌게 되자 아이젠하워 대통령은 매카시의 야심을 경계하면서 정치적 견제에 들어갑니다. 나아가 매카시의 든든한 후원자인 후버 국장도 더 이상 자료를 공급해 주지 않습니다. 가장 큰 문제는 매카시의 보좌관에 있었습니다. 로이 콘이라는 보좌관이 매카시의 문고리를 잡으면서 육군에 공산주의자가 있다며 금지선을 넘는 위험천만한 발언을 이어가는 등 매카시를 옭매는 무리수를 남발합니다. 그 결과 매카시는 백악관, 의회, 군부, FBI

모두의 적이 되었습니다. 이것이 의회에서 견책 결의로 채택되면서 매카시는 정치판에서 퇴출됩니다.

진실을 외면한 정치꾼의 예정된 퇴장이 맞습니다만, 닉슨의 사례처럼 일각에서는 음모론을 제기합니다. 매카시의 좌절은 워싱턴의 신성한 기득권 세력에 도전한 불경죄에서 기인한다는 것입니다. 매카시는 미국의 주류세력인 와스프^{WASP, White Anglo-Saxon Protestant}가 아니고 비주류인 가톨릭 신자이고 빈한한 가문 출신입니다. 와스프는 영국 이민자들의 후예 백인 청교도 집단을 일컫습니다. 근본도 없는 시골뜨기가 워싱턴 정계를 휘젓고 다니는 꼴을 기존 주류 세력들이 더 이상 봐주지 않으면서 매카시는 무너졌다는 것이지요. 재미있는 대목은 첫 가톨릭 신자이자 아일랜드 이민 출신 대통령인 케네디가 매카시 견책 결의안에 불참하고, 동생인 로버트 케네디도 매카시의 보좌관을 지냈다는 것입니다. 케네디와 매카시, 뭔가 심정적으로 통했나 봅니다.

죽어서 미스터리가 된 대통령 케네디

인류 최대의 암살 가운데 하나가 케네디 대통령 피격입니다. 1963년 일어난 케네디 암살의 미스터리를 추적하는 시도들이 지금 이 순간도 끊이지 않을 만큼 역사에 큰 충격과 파장을 던지고 호사가들의 영원한 이야기 거리가 되고 있습니다.

　신문과 잡지, 단행본과 보고서에 이어 영화로도 무궁무진하게 만들어지는 원천이 케네디와 그의 주변 인물들입니다. 올리버 스톤도 《JFK》라는 영화를 만들어서 케네디 암살의 배후를 파헤치려고 노력했습니다. 케네디 암살 이후에 초점을 맞춘 영화《재키》는 역사상 가장 유명한 퍼스트레이디 재클린 케네디를 다룹니다. 남편인 케네디 대통령의 암살과 장례까지 감내해야 하는 재클린 여사가 지옥과도 같은 고통을 담담하게 헤쳐나가는 장면이 인상적입니다.

　케네디 암살 당시 미국 정부는 공식적으로 워렌 보고서를 통해 하비 오스월드의 단독범행으로 결론 내렸습니다만, 용의자인 오스월드는 잭 루비라는 술집 주인에게 총을 맞아 죽고, 잭 루비 또한 곧 감옥에서 사망합니다. 사건과 관련된 당사자들이 모두 숨진 상황에서 진실은 미궁에 빠져버립니다. 케네디 암살의 진상에 대한 의문점과 궁금증이 확대되고 지속될 수밖에 없는 상황이 펼쳐진 것입니다. 이 사건과 관련해서 가장 많은 증거와 증언을 담고 있는 것으로 알려진 워렌 위원회의 활동과 자료는 2028년에 전면 공개될 예정입니다.

　왜 아직도 수많은 사람들이 케네디 암살의 진실을 규명하는 데 열과 성을 다할까요. 단순한 호기심일 수도 있겠지만, 미국과 세계가 면면히 관심을 갖고 주시하는 이유는 케네디의 죽음이 내포하고 있는 비극성이 아닌가 합니다. 미국 역사상 최초의 소수파/비주류 출신 대통령이 한창 인기의 절정에서 살해당했다는 사실이 사람들의 마음을 끌어당기는 역사적 자기장으로 작용하고 있는 듯합니다.

2021년 1월 조 바이든이 태통령에 취임하기 전까지 케네디는 현재까지 유일한 가톨릭 신자 출신 미국 대통령이었습니다. 미국의 주류 세력은 프로테스탄트, 즉 청교도의 후손들입니다. 그래서 케네디는 상원의원 시절, 같은 가톨릭 신자인 매카시 의원에 대한 징계안에 병을 핑계로 불참하기도 했고, 이 때문에 민주당 대선후보 선출 과정에서 막강한 영향력을 갖고 있던 엘리너 루즈벨트 여사(프랭클린 루즈벨트 대통령의 부인)에게 미운털이 박혀 냉대를 받기도 했습니다.

정치와 종교의 분리가 근대 사회의 원칙이지만, 여전히 종교가 미국 정치에서 중요한 역할을 하는 것을 감안해야 합니다. 더욱이 케네디는 종교뿐만 아니라 출신 배경에서도 소수파였습니다. 아일랜드계 조상을 둔 케네디는 앵글로색슨 위주의 정치권에서 아웃사이더에 불과한 인물이었습니다. 와스프에 해당하는 조건이 하나도 없지요.

더불어 가문도 벼락부자 취급을 받았습니다. 아버지 조지프 케네디는 알코올로 폐돈을 벌었다는 소리를 들을 만큼 재산 형성 과정이 투명하지 못했던 인물입니다. 1919년 금주법이 통과되면서 횡재를 한 대표적인 인물이 마피아의 대명사 알 카포네입니다만, 조지프 케네디도 엄청난 수혜를 입었습니다. 금주법의 시대에 알콜로 치부했다는 것은 조직폭력과 같은 '밤의 세계'와 관련이 깊다는 것을 의미합니다.

가뜩이나 미국 주류가 싫어하는 조건을 구비한 케네디의 사생활

또한 무척 현란했다고 합니다. 청교도 분위기의 금욕적 전통이 강한 미국 지배세력(비록 위선적이라는 비판을 받지만)과는 어울리지 않는 것이지요. 그러니 미국 지배층은 가톨릭에, 아일랜드 이민자에, 벼락부자에, 바람둥이인 케네디를 좋아하려야 좋아할 수가 없었다고 합니다. 하지만 미국의 서민층과 이민자 집단으로부터는 폭발적인 인기를 얻은 정치인이 케네디입니다. 소수파의 동병상련이었던 것일까요.

모두 소수파라는 약점을 극복하고 케네디는 1960년 대통령으로 당선되고 재선이 유력한 상황이었습니다. 이렇게 전도가 양양한 젊은 대통령이 부통령의 출신지이자 소속 민주당의 핵심 지지기반인 텍사스에서 암살당했다는 것은 역사의 희롱 같기도 합니다.

본래 민주당은 19세기 중엽의 남북전쟁에서 패배한 남부를 대변해 왔습니다. 공화당이 남부에서 발붙이기는 쉽지 않았습니다. 그런데 남부는 그리스도교 침례교파의 본거지로 보수적 분위기에 인종차별적 성향이 여전히 강하고 반공적 색채도 짙습니다. 그래서 자유주의적 성향이 강한 케네디의 댈러스 방문을 앞두고 지역단체들이 케네디를 반대하는 신문광고를 낼 만큼 반감이 컸습니다.

나중에 나온 케네디 측근의 증언을 보면, 댈러스의 한 여성이 케네디의 측근에게 뭔가 큰일이 벌어지는 것 같으니 오지 말라는 비밀편지를 보냈지만, 일어날 비극을 막을 수는 없었답니다. 영화 재키를 보면 대통령 케네디의 시신이 들어 있는 관 옆에서 피 묻은 옷을 입은 전 퍼스트레이디가 지켜보는 가운데 취임 선서를 하는 린든 존슨 대통령의 모습에서 묘한 상상력이 발동합니다. 그러나 이렇게 보수적인 남부 텍사스 출신의 존슨 대통령이 차별금지 정책을 추진하면서 민주당은 남부를 잃어버리고 남부는 공화당의 지지기반으로 편입됩니다.

케네디 암살은 미국 주류세력의 공모?

대통령 직무 수행의 절정을 달리던, 즉 가장 빛나는 순간에 추락한 케네디 대통령의 암살을 설명하는 추리와 해석들은 차고 넘칩니다. 올리버 스톤 감독은 JFK에서 케네디 암살은 미국 정보기관 강경파와 남부의 반 케네디 세력의 공모였다고 주장합니다. 쿠바에 대한 침공을 거부하고 베트남에 대한 군사개입을 재검토하려고 했던 케네디에 불만을 품은 세력들이 암살을 감행했다는 겁니다. 올리버 스톤은 누가 어떻게 케네디를 죽였는가가 아니라 왜 케네디를 죽였는가가 사건의 본질이라고 이야기합니다.

그런데 케네디 암살의 전모를 가장 확실히 규명할 적임자는 사실 친동생이자 당시 법무부 장관을 맡았던 로버트 케네디였습니다. 하늘도 무심한지 케네디 사후 5년 뒤 민주당 대선 후보로 나선 로버트 또한 총을 맞습니다. 그는 의식을 잃기 전 죽은 형의 이름을 두 번 불렀는데, 형제가 다 암살의 비운을 겪으면서 사건의 진상은 더 오리무

중으로 빠졌습니다.

아무튼 대통령의 암살이 단독범행은 아니라는 데 의견이 모아지고 있습니다. 미국의 언론인 데이비드 탈봇David Talbot은 『형제』라는 책에서, 동생 로버트 케네디의 견해를 소개합니다. 당시 법무장관인 로버트 케네디에게 대통령의 유고를 가장 먼저 전한 인물은 FBI의 후버 국장이었습니다. 그런데 로버트 장관은 후버 국장의 말투에서 묘한 느낌을 받았다고 합니다.

더 의심스러운 점은 피의자로 지목된 오스월드가 계속 "총을 쏘지 않았다"며 항변하는데 조사가 이뤄지기도 전에 마피아와 관련이 깊은 잭 루비에게 피살된 것입니다. 대통령 암살 혐의를 받는 전대미문의 사건을 저지른 피의자의 신병을 이렇게 허술하게 관리했다는 상황 자체가 납득이 안 되는 것이지요. 무법이 판치는 서부 총잡이 시대도 아니고 말입니다. 소련을 암살의 배후로 의심해봤습니다만, 소련 수뇌부가 세계 전쟁으로 비화할 수 있는 케네디 암살을 시도할 정도로 무모하지는 않다고 판단합니다. 그렇다면 대통령의 암살은 미국 정부 내부에 있는 기득권 세력과의 충돌로 빚어졌다는 것이 법무장관이던 동생 로버트의 결론이었습니다.

여기서 당시 케네디 대통령의 국정 장악력을 살펴볼 필요가 있습니다. 케네디 대통령 시절 일어난 쿠바 미사일 위기를 다룬《D-13》이라는 영화를 보면, 미국 군부가 케네디 대통령이나 로버트 맥나마라 국방장관을 무시하는 행태가 사실적으로 묘사되어 있습니다.

2차 세계대전을 현장에서 경험한 미군 수뇌부는 강경파 일색으로 공공연하게 최고 사령관인 대통령의 권위에 도전했습니다. 시아이에이CIA나 FBI와 같은 주요 정보 수사기관의 책임자도 케네디가 마음대로 갈아치우지 못할 만큼 국정 장악력이 미약했다고 합니다. 특히 문제가 된 것은 케네디 대통령의 평화 노선입니다. 암살이 일어나기 3개월 전에 케네디는 미국과 소련의 핵실험 금지조약을 맺었습니다. 베트남 문제에 대해서도 케네디는 1964년 대선 이후 군사적 개입을 전면 철회하는 방침을 잡았다고 합니다. 아이젠하워 대통령이 경고한 군산복합체가 케네디의 이 같은 정책 기조에 '꿈틀'하며 반발하는 분위기가 형성되어 있었던 것입니다.

케네디를 향한 마피아의 총구

설상가상으로 미국의 암흑 세계를 움직이는 마피아도 케네디 형제에게 배신감과 복수심을 갖고 있었습니다. 당시 마피아의 두목들도 케네디 대통령에게 원한과 적의를 품고 있었습니다. 아버지인 조지프 케네디와의 특별한 인연으로 대통령 당선에 도움을 줬다고 자부하는 마피아들에게 법무장관 로버트 케네디가 벌이는 조직범죄 소탕은 일종의 배은망덕한 행위로 간주되었습니다.

　게다가 일부 마피아 세력들은 케네디 대통령이 약속한 쿠바 해방을 철석같이 믿었다가 제대로 지켜지지 못하자 크게 실망했습니다. 공산 혁명으로 쿠바에 묶여버린 자신들의 카지노 재산을 도로 찾을 수 있다는 희망이 물거품이 되었기 때문입니다. 결국 케네디 대통령은 미국 사회의 주류 세력이나 암흑 세력과 모두 척을 지게 되고 이것이 비극적 최후를 야기했다고 할 수 있습니다.

이런 맥락에서 미국 사회를 오랫동안 관찰한 일본 학자 소에지마 다카히코는 케네디 암살을 일종의 시저 암살에 비유합니다. 로마의 공화정을 지키기 위해서는 시저와 같은 독재자의 출현을 막아야 한다는 원로원의 공감대가 시저의 암살로 이어졌던 것과 같이, 미국을 소련 공산주의로부터 수호하려면 케네디와 같은 유약한 대통령은 제거해야 한다는 것이 미국 주류세력의 공통된 인식이었다는 것입니다.

당시 미국 기득권층은 소련과의 체제경쟁에서 질지 모른다는 위기의식이 고조되고 있었는데, 이른바 애송이 케네디로는 자칫 나라가 망할지 모른다는 불안감과 불신감이 그들 사이에 퍼졌던 것입니다. 따라서 케네디를 끌어내려야 미국이 기사회생할 수 있는데, 국민적 인기가 높은 케네디가 재선할 가능성이 큰 만큼 아예 암살시켜야 한다는 생각을 주류 기득권층이 이심전심으로 공유했다고 분석합니다.

위선과 모순의 미국식 노블레스 오블리주^{noblesse oblige}

미국의 주류 기득권층이 갖고 있는 위선은 도널드 트럼프 대통령 시대에서 극명하게 드러납니다. '미국 우선주의'를 내세운 트럼프 대통령은 "미국을 다시 위대하게"란 슬로건을 내걸었습니다만, 이것은 레이건 대통령이 원조입니다. 트럼프는 37년 전 레이건이 제시한 구호인, "미국을 다시 위대하게"까지 재활용했습니다. 그가 설정한 미국 최우선의 정치 노선은 미국의 갱생을 선언하고 강력한 미국을 만들겠다는 레이건 시대의 향수를 자극하는 것입니다.

실제로 트럼프나 레이건의 경력이나 정책 방향, 심지어 대외 환경까지도 비슷합니다. 레이건은 할리우드의 영화배우 출신이고 트럼프도 티비쇼 진행자라는 둘다 독특한 경력으로 대중적 인지도를 넓혀나갔습니다. 정부는 작을수록 좋다며 감세와 규제완화의 이념을 선호합니다. 레이건이 취임한 1980년대에 영국의 대처가 보수주의 정부로 호흡을 같이했다면, 지금 영국은 브렉시트로 트럼프와 기조를 같이합니다. 게다가 트럼프의 미국이 G2의 중국과 패권 경쟁이 가열되고 있는데, 레이건은 소련과 냉전 갈등이 정점으로 달린 것까지 유사합니다.

무엇보다 레이건이 선발한 고위관료가 대부분 억만장자였는데, 트럼프의 내각 또한 재벌급입니다. 트럼프가 역대 최저 대통령 취임 지지율을 기록한 것과 레이건 초기의 형편없는 인기도 닮음꼴입니다.

레이건은 취임한 지 불과 70일만에 암살미수 사건을 겪었는데 당시 미국의 초중등 학생들이 레이건 저격 소식을 수업시간에 듣고 환호성을 질렀다고도 할 만큼 인기 없이 출발했다고 합니다.

특히 트럼프는 미국 기득권층의 위선을 적나라하게 보여주기로 유명합니다. 노블레스 오블리주라는 고위층의 도덕적 의무에 물음표를 던져주는 사람입니다. 남성적인 공격성을 물씬 풍기는 트럼프가 사실은 병역 기피 의혹을 강하게 받았습니다.

1946년 출생인 트럼프는 베트남전쟁 당시 징집 대상자였습니다. 그런데 네 차례나 학업을 이유로 징병을 유예 받은 트럼프는 졸업 후에 발꿈치쪽에 뼈가 돌출됐다는 진단서를 제출해 징집을 면제받습니다. 그런데 당시 트럼프는 미식축구와 테니스 등 격렬한 운동을 좋아하는 만능 스포츠맨인데 발에 이상이 있다는 것은 이상하지 않습니까.

발 문제에 대한 의혹을 해명하라고 요구 받은 트럼프는 시간이 흘러 저절로 나았다고 하면서도 뉴욕타임스가 제기한 진단서 사본은 끝내 제출하지 않았습니다. 또한 트럼프는 폭스뉴스와의 인터뷰에서는 징병추첨제에서 좋은 번호를 받아 참전을 피했다고도 말했습니다. 그런데 징병추첨제는 트럼프가 병역을 면제받은 지 1년이 지난 1969년부터 시작된 정책이어서 트럼프의 해명은 어불성설입니다.

미국과 세계를 위협하는 치킨호크

우리도 예전에 대통령 주재로 안보회의를 하는데 참석자인 대통령과 국무총리, 국정원장 등이 복무 경험이 없고 국방장관만(!) 군대 경험이 있다고 해서 비판이 제기된 일이 있습니다. 피터 커즈닉에 따르면, 군복무는 피하면서 전쟁은 강력히 주장하는 사람을 "치킨호크chickenhawks"라고 부릅니다. '닭chicken'에 불과한 인사들이 '매hawk'보다 더 강경하고 호전적인 행동을 선동하는 이율배반적인 태도를 꼬집는 말입니다.

　미국 행정부와 의회 내에서 득실대는 치킨호크들에게 베트남전쟁에 참전했던 척 헤이글 상원의원은 거세게 비난합니다. "미국을 전쟁으로 몰고 가려고 안달하는 인간들 가운데 다수가 전장에서 전우들의 머리통이 날아가는 것을 본 적도 없으면서 머리로만 전쟁하려 한다"고 말합니다. 걸프전쟁의 영웅인 콜린 파월 국무장관도 자서전에서 "모든 미국인은 국가에 대해 동등한 충성 의무를 져야 한다. 그런데 수많은 권세가의 자식들이 현역에서 빠져 있는 것을 보면 화가 난다"고 개탄합니다.

　미국 단독으로 세계를 주도하겠다며 테러와의 전쟁을 벌인 부시 대통령과 네오콘 참모들도 병역 문제에서 자유롭지 못한 경우가 대다수입니다. 베트남전 징집 대상자인 부시 대통령은 가문의 위세 덕분에 목숨을 잃을 위험이 거의 없는 주 방위군으로 빠집니다. 당시

주 방위군 복무자 중 흑인은 1퍼센트 정도였으니 말 그대로 '꿀보직' 이었습니다.

게다가 부시는 복무연한 6년을 다 채우지도 않고 복무 중간에 앨라배마 주 상원 의원 선거를 지원하러 갑니다. 지난 2004년 미국 대선에서 부시의 군복무 의혹이 쟁점이 됐지만 결국 제대로 규명되지는 못하고 역사 속으로 묻혔습니다. 대표적인 호전파로 베트남전쟁을 고결하다고 칭송했던 딕 체니 부통령은 더욱 모순적입니다. 체니는 학업과 결혼을 이유로 다섯 번이나 징집 연기를 내고 결국 아이를 낳으면서 최종적으로 징집을 면제받습니다. 아버지가 된 것이 병역을 피하기 위한 수단이라는 혐의가 짙습니다만 유야무야 넘어갔습니다. 부시뿐만 아니라 트럼프의 신임도 두터운 존 볼튼 전 유엔대사는 베트남전쟁을 지지했지만 "솔직히 동남아의 논두렁에서 죽고 싶은 마음은 추호도 없었다"며 주 방위군으로 빠졌다고 당당히 고백합니다.

청년 시절엔 온갖 수단을 동원해 참전을 회피하고 권력자가 되어서는 젊은이들에게 전장터에 가라고 하는 이러한 미국 지배층의 모순과 위선은 참으로 이해하기 힘듭니다. 그래서 콜린 파월 장관은 베트남 전쟁에서 드러난 미국 사회의 노골적 계급 차별이 미국민의 평등 이념을 심각하게 손상시켰다고 비판합니다. 하지만 시간이 흘러도 차별과 불평등은 개선되지 않는 실정입니다. 마이클 무어 감독 영화 《화씨 911》을 보면 이라크 전쟁 에 참전한 군인 중에서 미국 의원들의 자식은 거의 없고 빈민가 출신의 장병들만 가득한 현실을 폭로합니다. 세계 최악이라는 미국의 양극화가 경제 사회뿐만 아니라 군대에서도 일어나고 있는 것 같아 씁쓸합니다.

9

괴물이 된 닉슨과
워터게이트의 주역들

죄보다 죄를 덮으려는
권력에 분노하다

대통령에게 성인의 도덕성을

요구하는 것은 물정 모르는

잠꼬대와 같다고 하지만,

적어도 모범적인 시민은 되어야

하지 않겠습니까.

언론은 네 번째 권력

미국의 리처드 닉슨 대통령은 1970년대 초반 중국 방문과 베트남 평화협상 등으로 냉전을 해빙시킨 데탕트 시대를 열었지만 미국 역사상 최초로 임기 전에 스스로 물러난 불명예를 안았습니다. 세계를 구원하는 미국의 역할을 자신했던 닉슨은 권력의 한계선을 넘어서서 불법과 탈법을 일삼다가 몰락한 역대 대통령 중 가장 위험한 인물로 꼽히기도 합니다. 광인처럼 보이는 비상식적인 무력 조치도 과감히 하겠다고 공언한 닉슨은 베트남에서의 원자폭탄 사용을 지지하기도 했습니다.

그는 안보를 위해서는 대통령이 법을 어겨도 문제가 될 것이 없다고 생각했습니다. 대통령의 명령으로 도청, 불법침입, 미행, 협박 등 온갖 불법공작과 권력남용이 일어났습니다. 그 정점에서 터져나온 사건이 워터게이트이며, 의회의 탄핵을 면할 수 없었던 닉슨은 자진 사임의 형식으로 백악관에서 물러날 수밖에 없었습니다. 대통령이 마음만 먹으면 국민이나 언론에 상관없이 전쟁도 할 수 있다는 무소불위의 닉슨에게 치명타를 가한 것은 입법, 사법, 행정부에 이어 권력의 제4부 역할을 하는 언론이었습니다. 미국의 신문《워싱턴포스트》가 보도한 워터게이트 보도가 역사의 물줄기를 바꾼 것이지요.

닉슨의 워터게이트 사건에서 극적으로 드러났듯이, 권력을 추구하는 과정은 언제나 살기와 살의가 넘쳐납니다. 경쟁자의 정치적 생명을 죽여야만 목적을 달성할 수 있기 때문입니다. 하지만 오늘 이긴 사람이 다음 날에는 죽을 수도 있습니다. 그래서 이런 정글의 법칙이 작동하는 삶은 "외롭고 가난하고 추잡하고 야비하며 짧은 것"이 될 수밖에 없습니다. 키신저의 스승이기도 한 국제정치학자 한스 모겐소의 이같은 통찰을 한 마디로 정리하면, "정치는 죽음을 건 투쟁"이라는 것입니다.

사활적 싸움에서 정권을 잡고 지키려면, 정치를 통해 권력을 창출하는 능력과 만들어진 권력을 유지하는 실력을 겸비해야 합니다. 이를 위해 정권은 무슨 짓이라도 합니다. 만천하에 밝힐 대의명분이 모자라면 흑막의 권모술책에 의지합니다. 모략과 음모가 난무하는 지배세력 사이에서는 더 많은 부와 힘을 얻으려고 무리한 충성경쟁을 펼치고 민심은 점점 정권을 떠납니다.

동서고금을 막론하고 민심을 얻은 정권은 영광이 되지만, 민심이 뒤엎으려는 권력은 치욕이 됩니다. 치욕스런 권력일수록 지저분하고 너절하고 괴기스러운 증상을 보이는데, 그럴수록 비선 실세에 의존하게 됩니다. 비선 실세의 뒷받침을 받기 위해서는 부정과 부패를 비용으로 지불할 수밖에 없는데, 이 과정에서 정권은 모든 것에 포위되어 있다는 피해의식을 키우면서 모든 음모를 분쇄해야 한다며 철권통치나 공포정치의 길을 걷다가 자멸하게 됩니다. 권위적 정권의 일반적 경로입니다.

무엇보다 권위적 정권일수록 언론을 싫어합니다. 신문과 방송이 대변하는 국민의 다양성에 친숙하지 않기 때문입니다. 그러나 언론이 없으면 정권의 정책에 대한 평가가 불가능해집니다. 실적에 대한 검토나 비판이 없으면 공무원들의 부정부패가 활개를 치고 오로지 권력자의 입맛에 맞는 통계나 여론 조작이 손쉬워집니다. 잘못된 수치에 입각한 정책은 사상누각이 될 것이고, 그 피해는 고스란히 국민들이 감수해야 합니다.

이를 방지하기 위해서 언론에게 부여된 사명이 워치독watch dog입니다. 워터게이트 사건 보도는 언론의 감시견 역할이 가장 잘 작동한 사례지요. 감시견은 항상 권력자의 일거수일투족을 경계의 감각으로 지켜봐야 합니다. 권력자와 정이 들면 안 되지요. 그래서 언론계 출신의 일본 소설가 시바 료타로는 "권력을 싫어할 것"을 기자의 조건으로 꼽습니다. 기자는 진실에 육박하려는 기록자이기에 사명감 없이 하면 인생을 망치고, 출세하려고 하면 미친 사람이라고 말한 것은 역시 언론사 주필 출신의 작가 이병주의 충고입니다.

언론이 중요한 이유는 간명합니다. 언론은 국민에게 사실을 전달하고 국민은 그를 기초로 여론을 형성하기 때문입니다. 여론의 지지를 업은 정책은 잘못이 있더라도 바로바로 수정할 수 있습니다. 국민 모두가 책임을 나눠지기 때문에 정권이 흔들리지 않습니다. 하지만 여론의 수렴 없이 권력자가 강압적으로 밀어붙인 정책은 허점을 발견해도 해결하기가 힘듭니다. 정책의 과오를 인정하는 것은 권력자가 책임을 져야 한다는 의미인데, 어떤 정권이 실각의 위기를 부를 자충수를 두겠습니까. 그래서 엉터리 정책은 계속 진행되고 국민적, 국가적 피해만 가중됩니다. 언론이 제4부로서 권력을 감시하고 비판할 불문법적 권리를 허락받은 것은 바로 이런 사태를 염두에 뒀기 때문입니다.

태생적으로 저널리즘은 권력자와 궁합이 맞을 수 없습니다만 이제는 대중과도 잘 어울리지 못하는 것 같습니다. 신문과 방송은 레거시미디어^{Legacy Media}로 퇴물 취급을 받고 SNS와 유튜브 등의 뉴미디어에 밀리고 있습니다. 늙기도 서럽다고 했는데 요즘은 아예 "가짜 뉴스"나 "기레기"와 같은 말로 분노와 증오의 대상으로 전락하는 실정입니다. 산업적 측면에서도 언론은 사양산업입니다. 신문의 발행 부수는 갈수록 줄어들고 있고 공중파 방송국의 광고 매출도 격감하고 있습니다. 시대의 변화에 따라 사업이 부침하는 일이 다반사니 뭐라 할 일이 아닙니다만 언론의 특수성을 고려해야 합니다.

근대 국가는 신문이 만들었다고 해도 과언이 아닙니다. 다양한 지역과 집단의 이해와 주장을 담아서 하나의 국민, 하나의 나라로 묶어낸 구심점이 언론입니다. 중세의 교회가 수행하던 여론 형성 역할을 대신한 것이 신문이라고도 하지요. 취사선택^{Gate Keeping}을 거치기는 하지만 각종 사건과 쟁점을 놓고 국민적 커뮤니케이션이 일어나는 공간이 지면이었습니다. 커뮤니케이션이 콘센서스를 도출합니다. 따라서 시민이나 국민으로서의 정체성은 언론의 개입 없이는 만들어질 수 없습니다. 그렇기 때문에 신문 없는 정부보다는 정부 없는 신문을 선택하겠다는 말까지 나온 것 아니겠습니까. 신문이 나라를 망치고 방송이 미래를 어둡게 한다는 비판도 일리가 있습니다만, 그래도 언론이 가야 할 길은 아직도 남아 있다고 생각합니다.

모두가 대통령의 사람들

2017년에 한국에서 일어난 대통령 탄핵 사건은 1974년 미국 닉슨 대통령의 워터게이트 사건과 궤를 같이합니다. 대통령과 주변 사람들의 불법적 국정농단은 물론, 이를 은폐하고 왜곡하려는 시도가 경악과 충격을 던졌다는 점도 흡사합니다. 워터게이트 사건 이후로 권력형 비리나 스캔들에 게이트라는 이름이 붙게 됩니다. 박근혜-최순실 게이트라고 명명된 것도 여기서 연유합니다.

미국의 워터게이트 사건은 정권을 창출하고 지탱하기 위해서 경쟁 후보에 대한 불법적인 첩보 활동과 선거운동 방해 공작, 그리고 이를 은폐하려는 활동에서 출발합니다. 워터게이트 재판을 토대로 닉슨 행정부는 거대하고 비열한 음모를 모태로 만들어진 정권이었으며 체질적으로 거짓말을 하는 조직이었다고 역사는 준엄하게 평가하고 있습니다.

닉슨 정권은 일종의 리바이어던leviathan과 같은 막강한 조직체인데. 이에 맞서 담대하고 과감하게 권력의 그늘을 파헤쳐서 탐사보도의 전형을 만들어낸 기자들이 워싱턴포스트의 밥 우드워드와 칼 번스타인입니다. 두 기자가 온갖 위협과 시련을 극복하고 밝혀낸 진실을 담은 취재기가 『워터게이트: 모두가 대통령의 사람들*All The President's Men*』입니다.

영화도 같은 원제로 제작되었습니다. 서양의 자장가 중에 험프티덤프티*Humpty Dumpty*가 있는데, 가사에 모두가 왕의 신하들이라는 구절이 나옵니다. "All the king's men"인데, 이것을 "All the president's men"으로 변용한 제목입니다. 험프티덤프티 왕이 정상에서 추락한 뒤 왕의 모든 신하들이 달려들었지만, 산산조각난 권세를 다시 고칠 수 없었다는 내용입니다. 권력의 정상에서 한순간에 추락한 닉슨 대통령의 처지를 비유한 것 같습니다.

현직 대통령을 하야시킨 워터게이트 사건의 시작은 미미했습니다. 1972년 6월 미국 대통령 닉슨은 재선을 위해 5인조의 비밀공작반을 워싱턴에 있는 워터게이트 빌딩으로 침투시킵니다. 비밀공작반의 임무는 워터게이트 빌딩에 입주한 민주당 전국위원회 본부에 도청장치를 설치하는 것입니다. 아이러니컬하게도 닉슨 정권의 종말을 가져온 워터게이트 빌딩은 고급 빌딩으로 공화당에 가까운 사람이나 조직이 선호하는 건물입니다. 우연히 민주당 전국위원회 본부가 입주해서 표적이 된 셈이지요.

그러나 닫아놓은 출입구 문이 열려 있는 것을 발견한 경비원이 신고하면서 침입자들은 전원 체포됩니다. 당시 건물 경비원은 심야에

순찰하던 도중에 테이프가 묶여 있는 문을 보고, 왜 열쇠로 잠겨 있지 않았을까 의심하면서 바로 경찰에 전화를 겁니다. 경찰은 수색 과정에서 남자 다섯을 불법 침입 혐의로 체포해서 조사합니다. 조사 결과, 이들이 이미 3주 전에도 침입을 했던 사실을 밝혀내고 일당이 소지했던 도청기를 물증으로 확보합니다. 그런데 범인들 가운데 한 명의 수첩에서 백악관 관계자의 연락처가 나오면서 사건의 성격이 바뀝니다.

처음에 단순한 주거침입 정도로 간주된 이 사건을 접한 워싱턴포스트의 입사 8개월 차 신참 기자 밥 우드워드의 후각은 남달랐습니다. 백악관과 연루된 권력의 냄새를 맡은 것입니다. 취재에 들어간 우드워드 기자가 연일 생생한 '팩트'를 물고오지만, 그의 문장력은 모국어가 영어가 아니라는 소문이 돌 만큼 형편없었습니다. 그래서 기사 작성에 능숙한 칼 번스타인 기자가 우드워드와 짝을 맞춰서 닉슨 선거본부 관계자들을 찾아 나섭니다.

하지만 백악관 측은 아무런 관련이 없다고 전면 부인합니다. 얼마 지나지 않아 백악관의 꼬리 자르기식 대응은 실패합니다. 심문 과정에서 한 피의자가 CIA에서 오랫동안 근무하고 닉슨 대통령 재선위원회의 경비주임을 지냈다는 신원이 확인됩니다. 그가 대통령 재선위원회에서 자금을 받았다는 사실도 서서히 밝혀집니다.

워터게이트의 문고리, 딥스로트

이렇게 되자 워싱턴포스트를 비롯한 많은 언론들의 보도 경쟁이 가열됩니다. 그럼에도 우드워드와 번스타인은 연이어 특종 기사를 써내면서 다른 기자들을 이른바 물 먹입니다. 두 기자 모두 밤낮을 가리지 않고 낚시질로 비유될 만큼 왕성한 취재에 나선 덕분입니다. 그들은 닉슨 재선위원회에 참여한 사람들의 주소와 전화를 확보해서 매일 현관문을 두드리고 전화기를 돌립니다.

특히 우드워드에게 비밀 정보를 제공했던 내부고발자의 역할이 결정적이었습니다. 우드워드는 이 익명의 고위급 제보자를 나의 친구라고 불렀는데, 편집 간부들은 당시 유행하던 포르노 영화의 제목을 따서 '딥스로트Deep Throat'라고 지었습니다. 은밀한 제보자의 대명사로 딥스로트가 된 것은 이 때부터입니다. 사실 딥스로트의 정체가 누구인지를 놓고 수많은 추측과 관측이 난무했습니다.

일각에서는 닉슨 대통령의 비서실장을 했던 알렉산더 헤이그라고 추정했지만, 밥 우드워드는 입을 꾹 다물었습니다. 그는 딥스로트의 정체를 딱 두 사람, 동료인 칼 번스타인과 편집주간인 벤자민 브래들리에게만 알립니다. 그런데 한 세대가 지난 2005년에 딥스로트 본인이 직접 정체를 공개했습니다. 주인공은 놀랍게도 당시 FBI의 2인자였던 마크 펠트 부국장이었습니다. 지금도 FBI는 유력한 대통령 후보나 현직 대통령에 대해서도 수사를 할 만큼 독립성과 자율성이 있는 기관이긴 합니다만, 아무리 그렇다고 해도 현직 부국장이 현직 대통령의 수사 정보를 언론에 제공하는 것은 엄청나게 위험하고 부담스러운 일이었을 것입니다.

왜 펠트 부국장은 모든 불이익을 감수하고 내부고발자를 자처했을까요. 1인자가 못 된 2인자의 복수라는 시각이 있습니다. 워터게이트 사건이 일어난 1972년 봄에 수십 년간 FBI 국장을 지낸 에드거 후버가 사망했습니다. 조직의 2인자였던 마크 펠트는 당연히 자신이 국장에 취임할 것으로 기대했지요. 그런데 연방수사국에서 후버의 그림자를 지우려고 했던 닉슨 대통령은 다른 인사를 국장으로 임명합니다. 이에 분노한 펠트가 밥 우드워드와 손잡고 닉슨을 공격하는 딥스로트가 된 것 아니냐는 해석이 많습니다. 반대로 닉슨이 FBI를 정략적으로 이용하려는 시도를 노골적으로 드러내자, 이를 막으려고 펠트가 딥스로트로 나섰다는 반론도 만만치 않습니다. 즉 FBI 조직을 보호하기 위해 대통령의 약점을 누설하면서 진행된 정권 내부 권력투쟁의 일환이라는 주장입니다.

정권 재창출에도 기죽지 않는 기자들

그런데 1972년 6월에 발생한 워터게이트 사건을 언론이 지속적으로 보도했지만, 미국민들은 11월의 대통령 선거에서 닉슨을 재신임합니다. 이쯤 되면 언론들이 겁을 먹고 포기하거나 후퇴할 법도 한데, 워싱턴포스트는 단념하지 않습니다. 권력이 아무리 강력하고 가혹해도 진실은 드러난다는 신조였을까요. 문제는 어둠 속에 감추어진 진상이 보이기까지 오랜 시간이 걸린다는 것이지요.

한데 견제와 균형이라는 삼권분립의 메커니즘이 작동하기 시작합니다. 워터게이트 사건을 처리하는 과정에서 미국의 입법부는 행정부를 견제하는 고전적 역할을 제대로 수행합니다. 백악관이 관련된 사건이 일어난 지 8개월만에, 그리고 닉슨이 재취임한지 한 달도 안돼서 미국 의회는 닉슨의 선거운동 전반을 살펴보는 특별조사위원회를 설치합니다. 조사에 착수한지 두 달만에 워터게이트 사건에 백악관이 관련돼 있다는 것이 드러났고 당황한 닉슨은 자기는 전혀 몰랐다고 강변합니다.

재미있는 점은 닉슨 행정부의 공식사과입니다. 백악관 대변인은 워싱턴포스트의 기자들에게 워터게이트 사건과 관련한 그동안의 취재 내용을 비난한 것에 대해 잘못을 인정합니다. 우드워드와 번스타인이 작성한 워터게이트 관련 기사들은 인격을 암살하는 천박한 저널리즘이라고 원색적으로 욕설을 퍼부어온 점에 대해 용서를 구합니다. 1973년 당시 미국 백악관 브리핑룸은 대변인과 기자가 서로 폭언을 퍼붓고 고함을 지르면서 자칫 몸싸움이 일어날 정도로 '야수들의 싸움터'였습니다. 백악관 출입기자들은 닉슨 대통령의 부하들을 나치 친위대원에 비유합니다. 이들이 닉슨을 구하기 위해 물불 가리지 않고 설쳐대는 행동이 미국을 위태롭게 한다고 생각한 기자들은, 국가와 민주주의를 구하는 심정으로 안면을 몰수하고 맹렬한 질문 공세를 편 것입니다.

워터게이트 사건의 결과를 놓고 보면, 워싱턴포스트와 같은 언론이 미국을 구했다고도 할 수 있습니다. 부도덕하고 불법적인 최고권력자는 언제든지 끌어내릴 수 있다는 메시지를 미국 사회에 전파시킨 공이 큽니다. 언론의 자유가 그래서 중요한 것입니다. 취재에 성역이 없어야 권력이 긴장합니다. 한 걸음 나아가 기자의 취재도 중요하지만, 권력의 역린을 건드리는 보도를 가감 없이 허용하고 기자를 보호하는 경영진의 역할도 높이 평가하고 싶습니다.

워터게이트 보도 당시 워싱턴포스트의 편집주간을 맡았던 벤저민 브래들리는 기자들의 끈기와 취재력도 인정하지만 무엇보다도 사주인 캐서린 그레이엄의 용기가 컸다고 칭송합니다. 실제로 당시 닉슨 정권의 실세들은 노골적으로 사주를 냉대하고 압력을 가합니다. 미첼 법무장관은 번스타인 기자와의 통화에서 "만약 그걸 보도하면 그레이엄의 젖꼭지를 커다란 착유기에 집어넣고 말 거야"라며 성^性모독적 언사도 서슴지 않았습니다. 하지만 캐서린 그레이엄은 눈 하나 깜짝하지 않고 "감방에 내 발로 걸어 들어가겠다"고 받아칠 만큼 두둑한 담력과 배포를 보입니다. 워터게이트 보도를 계기로 워싱턴포스트는 세계적인 유력지 뉴욕타임스에 버금가는 위상을 확보하고 사주인 캐서린 그레이엄은 워싱턴 정계의 중심 인물이 됩니다.

일파만파로 확산일로를 걷던 워터게이트 사건에 대해 마침내 청문회가 열립니다. 워싱턴포스트가 워터게이트 보도로 언론계 최고의 영예인 퓰리처 상을 탄 꼭 열흘 뒤인 1973년 5월17일에 첫 회의가 개최되지요. TV로 중계된 시청률이 초기 73.2퍼센트에 이를 만큼 워터게이트 청문회는 일종의 국민 드라마가 됩니다. 모든 언론이 닉슨 행정부의 치부와 비리를 보도하고 방송했습니다. 뉴욕타임스는 청문회 전후 세 달 동안 단 사흘만을 제외하고 매일 1면 톱으로 워터게이트 사건을 다뤘습니다.

공교롭게도 대통령의 도덕성에 대한 여론의 압력이 증대되면서 부통령에 대한 관심이 커졌습니다. 닉슨이 대통령직을 사임하게 되면 부통령이 그 자리를 승계하기 때문입니다. 그런데 부통령인 스피로 애그뉴도 비리 스캔들 혐의를 받고 있었습니다. 그 밥에 그 나물이라고 닉슨의 러닝메이트도 마찬가지 인물이었던 것이지요. 이렇게 되자 부통령에 대한 정치적 해결책이 모색됩니다. 애그뉴 부통령이 예전 주지사 시절의 뇌물 수수 혐의로 감옥에는 가지 않는 대신 부통령직에서 사임하는 절충안이 도출됩니다. 이 사건은 일사천리로 처리됩니다. 애그뉴를 부통령에 그대로 두었다가 닉슨이 하야할 경우, 범죄 혐의자가 또 대통령이 되는 정말 볼썽사나운 상황을 피하기 위해서 일종의 플리바게닝plea bargaining(유죄답변거래)을 해서 빨리 부통령직에서 내려오게 한 것이지요. 1973년 10월의 어느 날이었습니다.

권력의 강박증—모든 대화를 녹음하라

그런 와중에 닉슨의 워터게이트 개입을 입증할 결정적 물증이 있다는 폭탄 증언이 나옵니다. 1973년 7월의 의회 청문회에서 닉슨의 참모인 알렉산더 버터필드가 백악관 집무실의 모든 대화가 자동녹음되고 있다고 폭로한 것입니다. 이것은 워터게이트와 관련한 닉슨의 코멘트가 존재한다는, 즉 스모킹건smoking gun이 있음을 의미합니다. 나중에 닉슨은 회고록을 쓸 작정으로 백악관 집무실에 녹음 장치를 설치해서 모든 대화를 녹음했다고 말합니다. 일각에서는 백악관의 부하들을 통제하기 위한 의도였다고도 하는데, 이러한 녹음 장치는 닉슨의 편집증적 성격을 보여주기도 합니다.

버터필드의 폭로 이후에 사태는 진전됩니다. 사실이 말하게 하라는 격언처럼, 확실한 증언이 나온 이상 닉슨이 더는 부인하거나 버티기 힘들 것이라는 관측이 지배적이었습니다. 그래서 워터게이트의 진상을 조사하는 아치볼드 콕스 특별검사는 백악관에 관련 녹음 테이프를 제출하라고 요구합니다.

하지만 권력은, 특히 부도덕한 권력은 자의로 내려오는 경우가 거의 없습니다. 닉슨은 콕스 특별검사의 요구를 안보상 이유를 대면서 묵살하고 오히려 콕스의 해임을 지시합니다. 그러자 닉슨이 임명한 엘리엇 리처드슨 법무장관은 부당한 지시를 따를 수 없다고 사임합니다. 뒤이어 법무장관 대행을 맡은 법무차관도 명령을 거부하고 물러납니다. 이 사건을 '토요일 밤의 대학살'이라고 부르는데, 무리한 인사파동을 거친 끝에 콕스 특검은 해임됩니다. 애그뉴 부통령이 물러난 지 열흘째 되는 1973년 10월 20일이었습니다. 여론이 좋지 않자, 닉슨은 기자회견을 갖고 "나는 사기꾼이 아닙니다 I am not a crook"라는 망언을 남기는데, 이것은 몰락을 자초하는 신의 한수가 됩니다. 지켜본 국민들은 "아! 닉슨이 거짓말쟁이구나"라는 인상을 굳히게 됩니다.

콕스 특검 해임 파동이 있은 뒤, 미국 하원에 대통령 탄핵을 위한 결의안이 차례 차례 올라옵니다. 그럼에도 닉슨은 순순히 물러나지 않고 1973년을 넘기면서 계속 장기전 태세를 갖춥니다. 어렵게 쟁취한 대통령직에서 절대 물러나지 않겠다는 불퇴전의 욕망과 욕심이 닉슨의 상식과 판단력을 마비시킨 것이라고 볼 수밖에 없습니다.

죄보다 죄를 덮으려는 권력에 분노하다

흔히 닉슨이 중도 사퇴의 오명을 안게 된 것은 도청이라는 범죄행위보다 그것을 은폐하려고 거짓말을 한 것이 치명타였다고들 합니다. 워터게이트 사건 초기부터 닉슨 대통령이 돈과 권력으로 진상을 덮으려고 한 것이 국민들에게 배신감과 분노를 일으켜서 하야까지 사태를 악화시켰다는 것이지요. 물론 워터게이트 사건은 빙산의 일각일 뿐이고, 닉슨은 임기 내내 국정 전반에 걸쳐 광범위하고 심각한 부정선거 활동과 불법 정치 공작을 저질렀고, 이러한 폭로를 차단하기 위해 거짓말은 불가피했다는 지적도 있습니다.

사건 초기부터 닉슨의 핵심 측근들인 존 미첼 법무장관, 해리 홀더먼 비서실장, 찰스 콜슨 특별보좌관, 존 에릭만 보좌관 등이 모여 닉슨을 보호하는 데 총력을 기울입니다. 그들은 법률적 전문지식을 동원하고 재판에 넘겨진 공작조의 입을 막기 위해 부정한 돈을 만들어서 지급하기로 합니다. 그러나 진실 앞에서는 아무리 악마적인 두뇌라도 무릎을 꿇을 수밖에 없었습니다.

그런데 대통령과 대통령의 사람들이 저지른 일은 상상을 초월합니다. 닉슨의 부하들은 보스인 닉슨이 대통령에 취임한 1969년 이후부터 국정 전반에 걸쳐 오랫동안 광범위하게 정치 공작과 범죄 행위를 기획하고 자행합니다.

먼저 휴스턴플랜이라는 불법 계획을 입안합니다. 닉슨과 닉슨의 정책을 반대하는 세력들을 FBI나 CIA와 같은 대내외 정보기관, 그리고 미국의 국세청인 IRS를 활용해서 제압하고 공격하자는 것이 골자입니다. 이에 대해 FBI의 터줏대감인 후버 국장조차 무모하고 위험하다며 반대하자, 닉슨측은 후버를 강제 퇴진시키려고 했습니다. 반격에 나선 후버 국장이 닉슨의 도청 공작과 여자 관계를 폭로하겠다고 위협하면서 FBI 장악은 무위에 그칩니다. 휴스턴플랜과 관련한 비밀 정보나 불법 계획이 언론에 누출되는 것을 막기 위해 닉슨 정권은 배관공이라는 불리는 공작팀을 운영합니다.

워싱턴포스트를 폭파하고 브루킹스에 불 질러라!!

민주주의의 본산을 자처하는 미국에서, 그것도 헌법과 법률을 수호하는 백악관에서 헌정 질서를 파괴하고 국가 기강을 문란케 하는 불법 활동을 입안하고 실행하려 한 것은 상식적으로도 이해하기 힘듭니다. 미수에 그친 공작 사례를 들여다봐도 무시무시합니다.

1970년대 초반 미국의 베트남 전쟁 개입 의혹을 폭로한 펜타곤 페이퍼스 사건으로 닉슨 행정부는 궁지에 몰려 있었습니다. 한데 유출된 국방부의 기밀 문서와 관련한 정부측의 중요 자료가 싱크탱크인 브루킹스 연구소에 극비 보관되어 있다는 정보가 입수됩니다. 이 자료를 몰래 회수해야 하는데, 브루킹스 연구소의 보안이나 경비가 철저해서 외부 침입이 거의 불가능한 실정이었습니다.

그러자 닉슨의 부하들은 브루킹스 연구소에 불을 질러 그 틈을 타서 자료를 빼내 오려는 공작을 기획합니다. 하지만 작전 검토를 지시받은 백악관의 비밀요원이 공포에 질려 다른 상급자에게 보고하면서 불발에 그쳤다고 합니다. 정권의 명령으로 민간 연구소에 방화를 한다는 발상 자체가 국민의 생명과 재산을 보호한다는 국가의 사명을 내던지는 조직범죄에 다름 아닙니다.

충격적인 제보에 접한 우드워드 기자는 확인 취재를 위해 백악관의 찰스 콜슨 특별보좌관을 만납니다. 그러자 해병대 장교 출신인 콜슨은 한술 더 떠 소이탄을 터뜨려 워싱턴포스트와 뉴스위크 건물을 날려버릴 생각이었다고 태연하게 말합니다. 그는 워터게이트를 보도하는 워싱턴포스트에 투자하는 사업가를 만나서 투자금을 회수하라는 압력을 아무렇지 않게 넣기도 합니다.

설상가상으로 닉슨에 적대적인 언론인들에 대한 도청도 지시하고 국방부 기밀문서를 폭로한 펜타곤페이퍼스의 내부고발자 다니엘 엘스버그가 다니는 정신과 의사의 진료실에 도청장치도 설치하라고 명령합니다. 이렇게 대통령의 일이라면 물불 가리지 않고 나섰지만 아주 교활하고 용의주도해서 절대로 자신이 나서지 않고 수족처럼 부리는 대리인들을 통해서만 일했다고 합니다.

이렇게 보면 닉슨의 부하들은 무늬만 공무원이지, 닉슨 개인에게만 충성을 다한 가신들입니다. 이들에게는 닉슨이 곧 국가이고 국민입니다. 정권의 핵심 인사인 존 미첼 법무장관도 그렇습니다. 미첼 장관은 1970년 반전시위를 하던 켄트 주립대학교에 출동한 주 방위군이 학생 네 명을 사살한 사건의 배후로 의심받은 의문의 인물입니다.

부인인 미첼 여사는 남편의 불법적 행위를 참지 못해 계속 이혼을 요구했다고 합니다. 한번은 미첼 여사가 얼굴에 시퍼런 멍이 든 채로 기자를 만나서, 자신은 진실을 말하다가 남편에게 맞았기에 정치범이 아니냐고 자조했다는 후일담도 있습니다. 미첼 장관은 워싱턴포스트의 사주에 대한 모욕적 발언과 함께 계속 기사를 보도하면 회사의 모든 약점을 다 까발리겠다고 위협을 가합니다. 법질서의 모범이 되어야 할 인물이 불법 활동의 지휘자였다니 허탈하기까지 합니다.

언론인 출신으로 닉슨 행정부에 동참한 인사들도 예외가 아닙니다. 공교롭게도 워싱턴포스트 기자 출신인 켄 클로슨 백악관 공보실 차장이 대표적입니다. 신문사를 퇴사하고 백악관에 들어간 지 채 몇 달도 안 된 클로슨 차장은 익명으로 민주당 대선 예비후보인 에드먼드 머스키 의원을 인신 공격하는 내용을 지역 신문에 투서하고 그 보도에 충격을 받은 머스키 후보는 결국 중도 사퇴합니다.

그런데 이러한 사건의 전말을 워싱턴포스트가 보도하자, 클로슨 차장은 닉슨에 충성하면서 워싱턴포스트에 복수하겠다는 충성 서약서를 이른바 '윗분'에게 제출합니다. 닉슨의 백악관에서는 신입 직원에게 "우리 닉슨 대통령의 적을 공격하는 근성을 보여달라"면서 공범 의식을 조장하는 지시 겸 임무를 받았다고 합니다. 권력에 중독된 새내기들은 충성심을 입증하고 신임을 받아야 한다는 생각에서 불나방처럼 제 몸이 타는 줄도 모르고 권력의 불빛 속으로 뛰어듭니다.

이렇게 수단방법을 가리지 않는, 교묘하고 비열한 권력자들을 상대하는 워싱턴포스트 기자들도 몸가짐을 추스릅니다. 브래들리 편집주간은 기자들에게 특별 지침을 내립니다. 정권과의 진검 승부를 하는 기자들은 무엇보다도 사생활 관리를 잘하고 전화와 세금을 조심하고 항상 영수증을 보관하라고 주의를 줍니다.

혹시라도 집에 대마초와 같은 마약도 절대 반입하지 말고 데이트 상대도 조심하고 대통령과 정부에 대해 다른 사람과 이야기를 나누는 것도 삼가하라고 주문합니다. 무엇보다 난마처럼 뒤얽히고 대하소설처럼 복잡한 워터게이트 사건의 핵심은 비밀자금과 비밀공작에 있다는 것을 기자들에 끊임없이 상기시킵니다. 결국 사실을 착실히 쌓아올린 워싱턴포스트가 거짓과 은폐로 구축된 백악관을 함락시키게 됩니다.

의회의 창이 권력의 방패를 꿰뚫다

워터게이트 사건을 파헤친 양대 세력의 하나가 언론이고 다른 하나가 의회입니다. 무엇보다 의회 청문회에서 나온 결정적인 증언으로 진상을 파악하는 물꼬를 텄다고 할 수 있습니다. 미국 의회는 증인이 불출석하거나 위증할 경우 의회 모욕죄로 의회 내 법정에 세우거나 감옥에 구금할 수 있는 권한까지 있습니다. 물론 1940년대 이후 이 권한을 행사한 적은 없습니다만, 법적으로 의회의 명령에 불응하면 강제로 동행시키거나 처벌받을 수 있고 고의로 거짓말하면 5년 이하의 구금에 처할 수도 있습니다. 게다가 증인의 증언에 면책특권도 부여하는 등 실체적 진실을 규명하는 데 필요한 당근과 채찍을 다 갖고 있기 때문에 대통령과 같은 최고권력자의 비리도 폭로할 수 있는 환경이 조성된 것 같습니다.

의회의 조사활동을 통해 사건과 관련한 범죄 행위가 하나씩 하나씩 구체적으로 드러나면서 사법 절차도 궤도에 오릅니다. 일단 워터게이트 빌딩에 침입한 공작조는 대부분 유죄를 인정합니다만, 일부는 불응합니다. 이에 대해 존 시리카 연방재판소판사는 피고인들에 대해 30년형, 일종의 종신형을 선고할 수 있다고 압박하면서 백악관의 배후 관련설을 추궁합니다.

사태가 탄핵 혹은 하야라는 대단원으로 달려가고 있었지만 여전히 닉슨은 테이프 공개를 완강히 거부하다 일부 녹음 시간을 삭제한 편집본 테이프를 제출합니다. 1974년 연방대법원은 닉슨의 대통령 특권을 무효화하면서 무삭제 원본테이프를 공개하라고 판결합니다. 그리고 백악관의 핵심 측근 일곱 명이 워터게이트 사건 조사를 방해한 혐의로 기소되고 또한 현직 대통령 닉슨도 기소하지 않은 공모자로 지목됩니다. 이쯤 되면 아무리 막무가내인 제왕적 대통령이라도 더 이상 버티기가 힘들었을 것 같지만, 대통령직을 고수하려는 닉슨의 집착은 거의 병적이었습니다.

하지만 미국 하원이 탄핵을 결의하고 우리로 치면 헌법재판소 역할을 하는 상원에서 탄핵 판결 통과가 확실시되자 그제서야 닉슨은 자진 사퇴를 발표합니다. 1974년 8월 8일 닉슨은 역사적인 사임 연설을 합니다. 여기서도 그는 유죄를 인정하지 않고 다만 탄핵 사태가 미국을 혼란하게 만들 것을 우려해서 물러난다고 말합니다. 한 달 뒤에 닉슨을 승계한 제럴드 포드 대통령은 닉슨을 사면합니다. 사면은 유죄를 인정하는 것이기에 닉슨의 혐의는 역사적으로 확정이 됐다고 봐야 합니다.

IQ(지능지수)↑ MQ(도덕지수)↓ 3류의 인성과 1류의 두뇌들

사법처리는 면했지만 미국 역사상 가장 불명예스러운 대통령이 된 닉슨은 어떻게 하다가 파멸의 나락으로 떨어진 것일까요. 부하들이 저지른 무모한 과잉충성이 원인이라고 하지만 정작 사건의 몸통은 닉슨 자신이었습니다.

대통령에게 성인의 도덕성을 요구하는 것은 물정 모르는 잠꼬대와 같다고 하지만, 적어도 모범적인 시민은 되어야 하지 않겠습니까. 하지만 닉슨은 공직자로 임명한 부하들의 불법 활동을 묵인 혹은 조장하고 도청사건이 터진 후에도 거짓말로 사건을 덮으려고 했다는 점에서 평균적인 시민의 모럴moral에도 미치지 못하는 인물입니다.

미국민은 아버지가 아끼는 나무를 베었다고 용기 있게 고백한 조지 워싱턴 대통령이나 손님에게 덜 준 거스름돈을 돌려주기 위해 밤길을 달린 에이브러햄 링컨 대통령을 '정직한 에이브'라 부르며 추앙합니다. 미국의 대통령은 곧 걸어다니는 헌법이어야 하는데 이런 역사에 오물을 뿌린 닉슨을 국민은 용서할 수 없었습니다.

닉슨의 지성은 대단히 탁월했는데 도덕성은 좋은 머리에 정비례하지 못했습니다. 닉슨은 평소 언론을 경시하곤 했는데, 이는 윤리감각이 없고 권력의지만 집요한 인물들의 특징입니다. 닉슨의 측근들도 유유상종 격으로 아이큐는 높은데 양심은 없는 인사들이어서 해바라기처럼 닉슨만 바라봅니다. 자기가 맡은 국정의 현안을 돌볼 생각은 않고 오로지 닉슨의 마음에만 들려고 사생결단식 충성경쟁에 열심이었다고 합니다. 반대파를 적으로만 식별하는 이분법적 논리만 들이대고 돈과 인력만 있으면 효과적으로 권력을 장악할 수 있다고 생각하는 구제불능의 군상들이 무엇을 하겠습니까.

정치를 전쟁처럼 피아 구분으로만 바라보게 되면, 대화가 어렵습니다. 그런데 국정을 책임진 집권세력이 언제나 자기 진영의 이야기만 들어서는 변화나 발전이 있을 수 없습니다. 비판하고 반대하는 세력의 의견과 대안을 들어야만 여론을 보다 전체적으로 파악할 수 있고 추진하는 정책의 문제점도 사전 예방이나 사후 개선이 가능한 법입니다.

오로지 권력의 내부자들끼리만 의견을 교환하고 인식을 공유하다 보면 지적 편식증에 걸리면서 타락하는 것은 예정된 수순입니다. 지금도 적과 아군을 나누는 데만 집착하는 권력자들에게 조선 시대 어린이들이 배우는 기본서인 『소학小學』에 나오는 구절을 음미해보기를 권합니다.

애이지기악   愛而知其惡

증이지기선   憎而知其善

사랑하면서도 그의 나쁜 점을 알고

미워하면서도 그의 착한 점을 알아야 한다.

무엇이 닉슨을 최악으로 만들었나―본성인가 환경인가

닉슨을 최악의 대통령으로 만든 근원은 어디에 있을까요. 타고난 본성인지 주변의 환경인지 설들이 분분합니다만, 결국 닉슨의 성격을 살펴봐야 합니다. 만물유전설을 주창한 그리스의 철학자 헤라클레이토스는 "성격이 운명"이라 말합니다. 운명은 결국 개인의 성격에 따라 만들어진다는 뜻입니다. 닉슨의 운명도 닉슨의 성격이 빚어낸 비극입니다. 그를 한 줄로 묘사하면 인성은 삼류, 두뇌는 일류입니다. 그러다보니 수단과 방법을 가리지 않고 목적을 달성하는 데 집착합니다. 이런 성격적 특성이 헌법과 법률도 무시하면서 자신의 정치생명은 물론 인격마저 파탄으로 몰고 가게 한 것입니다.

닉슨을 관찰한 연구자들은 닉슨의 성격이 야망과 분노, 강한 원한의식과 복수심, 음모와 비밀을 선호하고 유머 감각이 부족하다고 입을 모읍니다. 특히 닉슨은 세상 모두가 자신을 위협한다는 피해의식에 결박된 사람입니다. 그래서 세상 누구도 믿지 않고 심지어 아내와도 장막을 쳤다고 할 만큼 거리를 둬서 영부인인 패트 닉슨 여사는 밤마다 홀로 알코올을 홀짝거렸다고 합니다.

권력의 정상에 오른 닉슨의 피해의식은 갈수록 심해지고 편집증적 집착은 한계를 넘어섭니다. 파탄은 필연적이었습니다. 야심은 넘치는데 양심은 메마른 위정자가 도달한 종착지가 워터게이트입니다. 그래서 워터게이트 사건 당시 닉슨의 정신 건강을 우려한 제임스 슐

레진저 국방장관은 합창의장에게 장관의 승인 없이 백악관에서 내려온 명령을 따르지 않도록 지시합니다. 백악관 비서실장인 알렉산더 헤이그도 혹시나 닉슨이 자살할 것을 염려해서 각종 약들을 대통령 주변에서 다 없애라고 조치합니다.

그래도 명색이 미국 대통령하면 세계 최고의 권력자인데 원한과 복수심이 가득했다고 하면 납득이 가지 않습니다만, 닉슨이 대통령 재임 내내 두려움과 불안감에 휩싸여 주변을 적으로 의심했던 것은 사실입니다. 일부 닉슨 연구자들은 닉슨이 어린 시절 형제를 연달아 잃고 자기만 남은 것에 대한 죄책감과 함께 부모님이 살아남은 자신을 미워하지 않을까 하는 고통스런 의심 속에서 성장했던 것을 주목합니다.

집안 형편이 어려웠던 닉슨은 학생 시절부터 애플파이를 만들고 아버지가 하던 주유소 일을 도왔습니다. 빈한한 가정 환경 속에서 다져진 헝그리 정신과 일종의 보상 욕구로 인해 공부에 매진한 닉슨은 하버드 대학에 장학금을 받는 좋은 조건으로 합격하지만, 생활비가 없어 입학을 포기합니다. 게다가 아이비리그인 명문 듀크 대학 로스쿨을 나왔지만 취업에 실패합니다. 이러한 닉슨의 개인사적 체험이 미국 사회의 기득권세력인 동부의 아이비리그 출신 인사들에 대한 원한의식과 계급 투쟁적 복수심리로 불타올랐다고 합니다. 문제는 어려운 환경에서 자수성가한 사람들이 다 닉슨 같지는 않다는 점입니다. 닉슨보다 더 힘든 여건에서도 낙천적인 성격을 가진 위인들이 많은데 유독 닉슨은 의심 많고 투쟁적인 기질이 변함없이 이어졌는지 의문입니다.

강준만의 미국사 산책에 따르면, 닉슨은 직업을 잘못 선택했다고 합니다. 닉슨은 비밀과 고독을 즐기는 내향적 유형입니다. 그런 사람이 매일 수많은 사람들과 접촉하는 것이 업무인 정치가로 나선다면 어떻게 될까요. 자신의 기분을 감추면서 어색한 웃음을 짓고 하기 싫은 악수도 억지로 해야 합니다.

내성적이고 폐쇄적인 취향의 닉슨이 모든 것을 발가벗기는 정치의 무대에서 스포트라이트를 받으려면 자신의 본모습을 감춰야 합니다. 정도의 문제이긴 하지만, 거짓과 위선을 연출해야 합니다. 그러다 보니 자신이 꽁꽁 숨겨둔 실체를 누군가가 꿰뚫어볼 것 같은 불안감과 두려움이 생겨납니다. 불안과 공포는 어떤 사람도 믿지 못하는 의심증과 나를 망치려는 음모가 있다는 피해의식으로 비화합니다. 그래서 닉슨은 워터게이트 도청이나 휴스턴플랜 같은 음모와 공작에 의존해야만 승리할 수 있다고 망상을 강화시켜 나갑니다.

우리 주변을 보더라도 자신의 성향과 맞지 않는 직업을 가진 사람은 감정 소모가 엄청나서 항상 내적 충돌을 겪습니다. 닉슨처럼 사람을 좋아하지 않는 인물이 정치인으로 사는 것은, 물을 싫어하는 물고기가 바다에 사는 것과 같습니다. 그럼에도 그는 대통령에 대한 강렬한 권력의지와 편집증적인 집착으로 내면의 갈등을 묻어버립니다. 아니 매장시켰다고 자기최면을 건 것이겠지요.

흥미로운 점은 '흙수저'인 닉슨이 정치 인생은 비단길이라는 것입니다. 불과 40세에 미국 부통령에 오를 정도로 고속 출세를 한 정치인도 미국 역사에서 드물지요. 그런데 이것이 닉슨에게는 딜레마였습니다. 야심이 큰 닉슨은 부통령으로 8년을 일하면서 오히려 더욱 심한 내적 갈등을 겪습니다. 1인자를 바로 옆에서 지켜보는 2인자의 무기력함과 질투심이라고나 할까요. 성격적 특성과 직업적 특성이 충돌하고 1인자에 대한 열망과 좌절감이 커져가면서 닉슨의 마음에 난 구멍은 더욱 커져갔습니다. 이 세상에서 믿을 사람은 나밖에 없다는 고립감과 권력을 향한 외골수적 집착이 심화되면서 닉슨은 괴물이 되어갑니다.

거짓과 위선의 정치인

사회적 존재인 인간은 대체로 혼자 있다 보면 두려움과 불안감이 커집니다. 하지만 대중 정치가로서 그러한 감정은 치명적입니다. 안 그런 척, 위선과 거짓을 꾸미게 되고 그것이 들킬까봐 다시 조마조마하고 겁이 나는 악순환이 연속됩니다. 대통령이 되기 위해 본모습을 감추는 일을 반복하면서 강화된 닉슨의 이중적 성격과 인격은 종국에 미국 역사상 가장 위험스러운 사건, 워터게이트를 잉태하고 출산합니다.

정치적으로 닉슨이 선보인 역사적인 결단 또한 위선의 시각에서 해석하기도 합니다. 대표적인 케이스가 1960년 출마한 케네디와의 대선 승부에서 패배를 승복한 것입니다. 당시 닉슨은 대통령 당선을 자신하다가 케네디 후보에게 아슬아슬한 표차, 불과 10만 표 정도로 석패합니다. 당시 닉슨을 공천한 공화당 지도부는 대선 패배를 두 달 간 인정하지 않을 정도로 선거 후유증이 컸습니다. 그런데도 닉슨은 재개표 요구를 하지 않고 선거 결과에 승복하겠다고 선언합니다. 일부 주에서 민주당이 부정선거를 했다는 증거들이 제기되는 와중에 발표된 닉슨의 선언은 국민들에게 신선하고 놀라운 충격을 줬습니다.

그러나 연구에 따르면, 당시 공화당도 부정선거에 개입했다고 합니다. 닉슨은 공화당도 문제의 소지가 있는 마당에 이번 선거결과를 인정하지 않으면 오히려 정치적 위험이 더 클 것으로 생각하고, 겉으로는 미국의 단결과 화합을 위한 것처럼 위선적 행동을 했다는 것이 역사가들의 평가입니다. 대통령 중도 사퇴 연설도 표면상으로는 미국의 국익이 자신의 탄핵 문제로 위태로워지는 것을 방관할 수 없었기에 물러난다고 했지만 실제로는 후임자인 포드 대통령으로부터 사면을 보장받고 한 계산된 행동으로 평가됩니다.

닉슨의 의심병을 가장 도지게 한 결정적 대목은 1960년 대선에서 케네디에게 패배한 일입니다. 케네디는 백만장자 아버지 밑에서 동부의 하버드를 졸업한 리버럴한 금수저로, 닉슨과 가장 대척점에 서 있는 정치인입니다. 닉슨은 대선 패배를 미국 동부 기득권 집단의 음모 때문이라고 결론짓고, 향후 정치를 정상적으로 하면 진다는 피해 망상에 사로잡힙니다. 그래서 미국 대통령에 당선된 이후의 국정 운영을 음모와 공작에 의존하면서 반대 세력들을 공격하고 응징하는 불법 활동을 자행합니다. 헌법의 수호자가 아니라 헌법의 파괴자가 된 것입니다.

하지만 워터게이트 사건의 전개와 닉슨의 하야를 전혀 딴판으로 접근하는 시각도 있습니다. 이들은 닉슨의 전임자들도 불법적인 정치자금을 조성하고 도청을 지시하기도 했는데 왜 닉슨만 문제삼느냐고 항변합니다. 억울한 닉슨이라는 음모론적 관점에서는 친 유대 성향의 언론이나 기득권 세력들이 조직적으로 움직여서 닉슨을 낙마시켰다고도 주장합니다. 워터게이트를 보도한 워싱턴포스트나 펜타곤페이퍼스를 게재한 뉴욕타임스가 모두 유대계 사주가 있는 언론들이란 설명입니다.

미국의 기득권 세력들이 중국과의 화해를 모색한 핑퐁 외교나 사회주의권과의 데탕트 정책을 추진한 닉슨을 과격하다고 견제했다는 이야기도 있습니다. 미국의 양심으로 불리는 학자 놈 촘스키는 닉슨의 급진적 정책이 주류 기득권자들의 비위를 건드려 비도덕적 인물로 낙인찍히고 탄핵된 것 아니냐 하는 문제제기를 하기도 했습니다. 당시 베트남전의 수렁에 빠져 있던 미국을 탈출시키려던 닉슨이 전쟁을 통해 수익을 얻는 군산복합체의 심기를 건드려서 보복을 당한 것이 워터게이트 사건의 본질이라는 해석도 기발합니다.

그렇지만 어떤 경우에도 닉슨과 닉슨의 부하들이 저지른 일련의 행동들이 헌정 질서를 파괴한 국가적 범죄행위라는 사실에는 변함이 없습니다. 믿었던 대통령과 정부에 속은 국민들의 배신감과 환멸감은 어디서 보상받아야 합니까. 국민을 속이고 헌법을 파괴한 대통령을 우리 손으로 뽑았다는 자괴감과 실망감은 두말할 필요도 없습니다. 여담입니다만 닉슨을 대통령으로 배출한 미국의 공화당은 1994년 중간선거에서 압승할 때까지 의회에서 만년 제2당 신세일 정도로 20년간 국민들의 신임을 얻지 못하고 고전합니다.

권력자의 제1기준은 도덕성

다시 닉슨으로 돌아가서, 역대 미국의 대통령들은 많은 결점과 허점을 노출했고 선거나 국정 운영에서 실수나 실패도 잦았습니다. 그러나 닉슨의 워터게이트는 단순한 불법 활동이나 사익 추구가 아니고 미국의 역사와 가치가 총집결된 헌법을 장기간 조직적으로 파괴했다는 점에서 다른 어떤 악행과도 비교할 수 없는 엄중한 해악입니다. 또한 닉슨이 사퇴한 시기에 미국 사회는 장기 불황이 겹치고 비도덕적이라는 비난에 시달려온 베트남전쟁의 후유증으로 국민들이 느끼는 모멸감과 위기의식이 극에 달했습니다.

그러나 가장 큰 위기가 가장 큰 교훈을 주듯이, 미국민들은 대통령의 가장 중요한 기준을 새롭게 설정합니다. 아무리 업무능력이 뛰어나더라도 도덕적 가치가 우위에 있어야 한다는 것입니다. 닉슨의 사면을 발표한 포드 대통령이 2년 후 대선에서 떨어지고 인권을 외친 지미 카터가 대통령이 된 것도 이런 배경에서인지 모릅니다.

일부에서는 미국민들이 닉슨 대통령의 녹음 테이프를 푼 녹취록을 듣고 나서 대통령에 대한 일말의 환상이 다 깨져서 도덕성에 대한 열망이 높아졌다고도 합니다. 닉슨이 백악관에서 녹음한 테이프 분량은 수천 시간에 이릅니다만 닉슨이 사망할 때까지 불과 몇 시간 분량 밖에는 공개되지 않았습니다.

그 짧은 시간에도 수없이 튀어나오는 대통령의 저속한 어휘와 상스러운 말투에 국민들은 고개를 절레절레 흔듭니다. 이런 역사는 우리에게도 일어납니다. 대통령과 비선실세, 참모의 통화가 녹음된 음성파일 내용이 공개되면서 국정농단에 대한 실망감과 모욕감으로 국민으로서의 자존심과 자부심이 곤두박질치지 않았습니까.

어떻게 보면 닉슨이 선거에서 이긴 비결은 일종의 신비주의 전략으로 국민들이 닉슨의 정체를 알지 못하게 한 것이었습니다. 막상 닉슨에 쳐진 비밀의 베일이 벗겨지니 형편없는 인물이 벌거벗은 임금님의 모습으로 나타났습니다. 무엇보다 말은 곧 인격인데, 닉슨처럼 형편없는 언행을 구사하면서 자신의 심리를 제대로 제어하지 못하는 사람이 핵가방을 가진 대통령이었습니다.

일각에서는 자칫 닉슨의 재임 시절에 세계가 핵의 불구덩이로 들어갈 수 있었다고 끔찍한 상상을 하기도 합니다. 국가와 국민, 나아가 인류의 운명과 생존을 양 어깨에 짊어지려는 지도자는 야심보다는 양심, 머리보다는 가슴, 능력보다는 도덕성이 앞서야 합니다. 그렇지 않을 때, 인간 사회는 약육강식이 판치는 동물의 왕국으로 전락하고 세계 인류는 절멸의 위기로 빠져들 것입니다. 닉슨이 역사에 남긴 워터게이트의 메시지가 참으로 역설적으로 다가옵니다.

10

시진핑이
일인자가 된 비결

부패와 음모 속의 중국 최고권력
흥망사

매는 조는 듯이 앉아 있고

범은 병든 것처럼 걷는다. _채근담

중국과 한국, 중국과 미국

이웃 나라는 운명과 같아서 바꿀 수가 없습니다. 고요한 아침의 나라로 있으려 해도 옆 나라에서 끊임없이 바람이 불어옵니다. 피할 수 없다면 어떤 관계에 있는지 알아야 합니다. 우리와의 차이가 무엇인지, 그 차이는 극한적인 대립 관계인지, 결국 두 나라는 변증법적 투쟁을 통해 모순을 해소하고 새로운 관계를 만들어낼 수 있는지 고민해야 합니다.

여기 고대로부터 지금까지 우리에게 화두로 존재하는 나라가 있습니다. 중국입니다. 고조선의 멸망에 직접 개입한 이래 지금도 서해안 조업, 북한 핵, 사드 문제 등 전방위적으로 연관되어 있습니다. 현실주의적 입장의 국제정치학자 한스 모겐소는 평범한 국가들의 운명이 대개 주변 강대국과의 관계에 의해서 결정된다고 봅니다. 그런 점에서 G2로 자리잡은 중국과 인접한 우리는 대륙의 동향에 촉각을 곤두세우고 실체를 올바로 파악해야 합니다.

지금 중국은 1970년대말 개방 정책 이후 꾸준한 경제성장을 통해 세계 2위의 경제권을 형성하면서 미국과 함께 G2의 반열에 올랐습니다. 명나라 영락제 시절, 정화가 이끌었던 함대가 아프리카까지 바닷길을 개척한 이후, 600여 년 만에 일대일로一帶一路, One belt, One road의 현대판 실크로드를 건설하느라 한창입니다. 조만간 중국의 경제력이 미국을 추월하고 다음 세기가 오기 전에 세계적 패권국가로 등장하리라는 전망도 심심찮게 나오고 있지요. 이 과정에서 중국과 미국은 투키디데스의 함정Thucydides trap에 빠질 것이라는 흉흉한 관측도 나옵니다. 신흥강국이 부상하면서 기존의 패권국과 갈등을 일으키게 되고 이것은 결국 무력충돌로 귀결된다는 것이지요.

중국은 세계 패권에 대한 욕망을 공식적으로 인정하지 않습니다. 15세기 정화의 남해 대원정도 식민지를 만들려는 세계 정복의 일환이 아니지 않냐고 항변합니다. 중국의 역사에서 황제는 전쟁을 하는 군주가 아니었습니다. 전쟁을 국가 경영의 골간으로 채택한 지배자는 예외적으로 존재했지요. 기본적으로 중국의 통치자는 패도가 아니라 왕도 정치를 하면서 백성을 다스리는 존재입니다. 서양에서 알렉산더 대왕을 필두로 정복과 전쟁의 군주들이 평가를 받는 것과는 대조적입니다.

그러나 근대 이전 세계경제의 3분의 1 규모였던 중국이 잠에서 깨어난 이상 기존의 국제질서에 지각변동이 일어나는 것도 필연적입니다. 대만 수복 이외의 영토적 야심이 없다고 하는 중국이지만, 일본 및 동남아시아 국가들과 영유권 분쟁이 가열되고 있습니다.

때마침 중국의 권력자로 자리잡은 시진핑은 신형대국관계론을 제기하면서, 미국과 새로운 관계를 모색합니다. 지금까지 중국 외교정책의 기조였던 조용한 외교라는 방향타를 돌린 것입니다. 긴장한 미국은 중국을 냉전 시대 세계를 양분했던 소련의 위치로 상정하고 힘 대 힘으로 맞서려고 합니다.

그러나 중국은 소련이 아닙니다. 중국은 사회주의의 지구적 실현을 목표로 하지 않습니다. 미국 주도의 세계 질서를 적극적으로 수용하면서 2001년 세계무역기구WTO에 가입하고 G20에 참여하고 있습니다. 경제적 측면에서도 중국은 미국 정부 채권의 핵심 고객이고 무역흑자 대부분을 미국에서 거두는 등 긴밀합니다. 특히 중국은 고도 경제성장이 정체기에 접어들면서 거품 경제의 위험에 봉착했습니다. 국내적 양극화는 갈수록 악화되고 있습니다. 불공정하고 불평등한 사회 현실에 저항하는 움직임도 거셉니다. 중국 공산당의 일당 지배에 대한 반발도 움트고 있습니다.

역사 교과서 및 사드 배치와 관련해서 주변국과 요란한 마찰음을 내는 중국의 리더십에 대해 의문을 제기하는 목소리도 높습니다.

결국 이 모든 문제를 풀어나가야 할 핵심 주체가 중국 공산당 지도부이고, 일인자인 시진핑입니다. 시진핑은 전임자들과 달리 단시간에 당·정·군을 장악하고 '제2의 시황제'라는 별명이 붙을 만큼 막강한 권력자로 우뚝 섰습니다. 중국이 당면한 현안들이 너무나 중차대하고 반드시 개혁하지 않으면 체제 유지가 어려울 수 있다는 배경에서지요. 특히 시진핑은 "인류 최대의 권력 투쟁" 끝에 권력을 쟁취한 지도자입니다. 권력 창출을 위해 그가 벌였던 지난한 권력 투쟁사를 돌아보는 것은, 향후 중국의 진로를 예측할 뿐만 아니라 권력이 만들어지는 경로를 추체험하게 한다는 점에서 흥미롭습니다.

권력은 대기만성을 선호한다

중국의 최고권력자가 선출되는 과정은 외부에서 관찰하기가 어렵습니다. 선거가 아니라 공산당 일당의 지배가 공고한 상황에서 은밀한 당내 사정을 알기도 어렵고 증언이나 문서가 있다 하더라도 교차 검증하기도 힘든 까닭입니다. 하지만 시진핑의 취임 과정을 철저하게 살펴온 저널리스트 미네무라 겐지가 쓴 『13억분의 1의 남자』에서는 치열한 권력투쟁의 '팩트'가 날것 그대로 들어 있습니다. 권력정치power politics적 관점에서 냉혹한 승부사로 대립하는 공산당 지도자들의 합종연횡과 웅재대략이 스크린에서 튀어나올 듯 생생하게 그려집니다.

시진핑 주석하면 우선 이중적 이미지가 떠오릅니다. 서민들과 함께 줄을 서서 만두를 사먹는 수수한 지도자가 하나입니다. 반면 서방에서는 시진핑을 제2의 진시황으로까지 비유하면서 우상화를 우려하고 있습니다. 1949년 중화인민공화국이 창건한 이래 어느 권력자보다 무소불위의 파워를 갖고 있다는 것입니다. 모략과 배신이 난무하는 것이 권력의 속성입니다만, 무엇보다 그러한 위험과 역경을 돌파하고 일인자가 되면 권력은 더욱 강력해집니다. 시진핑이 역대 최강의 권력자라고 한다면 그 권력을 얻기까지의 투쟁이 사상 최대의 혈투였다는 것을 방증합니다.

시진핑에게 어울리는 한마디는 '대기만성'입니다. 아버지 시중쉰

이 부총리까지 지낸 중국공산당의 원로였지만 문화대혁명 시기 탄압을 받고 하루아침에 투옥됐지요. 그탓에 아들인 시진핑도 혹독한 성장기를 보내야 했습니다. 열여섯 살 예민한 청소년이 하방을 명목으로 산간벽지로 쫓겨갔습니다. 오랜 고통과 시련을 잘 견딘 시진핑은 중국의 명문 칭화대학교에 입학하고 공산당의 신진 엘리트로 사회 생활을 시작합니다. 그러나 입당 이후의 경력 관리도 선두권이 아니었습니다.

지금 총리로 있는 리커창이 유력 후보였고 시진핑은 기껏해야 흑마, 영어로 다크호스^{dark horse}정도였지요. 언변도 떨어지고 후원자도 없고 그래서 중앙 정계에 발을 붙이지 못하고 25년간 지방만 돌아다닙니다. 이런 시진핑의 이력을 보면서 떠오르는 대목이, 채근담의 "매는 조는 듯이 앉아 있고 범은 병든 것처럼 걷는다鷹立如睡 虎行似病"이라는 말입니다.

매나 범이 사냥을 잘 하려면 오히려 발톱이나 부리를 감추고 허술하게 보여야 하지 않겠습니까. 누구보다 권력의 핵심부와 가까웠던 아버지가 하루아침에 죄인으로 몰리는 것을 지켜본 시진핑은 좀처럼 남을 쉽게 믿지 않고 긴장을 풀지 않았다고 합니다. 그렇게 평소 웅크린 채 있지만 승부의 순간이라고 판단되면 모든 자원을 총동원해서 목적을 달성합니다. 중국 한나라를 세운 유방과 같이 집념의 승부사 기질이 발동하는 권력의지가 집요한 인물이 시진핑이 아닌가 합니다. 도광양회韜光養晦 재능을 드러내지 않고 숨어서 실력을 기른다는 것이지요. 게다가 권력자가 되기에 필수적인 덕목이 행운입니다.

행운도 권력의 동반자

장군 중에도 용장이니 지장이니 덕장이니 하지만 뭐니뭐니해도 복장이 최고라고 하는 것처럼, 복권 당첨과 같은 운도 권력자에게는 필요합니다. 시진핑이 중국의 경제수도 상하이의 총책임자인 상하이 당서기가 된 것도 운명의 바퀴를 잘 올라탄 덕분입니다.

중국 공산당은 권력의 중요한 보직들을 당내 파벌간 견제와 균형의 원리로 정합니다. 거칠게 당내 파벌을 양분하면 태자당과 공청단으로 나뉩니다. 태자당은 혁명원로세대의 자녀들로 구성된 일종의 금수저들이고 공청단은 공산주의청년단의 약자로 일종의 엘리트 당관료 집단입니다. 여기에 1989년 천안문 사태 이후 일약 발탁된 장쩌민이 권력기반을 강화하기 위해 상하이 인맥들을 등용하면서 만든 상하이방이라는 지역 근거형 권력집단이 있습니다.

그런데 2006년 당시 최고권력자인 후진타오가 전임자인 장쩌민과 격렬한 권력투쟁을 벌이면서 상하이방의 핵심인 천량위 상하이 총서기를 체포하면서 자신의 수하를 대신 임명하려고 합니다. 이에 장쩌민이 강력히 반발하면서 타협안으로 공청단도 상하이방도 아닌 당시 지방에 있던 시진핑이 상하이 총서기를 차지하는 어부지리를 거듭니다. 한 마디로 평범한 도지사에서 경제수도의 특별시장으로 스타덤에 오른 것입니다.

유명 가수인 부인과의 만남도 특별합니다. 시진핑의 부인은 인민해방군 소속의 펑리위안으로 중국의 국민가수로 불리지요. 시진핑은 첫 결혼에서 실패합니다. 영국 대사를 지낸 고위 외교관의 막내딸과 결혼했는데, 외국생활을 고집한 부인과 얼마 못살고 헤어졌습니다. 시진핑의 전처는 영국에서 병원 책임자로 일하는데, 중국 국가주석으로 영국을 방문한 시진핑의 런던 방문 리셉션에서 화교 대표로 초청받기도 했습니다. 시진핑과의 이혼을 후회하지 않느냐는 질문에 시진핑은 큰일을 하고 싶은 집념이 강한 사람이었고 여자는 보통 낭만을 아는 남자를 좋아한다고 대답할 만큼 호오가 분명한 인물입니다.

사실 펑리위안도 시진핑과의 만남이 내키지 않아서 일부러 지저분한 군복을 입고 갔다고 합니다. 만나보니 남자가 뚱뚱하고 촌스럽고 해서 실망감이 컸다고 합니다. 그런데 출연료는 얼마나 받냐, 무슨 노래가 인기냐 이런 따분한 질문을 받으리라고 예상했는데 뜻밖의 물음을 받습니다. "성악을 제대로 공부한 가수가 몇 명이 되냐, 성악 발성법을 가르쳐 줄 수 있냐"고 시진핑이 말하는 그 순간에 호감이 확 생겨난 겁니다. 중국에서 처음으로 민족음악에서 학위를 취득한 가수 펑리위안의 가치를 제대로 파악하는 남자, 시진핑의 안목에 푹 빠진 것이지요.

당시 시진핑은 일개 지방공무원이었지만 인기 절정의 국민 가수

앞에서도 초연했다고 합니다. 시진핑은 인민해방군 소속인 펑리위안과의 혼인으로 군부 인맥이라는 막강한 자산이 생깁니다. 군 관계자들은 시진핑을 '우리 사람'이라고 친근하게 부른답니다. "권력은 총구에서 나온다"는 모택동의 말을 상기하면 시진핑이 향후의 권력투쟁에서 든든한 뒷배를 가지게 된 것입니다. 혼인을 통해 망외의 소득을 거둔 것 또한 시진핑의 운이라고 하면 지나칠까요.

끝날 때까지 끝난 게 아니다

시진핑은 2007년 공산당 대회에서 차기 권력자로 사실상 낙점됩니다. 애초 주목받지 못했던 시진핑이 권력의 정상에 오르게 되자, 세계가 깜짝 놀랐습니다. 아사히 신문의 북경특파원인 미네무라 겐지를 포함한 대부분의 외신 기자들은 당 대회를 취재하면서 중국의 차기 지도자는 리커창이라는 기사 원고를 준비하고 있었답니다.

현재 중국의 이인자인 리커창 총리는 세 시간짜리 연설도 다 암기하는 컴퓨터 두뇌의 소유자로 늘 사상 최연소라는 수식어를 달고 다니면서 재능과 경력 모두 타의 추종을 불허하는 선두주자였습니다. 무엇보다 당시 최고권력자인 후진타오의 총애를 한몸에 받았으니 리커창의 후계자 지명은 떼어 논 당상이라는 것이 지배적 관측이었지요. 그런데 막상 최고지도부인 공산당 정치국 상무위원 명단 서열을 열어보니 시진핑이 리커창을 앞서는 파란이 연출된 것입니다. 중국 공산당에서 상무위원 서열은 엄청난 차이가 있고, 한번 정해지면 역전하기가 쉽지 않다고 합니다. 이 대회에서 차기 대권은 시진핑으로 결정된 것입니다.

실제로 공산당 일당독재의 사회에서는 최고권력자의 의중이 결정적인 역할을 하기에 시진핑의 대역전극은 정말 천만뜻밖의 사건이었습니다. 보통 선거로 지도자를 뽑는 민주주의 사회에서는 메시지와 비전을 제시하는 능력이 중요합니다. 일본처럼 계파 정치가 판치는 나라는 조정과 타협 능력이 강조됩니다. 독재 사회에서는 상급자의 총애를 받는 것이 출세의 정석이지요. 그러니 당시 일인자인 후진타오가 의중에 두었던 후계자 리커창을 올리지 못했으니 얼마나 분하고 억울했겠습니까.

그런데 시진핑의 역전극을 연출한 사람은 바로 후진타오 주석이었습니다. 당 대회가 있기 네 달 전, 후진타오는 당내 민주화를 거론하면서 당원이 직접 지도부를 뽑아야 한다는 논리로 400명 정도의 핵심 간부들을 모아서 정치국 상무위원 후보들에 대한 비공개 신임투표를 제안했습니다.

이 투표방식에 위기감을 느낀 장쩌민의 상하이방과 시진핑을 태자당 일파가 힘을 합칩니다. 후진타오의 후계자인 리커창에 대거 불신임표를 던지고 대신 시진핑은 압도적인 지지를 획득합니다. 10년의 권력기간 중에 반환점에 접어든 후진타오가 정치 생명을 걸고 던진 승부수가 오히려 후계자인 리커창을 죽이는 자충수가 된 것입니다. 후진타오와 리커창을 견제하려던 장쩌민은 한 걸음 더 나아갑니다. 리커창이 미국으로 망명한 반체제 언론인과 교류하고 있다며 맹공격을 퍼붓습니다. 장쩌민은 시진핑을 자기 사람이라고 과신한 나머지, 이 기회에 시진핑의 경쟁자인 리커창을 재기불능의 신세로 전락시키려고 몸소 행동에 나선 것이지요.

하지만 당시 권력의 정점에 있던 후진타오나 황태자인 리커창도 그냥 순순히 물러나지는 않습니다. 시진핑에 대한 뒤집기 반격이 들어갑니다. 2009년 가을에 시진핑은 관례대로 군사위원회 부주석으로 취임할 예정이었습니다.

중국의 최고권력자는 보통 당 총서기, 국가 주석, 군사위 주석을 겸임합니다. 군사위 부주석 자리는 이른바 '최고 존엄'이 되기 위해 반드시 밟아야 할 필수 코스입니다. 그런데 당시 여름 신장 위구르 자치구에서 대규모 소요 사태가 일어납니다. 해외 방문 중인 후진타오의 권한을 대행한 지도자 시진핑은 수습에 애를 먹습니다. 1,000명 이상의 사상자가 발생하는 국가적 난국 속에 결국 후진타오가 급거조기 귀국합니다. 이를 기화로 시진핑의 리더십에 대한 당과 군의 불만이 일어나면서 시진핑은 스스로 군사위 부주석 취임을 미룹니다. 2012년 당 대회까지 시진핑에게 남은 시간은 3년인데 난관에 봉착한 셈입니다. 권력의 정상 직전, 8부 능선에서 길이 끊어진 처지였다고 나 할까요.

지도자들은 내부에서 맞은 위기의 돌파구를 보통 외부에서 찾습니다. 미네무라 겐지는 시진핑의 승부수가 세 달 뒤의 일본 방문이었다고 분석합니다. 시진핑은 우선 넥타이 색깔을 바꿉니다. 중국의 정치국 상무위원은 붉은색 넥타이에 감색 양복이 불문율입니다. 그런데 일본 총리와의 회담에서 자신이 좋아하는 푸른색 넥타이를 매고 나옵니다. 전례와 관행을 중시하는 중국 공산당인데 넥타이 색깔을 바꾸는 것은 사소한 일이 아니었지요. 청색 넥타이는 시진핑이 이제 내가 권력의 룰을 정하겠다는 신호를 대내외적으로 발신한 것입니다.

넥타이는 분위기 조성용이었고 시진핑의 실제 타깃은 바로 일왕 아키히토였습니다. 중국에서는 일왕이 중일전쟁의 최고 책임자이고 일본의 상징이기에 일왕을 만나는 것이 국내 정치적으로 선전 가치가 크다고 합니다. 한데 외교 규정상 일왕을 만나려는 외국 인사는 반드시 한달 전에는 요청을 해야 한다고 합니다.

그런데 시진핑의 방일 성과에 흠집을 내기 위해 경쟁자인 리커창의 측근들이 방해 공작에 나서면서 1개월 사전 조율 규칙을 지키지 못하게 됩니다. 그러자 시진핑은 주일 중국 대사관 전 직원에게 총동원령을 내리고 외교부장을 일본으로 보내 당시 일본 정계의 실력자 오자와 이치로 의원을 공략합니다. 결국 1개월 규칙을 깨고 시진핑은 일왕을 만납니다. 일왕의 열혈 지지자들이 시진핑이 묶던 호텔 앞에서 무례하다고 시위를 벌이고 난리도 아니었지만 말입니다. 이러한 성과를 바탕으로 시진핑은 다음해 군사위 부주석에 취임합니다.

대권이 저긴데…… 도고일척 마고일장

이제 시진핑의 대권 장악을 뒤집기는 불가능해 보였습니다. 권력 암투가 치열한 공산당에서 후발주자인 시진핑은 살아 있는 권력의 견제와 반발을 극복하는 역량과 뚝심을 과시했습니다. 누구나 시진핑의 승리를 의심하지 않았습니다. 그러나 이겼다고 생각할 때가 가장 위험한 법이지요. 도고일척 마고일장道高一尺魔高一丈이라는 말처럼 좋은 일에는 더 커다란 마가 끼는 것 같습니다.

공산당 지도부의 한 모퉁이에서 시진핑을 배제하려는 음모와 공작이 싹틉니다. 이들이 상상을 초월하는 계략을 꾸미면서 1949년 마오쩌둥의 집권 이래 최악의 정치 스캔들, 보시라이 사건이 터집니다. 13억분의 1의 남자에서는 이 사건을 쿠데타라는 제목으로 한 장chapter이나 할애하고 있습니다. 그만큼 국내외적으로 엄청난 충격과 파장을 야기했습니다.

실제로 이 사건에 관여된 인물들을 예전에 중국의 문화대혁명을 주도한 권력자 4인방에 비유해 신 4인방이라고 부릅니다. 보시라이 전 충칭시 당서기, 저우융캉 상무위원, 쉬차이허우 군사위 부주석, 그리고 링지화 전 중앙판공청 주임이 그 면면입니다. 이 가운데 링지화 전 중앙판공청 주임은 우리로 치면 대통령 비서실장으로 후진타오의 심복이라는 점에서 더 놀라움을 줬습니다. 재판 결과, 쉬차이허우는 병사하고 나머지는 모두 무기징역을 살고 있습니다.

이 사건의 진상은 좀더 많은 시간이 흐르고 자료가 공개되고 관련자들의 자유로운 증언이 나와야 규명되고 평가 또한 가능하다는 전제를 두고 싶습니다. 아직까지 중국 정부가 공식적으로 밝히지 않았지만, 보시라이를 포함한 신 4인방이 시진핑을 하야시키고 대신 보시라이가 집권할 준비를 비밀리에 진행했다고 알려져 있습니다.

G2로 세계를 양분하는 중국에서 쿠데타 가능성까지 나온 것은 경악과 충격 그 자체입니다. 그래서 당이나 정부 명의로 보시라이 사건과 관련한 내란 음모 혐의를 공식 발표하지 않는 것입니다. 그런데 2014년 말에 중국은 조사 상황을 발표하면서 "조사 중에 다른 범죄의 실마리를 발견했다"면서 간접적으로 쿠데타 음모를 암시합니다. 무엇보다 저우융캉 상무위원의 체포가 이것을 뒷받침합니다.

중국의 최종의사 결정 집단은 공산당의 정치국 상무위원들입니다. 상무위원은 형사 책임을 추궁받지 않습니다. 즉 마치 우리 나라 대통령이 임기 중 형사 소추를 당하지 않는다는 것과 같을 만큼 막강한 특권을 가진 것입니다. 그런데 보시라이 사건의 주역 중 하나인 저우융캉은 상무위원을 역임했지만 건국 이래 최초로 감옥으로 갑니다. 상무위원을 지낸 거물이 형사 처벌을 받는다는 것은 그의 혐의가 경제적, 윤리적 문제가 아니라 체제의 안위와 직결되는 초대형 공안 사건에 있다고 추정해도 무방할 듯합니다.

아예 사건의 주인공처럼 된 보시라이는 혁명 원로이자 등소평의 심복인 아버지 보이보의 후광과 후원으로 승승장구를 한 엘리트입니다. 186센티미터의 거구에 호남형 얼굴, 유창한 언변과 탁월한 두뇌를 보유한 보시라이는 중국의 내일을 책임진 리더 중 하나입니다. 여기에 링지화는 후진타오 주석의 비서실장으로 권력의 이너서클에 가장 깊숙이 위치했고, 저우융캉은 중국의 사정과 공안 기관을 주무르는 막강한 권력자였으며 쉬차이허우는 군부의 실세였습니다. 이 네 명의 파워엘리트가 당장 정부를 구성할 수 있다고 해도 과언이 아닙니다. 특히 마오쩌둥이 설파했듯이 권력은 총구에서 나온다고 한다면, 보시라이 사건은 성공 확률이 무척 높았습니다. 일당독재 사회에서 군사력과 정보 네트워크를 갖고 있다면 최고 권력을 쟁취하거나 찬탈하려는 시도가 가능한 선택지의 하나가 되지 않겠습니까.

하지만 일견 완벽해 보이는 음모가 실패하는 원인은 대부분 최측근과의 갈등에 있습니다. 보시라이를 중국의 최고지도자로 추대하려던 작전은 보시라이의 최측근인 왕리쥔 충칭시 부시장이 2012년 2월에 주중 미국 총영사관에 긴급 피난하면서 틀어지기 시작했습니다.

당시 왕리쥔이 피신한 청두의 미국 영사관을 중국의 무장경찰이 포위하면서 미중 간의 긴장이 최고조에 달했고 전 세계가 이 사건의 귀추를 주목했습니다. 왕리쥔은 중국 최고지도부의 동향을 도청한 자료들과 반 시진핑 모의 정보 등 일급 기밀을 대거 갖고 들어왔다고 합니다. 미국 정부는 왕리쥔의 망명은 불허했지만 중국 지도부의 치부와 비밀 등 넝쿨째 굴러온 호박을 거저 주운 셈이지요.

왕리쥔이 일종의 쿠데타 모의와 관련한 물증을 갖고 있었기에 중국은 예민하게 반응할 수밖에 없었습니다. 물증과 관련해서는 도청 자료라는 추측이 유력합니다. 왕리쥔은 도청에 능숙했다고 합니다. 보시라이는 왕리쥔에게 여타 고위 간부들의 동정을 염탐할 목적으로 도청을 지시했다고 합니다. 보통 중국의 지도부는 홍선전화, 우리로 치면 비화기라고 하죠. 일종의 암호처리를 해서 도청을 방지하는 붉은색 전화기를 사용하는데, 왕리쥔과 같이 용의주도한 인물은 자신의 보스인 보시라이의 전화까지 도청했다고 봅니다. 혹시 어떻게 될지 모르는 상황에 대비해서 보험을 들어야 했을 테니까요.

하지만 자신의 보스가 집권한다면 심복인 왕리쥔은 실질적인 이인자가 될 수 있었을 것입니다. 그런데 그는 왜 미국 영사관으로 피신을 하고 보시라이의 등에 칼을 꽂았을까요. 문제는 보시라이의 부인인 구카이라이가 영국인 사업가 닐 헤이우드를 호텔에서 청산가리를 먹여 살해했다는 막장극에서 출발합니다.

보시라이의 부인과 영국인 사업가는 해외 재산 도피 등으로 비즈니스파트너이기도 했고 내연의 관계를 맺었다고 합니다. 돈과 치정이 얽히고설키면서 비극으로 끝난 사건의 뒷수습을 처리하게 된 사람이 왕리쥔입니다. 그만큼 신임을 한 심복이라서 맡긴 것이지만 왕리쥔은 엄청난 부담을 안게 될 수밖에요. 즉, 보스의 아킬레스건을 움켜 쥔 부하를 가만히 그대로 두는 보스는 없을 것 아닙니까. 그래서 신변에 위협을 느낀 왕리쥔이 먼저 선수를 치고 삼십육계 줄행랑을 친 것입니다. 게다가 심복답게 보스인 보시라이의 목줄을 쥘 온갖 부정과 비리, 그리고 정변을 모의한 정보를 다 들고 갔으니 보시라이의 꿈은 만사휴의로 변합니다.

부하의 배반으로 정치 생명에 종지부를 찍은 보시라이 사건은 중국의 권력투쟁에서 흔히 일어나는 사례입니다. 중국 공산당의 권력투쟁사를 봐도, 권력자와 측근 사이의 암투와 배신이 종종 일어납니다. 중국의 최고권력자들은 이인자를 낙마시키는 재주를 부리면서 권력을 유지합니다. 마오쩌둥은 류사오치나 린뱌오를 후계자로 내세웠다가 떨어뜨렸습니다. 덩샤오핑도 후야오방이나 자오쯔양을 간판으로 키우다가 인정사정없이 내쳤지요. 권력자는, 특히 중국과 같이 무수한 인구의 대표가 되고 권력을 지켜야 하는 최고권력자의 중압감과 불안감은 상상을 초월할지 모릅니다. 그러다보니 항상 후계자나 측근을 의심하고 시험하고 이러한 충성 테스트에 조금이라도 문제가 있다고 판단하면 숙청하고 억압하려고 합니다.

사실 린뱌오는 당하느니 선수를 치겠다고 나선 경우라고도 풀이합니다. 마오쩌둥이 문화대혁명 기간 동안 수많은 혁명동지들을 탄압하는 것을 보고 린뱌오 자신의 생존을 위해서라도 쿠데타를 모의했다는 것이지요. 최근 공개된 자료들에 따르면, 린뱌오가 다닌 황포군관학교의 교장이었던 대만의 장제스 총통에게 제휴하겠다는 메시지를 보냈다고 합니다. 사후 정당화일 수 있지만, 지도자의 리더십에 문제가 생기면 측근들은 배신으로 응답하는 경향성이 강합니다.

권력의 논리: 좀 더 많은, 좀 더 높은, 좀 더 강한

그런데 보시라이 사건을 일으킨 신 4인방은 모두 중국을 움직이는 사람입니다. 권력의 핵심 중 핵심에 속하는 인물입니다. 그런데도 생명과 재산을 다 걸고 최고권력을 향한 모반을 시도했습니다. 그들은 왜 부나방처럼 위험천만한 길로 날아갔을까요.

모든 귀착지는 결국 돈입니다. 공식 발표에 따르면 보시라이는 우리 돈으로 약 34억 원 상당의 뇌물을 받았습니다. 하지만 해외에 빼돌린 재산만 60억 달러에 달한다고 합니다. 신 4인방의 하나인 쉬차이허우 부주석은 측근이 받은 뇌물만 한화로 3조 3,000억 원 가량 되고, 집을 압수 수색하니 한 병에 300만 원이 넘는 최고급 마오타이주를 담은 상자 500개가 발견되었습니다. 그럼에도 단연 최고는 저우융캉입니다. 석유기술자 출신인 저우융캉의 부정축재 규모는 1,200억 위안, 우리 돈으로 20조 원이 넘습니다. 가히 뇌물왕에 즉위할 정도로 천문학적인 스케일입니다.

이렇게 부정부패로 쌓아올린 막대한 부를 지키기 위해서 쿠데타를 공모한 것 아닐까요. 권불십년權不十年이라는 말처럼 아무리 중천에 떠있는 권력도 시간이 흐르면 서산으로 질 수밖에 없습니다. 저우융캉이나 쉬차이허우는 현직에서 퇴진하면 그동안 저질렀던 온갖 비리와 부정이 고스란히 드러날 것을 두려워했습니다. 본래 새로 들어선 권력은 옛 권력에 대한 가혹한 사정에 나섭니다. 권력의 동심원에 가장 가까이 있어본 신 4인방은 권력의 이런 속성을 몸으로 체득한 사람들입니다. 권력으로 노략질한 돈을 계속 가지기 위해서는 쿠데타까지 불사해야 한다, 이것이 이들의 결론이었던 것 같습니다.

여기서 의외의 인물이 후진타오 전 주석의 비서실장 역할을 했던 링지화입니다. 왜 링지화가 보시라이와 제휴했는가입니다. 우리로 치면 현직 대통령의 비서실장이 대권 레이스에서 한 발짝 떨어진 후보와 손을 잡은 셈이니까요.

공청단 출신으로 승승장구했던 링지화의 이름인 지화는 한자어로 계획計劃입니다. 공산당원인 아버지가 다섯 형제에게 순서대로 방침, 노선, 정책, 계획, 완성이라고 정치용어로 작명을 할만큼 당성이 투철한 집안에서 태어났지요. 상급자인 후진타오의 눈에 들어 일찍부터 당의 차세대 주자군에 속하면서 순조롭게 경력을 쌓아갔습니다. 최고권력자에 오른 후진타오의 가장 가까운 자리를 차지하면서 위세가 등등했지요.

하지만 가족이 문제였습니다. 2012년 3월에 수도 베이징에서 검은 페라리 한 대가 육교에 부딪쳐서 운전하던 남성과 동승한 여성 두 명 중 한 명이 즉사하고 한 명이 중상을 입습니다. 문제의 운전자는 링지화의 장남이었고 동승한 여성 두 명은 거의 전라 상태였다고 합니다. 페라리는 권력자의 아들이 선호하는 슈퍼카입니다. 보시라이의 아들인 보과과도 붉은색 페라리를 몰았다고 해서 물의를 빚기도 했습니다.

링지화 아들의 페라리 사고가 터지면서 링지화 주변을 조사한 결과, 부인 구리펑의 뇌물 수수에다 보시라이의 홍선전화 도청에 관련된 혐의까지 꼬리에 꼬리를 물었습니다. 링지화 입장에서는 가족의 일과 자신의 혐의까지 말끔히 처리해줄 구원의 손이 절실한 지경으로 몰렸습니다.

위기의 링지화가 잡은 동앗줄(!)은 공안과 사법의 책임자인 저우융캉 상무위원이었습니다. 또 하나의 밧줄은 같은 고향 산시성 출신의 보시라이입니다. 후진타오 주석의 임기 만료가 다가오면서 막상 보스와 같이 정치적 순장을 할 수 없는 까닭에 승부수를 던진 것이지요. 하지만 승부수는 무리수가 됐고 링지화는 종신형을 받고 복역 중입니다. 게다가 링지화의 막내동생은 중국의 국가 기밀을 들고 미국으로 야반도주를 했습니다. 계속해서 중국은 인도를 요구하고 있습니다만 미국은 꿈쩍도 안하는 실정입니다.

권력자는 가족 관리가 철저해야 합니다. 중국이나 한국도 늘상 권력자의 가족이 문제가 됩니다. 개인보다는 가족, 능력보다 핏줄을 중시하는 문화에서 권력자와 권력자의 가족은 일심동체가 되다보니 영욕을 함께 하곤 합니다. 하지만 권력을 사유화하려는 헛된 욕심이 결국 부하와 가족을 특권층화시키고 이것이 모든 문제를 야기하는 근원이 됩니다.

권력의 역설: 시진핑의 딜레마

어떻든 이 모든 음모와 모반을 돌파한 시진핑은 정말 만만찮은 인물입니다. 스트롱맨strongman이라는 소리를 들을 만큼 강력하게 권력을 장악하고 있습니다. 시진핑의 리더십은 독서에 큰 빚을 지고 있습니다. 그는 예전 한국 방문에서 서울대학교에 책 만여 권을 기증할 만큼 소문난 독서가입니다.

중국의 전통 사상에 관한 책을 두루 섭렵하면서, 각종 연설에서 고사성어를 즐겨 인용합니다. 중국 경제의 현황을 설명하면서 봉황열반 욕화중생鳳凰涅槃 浴火重生, 즉 "불사조는 불속에서 자신을 태우면서 거듭난다"면서, 중국이 지난 세기의 치욕을 설욕하고 새롭게 세계를 주도한다는 자신감을 표현합니다. 서울대학교에서 행한 강연에서는 조선의 문인 허균의 시구절에 나오는 간담매상조肝膽每相照, 즉 "간과 쓸개를 늘상 서로에게 보인다"를 인용하면서 속마음까지 나누는 한중 우호 관계를 만들자고 접근합니다. 일종의 소프트파워를 구사하는 중국식 리더십의 일단입니다.

시진핑은 논어, 맹자나 소동파의 시도 많이 읽지만, 최고의 애독서는 『순자』라고 합니다. 부모와 헤어져 지방으로 내몰린 어린 시절부터 달달 외울 정도로 읽었다고 합니다. 순자는 유가에 뿌리를 두지만 성악설을 주장한 일종의 마이너입니다. 사람의 본성은 악하다고 전제하고 그래서 교육이나 법에 의한 교화나 통치가 필요하다는 논리를 강조합니다. 따라서 순자의 법통은 유가가 아닌 법가, 즉 한비자나 이사로 이어지고 이것은 진나라 시황제의 통치 이데올로기로 구현됩니다. 시진핑의 별명이 제2의 시황제인 점을 음미하면, 역사가 어떻게 되풀이될지 궁금해집니다.

보통 공자와 맹자를 즐겨 인용하는 역대 중국의 권력자들과는 확실히 다른 면모를 보입니다. 성장기에 홀로 산 경험이나 시골벽지에서 보낸 시간들이 큰 영향을 미쳤다고 할 것입니다. 급작스레 집안이 몰락하고, 가족들은 뿔뿔이 흩어져 아무도 보살펴주는 사람 없이 오직 나 홀로 생존해야 한다는 고아의식이 소년 시진핑의 어깨를 짓누르지 않았을까요. 그렇게 세상이나 사람에 대한 의심이나 경계심이 강화된 소년에게 가장 위안이 된 책이 바로 순자였습니다. 순자의 사상이 배양된 당시의 풍토도 시진핑이 처한 환경과 흡사했기에 순자의 가르침을 스펀지처럼 쏙쏙 빨아들였는지 모릅니다. 춘추전국 시대 말기에 활동한 순자가 바라본 세상은 관리의 부패나 비리가 극심했습니다. 순자는 부정부패를 막기 위해 엄중한 법령이 필요하다고 목소리를 높입니다. 그래서일까요. 순자를 이은 법가들은 피도 눈물도 모릅니다. 그 가혹한 법과 예외 없는 집행을 실시한 순자의 후예들이 이룩한 성과가 진나라의 천하통일입니다.

시진핑이 권력을 잡자마자 부패 척결에 나선 것도 순자의 후예다운 일입니다. 시진핑이 제시한 슬로건, "호랑이도 쇠파리도 때려잡아라"는 말하자면 지위고하를 막론하고 사법처리하라는 것입니다. 시진핑의 집권 초반에만 수십만 명의 공산당원이 법의 심판을 받습니다. 반 부패의 화룡점정은 보시라이 일당이지요. 일종의 치외법권을 누리던 공산당 상무위원에게 형사처벌을 내린 것은 "성역은 없다"는 메시지를 던진 것입니다. 하지만 국내외의 시각이 호의적이지만은 않습니다. 시진핑 자신의 권력기반을 공고히 강화하기 위한 숙청 작업으로 바라보는 해석도 많습니다.

물론 시진핑은 부정부패로 인한 중국 인민들의 불만이 위험 수위에 육박하면서 체제의 존립을 위해서는 불가피한 조치라고 항변합니다. 그런 맥락에서 계속 순자를 강조합니다. 시진핑이 파악한 순자 사상의 핵심은 반 부패 투쟁에 있습니다. 현대적으로 풀이하면, 자기 뱃속이나 채우는 관료들을 법으로 징치하고 나라를 바로 세워야 한다는 것이지요. 지금의 중국과 중국 인민을 위협하는 가장 암적인 존재인 부패관료를 척결하지 않으면 공산당의 지위와 역할이 심각한 위협에 노출될 것이라는 시진핑의 진단은 일견 유효합니다.

문제는 앞서도 말씀드렸지만 가족이나 측근의 문제입니다. 시진핑의 가족도 축재 의혹에서 자유롭지만은 않은 것 같습니다. 권력의 딜레마라고나 할까요. 뭐 묻은 개가 뭐 묻은 개를 나무란다는 식으로 민심의 부메랑을 맞을 수도 있습니다. 일각에서는 시진핑이 보시라이 일당을 제압할 수 있었던 결정적 이유로 공산당의 유력 세력과 밀약을 맺은 것을 듭니다. 즉, 태자당의 의혹은 건드리지 않겠다는 비밀 협정을 매듭지은 시진핑이 반부패의 몸통을 건드릴 수는 없다고 풀이합니다. 실제로 보시라이 사건에서도 보시라이 말고 나머지 세 명은 태자당 출신이 아닙니다.

이것은 시진핑의 반 부패 정책이 언제든 자승자박이 될 수 있다는 것을 시사합니다. 시진핑의 권력기반이 공산당인데, 반 부패 투쟁의 명분을 기화로 경쟁자나 경쟁파벌을 날려버릴 수 있다면 당내 갈등이나 분열은 더욱 커지고 당의 구심력이 저하되는 부작용을 낳게 됩니다. 추방된 수십만 명의 공산당원이 뿌려 놓은 뇌물이나 얽히고설킨 부패의 커넥션이 발본색원되리라는 기대는 연목구어가 아닐까요. 게다가 부패 적발에 따른 실적경쟁은 수천만 공산당 관료 일반의 반감을 증폭시키고 복지부동을 불러올 위험이 큽니다. 솔직히 언제 자기 자리가 날아갈지 모른다고 생각하면 오늘도 무사히 자리만 지키자 하는 무기력으로 이어져 관료 사회의 활력을 크게 떨어뜨리게 됩니다. 권력이 클수록 파장은 엄청납니다. 중국의 가장 옆에서 운명처럼 자리잡은 한반도는 중국의 권력투쟁이 갖는 파급력을 최일선에서 고스란히 맞아야 하기에 한층 관심과 주의를 기울여야 합니다.

11

모스크바와 도쿄는
눈물을 믿지 않는다

공익 vs 사익, 외교관 vs 스파이

말 탄 장수를 잡으려면

먼저 말을 쏘라.

1991년 8월 끝난 인류 최대의 실험 —혁명의 그늘

1991년 8월 미하일 고르바초프 정권을 전복시키려는 보수강경파의 쿠데타는 한여름 밤의 꿈처럼 사라졌습니다. 그러나 바람을 심어 폭풍을 거둔다는 말처럼, 소비에트 연방은 태풍을 맞아 삽시간에 와해됩니다. 물론 1980년대 고르바초프가 시작한 페레스트로이카(개혁)와 글라스노스트(개방)의 부작용으로 소련은 혁명 전야를 방불하게 하는 혼란과 불안에 휩싸여 있었지만, 1917년 10월 공산혁명으로 출발한 현실 사회주의의 본산이 이렇게 허무하게 무너지리라고는 아무도 예상하지 못했습니다.

소련의 궤멸과 고르바초프의 몰락에서 태어난 권력자가 보리스 옐친입니다. 애초 옐친은 고르바초프가 모스크바 공산당위원회를 개혁하기 위해 책임자로 내려보낸 인물입니다. 그러나 과감하고 과격한 개혁에 반발한 기득권 세력들의 저항으로 좌천되면서 정치적 사망 선고를 받았지요.

국민은 때때로 죽은 자를 부활시킵니다. 옐친은 개혁개방 정책으로 활성화된 언론을 이용해서 대중적 인기를 얻게 되고 1991년 6월 러시아 대통령으로 선출됩니다. 명성에의 광적인 집착, 대중적인 열광을 부르는 솔직한 화법, 욱하는 다혈질의 성격, 동물적인 정치감각으로 당선된 것이지요. 옐친은 1991년 8월 쿠데타 저지를 주도한 이후 실질적으로 러시아를 움직입니다. 1999년 옐친은 블라디미르 푸틴에게 권력을 이양하고 정계를 은퇴한 뒤 얼마 지나지 않아 사망합니다. 후계자 푸틴은 차르(황제)라는 말이 나올 만큼 장기집권을 이어가면서 막강한 권력을 휘두르고 있습니다.

특히 푸틴은 유라시아주의에 경도되어 유라시아 공동체를 제창합니다. 러시아에는 예로부터 유라시아주의라는 독특한 사상이 있습니다. 러시아는 유럽이나 아시아와 대별되는 독자적 문화와 독자적 발전 구상으로 살아가야 한다는 사상입니다. 유럽과 아시아에 걸쳐서 전세계 땅의 6분의 1을 차지하는 러시아의 지정학적, 지경학적 위상에서 발원한 것으로 보이는데, 흥미롭게도 러시아의 국가 문장이 '쌍두 독수리'입니다. 지리적으로도 이중적이고 문화적으로도 중층적인 러시아의 정체성을 방증하는 것일까요. 유라시아주의는 19세기에 일어난 러시아 사회의 노선 투쟁, 즉 러시아가 유럽을 추격해서 추월하자는 서구파의 주장과 러시아는 러시아의 길을 가야 한다는 슬라브파의 반론 가운데 후자의 맥을 잇는다고도 볼 수 있습니다.

권력의 측면에서 유라시아주의는 러시아 파시즘이라고도 볼 수 있습니다. 공산주의는 싫지만 소비에트식 권력형태, 즉 강력한 독재적 권력기관은 좋다는 입장인데, 지금의 푸틴 대통령과 같은 강한 리더십이 출현한 것도 이런 맥락입니다.

유라시아주의의 입장을 검증하기에 앞서 잠시 러시아의 국토와 역사로 방향을 돌려봅니다. 러시아의 국토는 광활하다는 말로도 모자랍니다. 동쪽 끝 블라디보스토크에서 출발하는 시베리아 횡단열차는 모스크바까지 9,288킬로미터, 즉 지구 둘레 약 4분의 1에 이를 만큼 길고 또 깁니다. 7시간의 시차대를 가진 나라인 만큼, 기차를 타고 가는 동안에 몇 번이나 시계 바늘을 돌려야 합니다. 이 광막한 땅에서 지금의 러시아와 연결되는 역사는 천 년밖에 안됩니다. 9세기 키예프 시대부터 시작한 러시아는 13세기에서 15세기에 걸쳐 몽골의 지배를 받습니다. 몽골을 러시아에서 타타르라고 부르는데 타타르 러시아 시대라고도 하지요. 15세기 후반 몽골의 세가 한풀 꺾이면서 모스크바 공국이 개막합니다. 폭군으로 불리는 이반 뇌제는 타타르의 멍에를 풀고 강력한 권력을 확립합니다. 이 때부터 제정 러시아 시대라고 부르는데, 이반은 영토를 확장하는 팽창주의에 적극 나섭니다. 특히 17세기 말엽 등극한 표트르 대제는 서구화 개혁 조치로 근대적 러시아를 만들어서 열강의 반석을 닦습니다.

재미있는 것은 이반 뇌제, 표트르 대제, 레닌, 스탈린, 그리고 지금의 푸틴에 이르기까지 러시아 역사에서 주목할 만한 지도자들이 철권의 통치자들이라는 점입니다. 그래서일까요. 러시아는 과거의 차르 체제나 공산주의, 지금의 체제까지 억압적이고 폭력적인 통치구조에서 사회가 원활하게 기능한다는 고정관념이 유포되어 있습니다. 현대에도 온건한 국정 기조를 견지한 고르바초프가 끝내 실각하고 권위주의 통치를 펼치는 푸틴이 국민의 지지로 장기집권하는 것도 이런 배경에서 이해된다는 것이지요.

러시아인에게 민주주의가 어울리지 않는다는 것으로 오도될 수 있는 이런 주장에 타당한 근거가 있을까요. 일부에서는 타타르의 가혹한 지배를 받으면서 형성된 역사적 굴종감을 지적합니다. 복종해야만 생존할 수 있다는 문화가 유전자처럼 이어지면서 세계 최고의 참을성 강한 러시아인을 만들었고, 이것이 권위주의를 익숙하게 받아들이게 한다는 것입니다. 최근에는 가정폭력을 범죄로 취급하지 않는 법안도 만들어져서 반 민주주의적이라는 평가를 받기도 합니다. 한편에서는 사회주의 시절 가정의 사생활을 인정하지 않는 당국에 대한 반감이나 가정폭력을 빙자해 권한을 남용할 위험이 큰 러시아 경찰에 대한 경계심 때문이라고도 합니다만, 공권력이 폭력을 방치한다는 것은 쉽게 이해되지 않는 대목입니다.

아무튼 영토의 크기나 이민족 지배의 역사, 혹은 민족적 기질을 갖고 강권 통치의 유효성을 거론하는 것은 민주주의의 역사를 고려하지 않은 단견입니다. 소비에트 연방 해체의 후폭풍은 여전히 러시아 국민의 삶을 고단하게 만들고 있으며 경제적 격차는 갈수록 심화되고 있습니다. 말할 권리보다 먹을 권리가 우선되는 현실에서 민주적 러시아보다는 강력한 러시아, 위대한 러시아가 귀를 솔깃하게 만듭니다. 프랑스도 대혁명 이후 하루아침에 민주주의가 온 것이 아니지 않습니까. 나폴레옹의 황제정과 왕정복고 등 역사의 물결을 거스르는 시도와 퇴행이 거듭되면서 오랜 시간과 희생 끝에 민주주의가 자리 잡은 것이지요. 러시아 대혁명 이후 이제 100년입니다. 천천히, 그러나 끈질기게 러시아에도 민주주의의 봄은 북상하고 있습니다.

소련에서 러시아로: 강대국은 어떻게 행동하는가

냉전 시절 소련은 미국과 세계를 양분한 라이벌이었습니다. 미국에 두려움과 공포감을 안겨주던 '악의 제국'이 소련입니다. 그러나 소비에트 연방이 붕괴되면서 미국은 다가갈 수 없는 초강대국으로 올라갔고 러시아의 지위는 수직으로 추락했습니다. 한때 영토이자 지금도 영향권이라 생각하는 우크라이나와 같은 지역에 서방의 힘이 밀려오면서 러시아인은 모욕감을 느끼고 과거 소련 시절의 힘과 위대함에 향수를 느끼기도 합니다.

이런 분위기를 파악한 푸틴 대통령은 다른 나라와의 외교 관계에서 의도적으로 실례를 거듭합니다. '푸틴타임'이라는 말이 나올 만큼 정상 회담에 정시에 입장하는 법이 없는 지각생입니다. 미국과 대등했던 러시아로서는 미국의 입장을 추종하는 다른 나라들을 깔볼 권리가 있다는 내심에서 나온 무례일까요. 당분간 국제 사회의 패권이나 경제적 지원을 얻어낼 유인이 없는 이상 러시아는 마음대로 행동해도 상관없다는 독불장군 스타일을 고수합니다. 여기에 가장 많이 당한 나라의 하나가 바로 일본입니다. 일본은 러시아로부터 북방의 4개 섬을 반환받아야 한다는 국가적 과제가 있습니다. 1990년대부터 계속해서 회담을 열고 있지만 성과를 내지 못하고 있고, 오히려 러시아는 일본을 미국의 추종자 정도로 폄하하면서 데리고 놀았다고나 할까요.

그런데 최근 러시아와 일본이 급속히 가까워지고 있습니다. 시베리아 횡단 철도를 일본의 홋카이도까지 연결하는 방안도 추진되고 있습니다. 우리가 부산과 일본을 잇는 해저도로 건설 방안에 대해 우려를 표명하는 것을 감안할 때, 러시아와 일본의 철도 사업은 양국 관계가 한 단계 높이 격상된다는 것을 시사합니다. 일본에서 북방영토로 부르는 쿠릴 열도의 4개 섬도 두 나라에서 공동 통치하는 방안까지 제기되는 등 100년 전 러일전쟁 이후로 앙숙이 된 두 나라가 밀월 관계를 추구하고 있습니다.

러시아의 방향 전환에는 이유가 있습니다. 러시아로서는 예전에 종속국과 종주국 관계였던 동유럽 국가들이나 소비에트 연방을 구성했던 나라들이 서구의 영향권 아래 들어가는 것에 불쾌감을 넘어 위기감을 느끼고 있습니다. 이 상황에서 중국이 G2로 부상하면서 광활한 국토의 양끝에서 모두 압박을 받는 처지가 됐습니다. 때마침 일본도 한창 떠오르는 중국을 견제해야 할 필요성에서 러시아와 일본은 이익공동체의 처지를 공유하는 듯합니다. 한편에서는 미국이 중국을 견제하기 위해 러시아와 일본의 관계 개선이라는 외교적 포석을 뒀다고도 해석합니다만, 러일 양국 모두 이해관계를 함께하고 있는 것은 분명합니다. 어제의 적이 오늘의 친구가 되는 외교가의 격언은 언제나 유효합니다.

몸으로 부딪쳐야 마음을 얻는다 — 러시아인과 친해지기

소련에서 러시아로 국가와 체제가 바뀌었지만 문화나 관습은 하루 아침에 쉽게 변하지 않습니다. 오히려 시간이 흐르면 지나간 시절을 그리워하는 복고 바람이 부는 것처럼 한번 형성된 기질이나 취향은 오래 갑니다. 러시아의 엘리트들도 마찬가지입니다.

소련 붕괴 이후 심각한 경제난을 겪지만 초강대국의 자부심을 가졌던 러시아 정치인들은 일본과의 외교교섭에서도 기가 죽지 않습니다. 일본은 러시아가 경제원조를 필요로 하는 관계로 당연히 저자세로 나올 것이라고 생각했는데 딴판인 태도에 당황했다고 합니다. 러시아 관료들은 아무리 배가 고파도 한꺼번에 허겁지겁 먹지는 않겠다는 스타일을 고수합니다. 요리가 차례차례로 서빙되는 방식을 프랑스식이라고 알고 있는데 원조를 들어가면 제정 러시아입니다. 수백 년의 세월이 흘러도 지속되는 러시아의 음식 문화나 협상 방식이 상호 영향을 주고받고 있습니다.

흥미로운 것은 러시아의 환대 방식입니다. 일본 외교관 사토 마사루의 원작에 기초한 『우국의 라스푸틴』에 그려지는 러시아 외교관과 관료는 참으로 유별납니다. 러시아에서 외교란 상대와 사적인 시간을 보내면서 그 사람을 잘 아는 데서 시작하는 것이라고 합니다. 먼저 사우나를 같이 하면서 상대를 시험합니다. 어깨동무를 하면서 노래를 부르고, 알몸 댄스를 하고, 자작나무 가지로 상대의 몸을 마구

두드리고, 욕탕에서 상대방 머리통을 물속으로 집어넣기도 합니다. 어린아이처럼 일부러 상대가 싫어할 만한 짓을 하면서 친구로서 적당한지를 평가하는 것입니다.

술자리는 더욱 심합니다. 러시아 속담에 사람을 아는 데 차를 마시면 한 해가 걸리고, 술을 마시면 한 달로 족하다고 합니다. 이 술자리에서 분뎰샤프트라고 해서 서로 오른팔을 끼고 단숨에 잔을 비우고 딥키스까지 합니다. 이런 기묘한 환대를 다 통과해야 비로소 친구가 될 수 있다고 합니다.

라스푸틴은 세계 어디에나 있다

제정 러시아를 망친 수많은 사람들 가운데서 압권은 괴승 라스푸틴입니다. 시베리아에서 태어난 라스푸틴은 역사상 가장 수상한 인물 중의 하나입니다. 예언도 하고 사람도 고치는 그는 우리식으로 말하자면 무당, 샤먼이지요. 러시아 왕자의 혈우병 증상을 호전시키면서 국정의 온갖 분야에 전횡을 일삼았고, 일설에는 1차 세계대전 중이던 당시 전쟁 작전에도 직접 간섭했다고 합니다. 꿈에서 받은 계시대로 군사를 배치하라고 참모와 지휘관 역할을 동시에 합니다. 그러나 권력에서 소외된 세력들의 반발을 산 그는 1차 세계대전이 한창이던 1916년에 거리에서 암살당했고 로마노프 왕조도 1년 뒤에 붕괴합니다. 러시아에서는 라스푸틴을 역사상 최악의 매국노라고 평가합니다. 하지만 나름 세계정세를 정확히 분석하는 능력을 발휘한 일면도 있다고 합니다.

그런데 백 년 전에는 좀 더 과학적 인식이나 합리적인 사고방식이 정착되지 않아서 라스푸틴에게 홀렸다고 하지만 요즘도 사람들은 이상한 것을 믿고 괴이한 것에 끌립니다. 사토 마사루는 독일의 사회학자 위르겐 하버마스의 설명을 원용합니다. 그에 따르면, 인간이 가진 순응하려는 경향이 가장 큰 원인입니다. 현대 사회에서 사람들은 정보 하나하나를 검증할 수 있는 능력은 있지만, 정보량이 차고 넘치다 보니 이를 못 따라가게 됩니다. 그래서 각 분야마다 정통한 사람, 즉 전문가의 설명에 의존하게 됩니다. 스스로는 이해를 하려면 너무 힘들고 어려우니까 누군가가 나를 이해시켜주겠거니 하고 기대한다는 것입니다. 그래서 대중들은 미디어나 전문가의 메시지를 무비판적으로 수용하고 순응하게 됩니다. 제정 러시아에 활약했던 라스푸틴이 지금도 세계 곳곳에서 활개 치는 까닭입니다.

일본에도 라스푸틴으로 불리워지는 사나이가 있습니다. 일본의 직업외교관으로 러시아 전문가인 사토 마사루는 '외무성의 라스푸틴'이라는 별칭을 얻습니다. 사이비 예언자가 아니라 러시아 정보나 인맥에 정통한 것을 빗댄 별명입니다. 그는 1991년 8월에 일어난 러시아 쿠데타 당시 고르바초프의 생존 정보를 세계 최초로 알아낸 외교관입니다. 고르바초프에 반대한 공산당 수구파가 획책한 쿠데타의 진행 과정에서 전 세계의 모든 눈과 귀는 고르바초프가 과연 살아 있는가에 모아졌습니다.

이때 사토 마사루는 평소 긴밀한 관계를 맺어온 공산당의 실력자를 통해 고르바초프가 무사하다는 정보를 본국에 타전했고, 일본은 이를 미국의 백악관에 전달했다고 합니다. 세계 최고의 정보기관인 CIA도 얻지 못한 정보를 접한 미국의 아버지 부시 대통령은 '원더풀'을 외쳤다고 합니다. 어떻든 이 일로 하위직 외교관이었던 사토 마사루는 일본 외무성뿐만 아니라 일본의 정치권에도 러시아 전문가로 각인됩니다. 일본판 라스푸틴이 된 것이죠. 우국의 라스푸틴이라는 극화를 보면, 사토 마사루의 그때 활약상이 생생하게 나옵니다.

미국의 정보기관을 제칠 정도로 막강한 러시아 커넥션을 구축했던 그는 모스크바 근무를 마친 뒤 귀국해서 국가적 염원인 쿠릴열도 4개 섬 반환 문제에 운명적으로 개입하게 됩니다. 일본은 우리에게 독도 시비를 걸고, 중국과는 조어도, 즉 센카쿠열도 분쟁을 일으키고 있는데 실제로 가장 큰 외교적 숙원은 북방 4개 섬 반환이라고 합니다. 즉 우리에게 독도가 단순한 섬이 아니라 역사의 차원인 것처럼, 일본에게 북방 4개 섬이 독도와 같은 존재라고 합니다. 일본의 국민적 정서는 2차 대전의 패배로 소련에게 빼앗긴 4개 섬에 대한 고토 회복 없이는 진정한 러일 관계는 없다고 할 만큼 엄중합니다.

그런데 쿠릴열도 4개 섬을 지적에 둔 홋카이도 출신의 정치인 스즈키 무네오가 사토 마사루를 불러들여 본격적인 영토 교섭 임무를 부여합니다. 스즈키 무네오는 일본의 외무위원장을 역임한 거물급 정치인인데, 사토가 고르바초프 생존 소식을 외무성에 보고했을 때, 정무차관으로 재직 중이어서 인연이 있었다고 합니다. 반환 문제에 관심이 컸던 그는 정치적인 업적을 위해서도 4개 섬 반환을 추진합니다. 그런데 이 두 사람이 일단 4개의 섬 중에서 두 개를 먼저 주겠다는 러시아의 제안을 긍정적으로 검토하면서 운명의 바퀴에 깔리게 됩니다.

열심히 일한 사람이 희생양이다

상식적으로는 섬 네 개를 한꺼번에 받으면 최상이지만 여의치 않으면 절반이라도 먼저 얻는 방안이 나을 것 같습니다만, 일본의 사정은 좀 달랐습니다. 외교나 정치나 상대가 있기 때문에 타협과 절충이 기본이고, 100퍼센트 관철하겠다는 강경파는 심하게 말하면 선전포고를 방불하게 하는 것이지요. 하지만 일본 외교당국은 오랫동안 국민을 상대로 4개 섬 완전 반환이 가능한 것처럼 선전해왔기에 2개 섬 우선 반환 협상은 우익이나 국민들의 극렬한 반발을 가져옵니다. 러시아와의 외교 관계도 악화되는 것은 당연지사지요.

여론이 악화되자, 일본의 외무성이나 집권세력은 책임을 떠넘길 희생양을 찾아냅니다. 러시아와 결탁해서 우리 국익을 팔아넘기는 매국노가 있다는 허위선전, 즉 데마고기를 퍼뜨립니다. 그 대상이 바로 사토 마사루와 스즈키 무네오 콤비입니다. 부패 스캔들에 휘말린 스즈키 의원과 공금 유용 혐의를 받는 사토가 검찰에 구속됩니다.

2002년부터 2003년까지 진행된 수사와 재판 과정은 마치 판도라의 상자를 여는 것과 같습니다. 두 사람을 사법 처리하는 과정에서 검찰과 외무성의 비민주성과 조직 이기주의, 언론과 정치권의 무책임한 선전선동 등 일본을 움직이는 권력 집단과 엘리트들의 온갖 문제가 다 튀어나왔습니다. 최종적으로 사토 마사루는 유죄가 확정됩니다. 스즈키 무네오 의원도 권력을 돈으로 바꾸는 매커니즘에 익숙한 파벌형 정치인이라는 비판에서 자유롭지 못합니다. 그럼에도 이 사건에서 두 사람이 제기하는 문제의식은 국가주의적 가치관이 배음으로 흐르고 있음에도 불구하고 음미할 가치가 충분하다고 생각합니다.

원칙과 상식, 법과 정의는 어디로

오랫동안 전개된 사토 마사루의 법정 투쟁에서 가장 주의를 끄는 부분이 수사기관의 조사나 재판 과정에서의 억울함입니다. 이토 준지가 그린 우국의 라스푸틴에서 검사와의 두뇌 대결이나 재판정에서의 항변은 박진감이 넘칩니다. 잘 나가는 외교관에서 하루 아침에 범죄자 신분이 된 사토는 일본의 정치권, 관료, 언론이 이렇게까지 썩은 줄 몰랐다며 분노의 사자후를 거침없이 토합니다. 사토는 자신의 결백을 입증해줄 국내외 증인들에게 압력을 행사해서 재판에 불참시키려는 사정당국의 행태를 인권을 무시한 인질재판이라고 쏘아붙입니다.

피고인과 변호인의 방어권이 보장되는 헌법과 법률의 원칙을 무시한 일본이 어떻게 민주주의 국가일 수 있느냐는 반격이지요. 사토의 결백을 말해줄 증인으로 참석한 외국인 학자는 법을 다루는 일본의 검찰이 어떻게 권력 유지를 위해 기소하고 입맛에 맞는 시나리오대로 자백을 이끌어낼 수 있는지 경악합니다. 그럼에도 사토 마사루는 반드시 신념을 지키고 진실을 밝히기 위해 검찰과 한판 붙어보겠다고 전의를 불태웁니다. 엘리트 외교관에서 갑자기 범죄 피의자로 체포되면 거의 패닉 상태에 빠질 것 같은데도 조금도 굽히지 않습니다.

구 소련 시절, 스탈린 치하에서 체포와 압수가 일상화되면서 사회적으로도 공포와 불안이 만연합니다. 모두 잠든 심야에 들이닥친 비밀경찰 앞에 서면 도마 위에 올려진 생선 신세가 되고, 인생이 밑이 없는 구덩이로 추락하는 그런 기분이 된다고 합니다. 우국의 라스푸틴의 주인공 또한 자신의 근무지인 외무성 사무실에 들이닥친 검찰에 체포됩니다. 체포되기 전, "외무성의 라스푸틴 오늘 구속 수감"이라고 대문짝만하게 난 기사를 보면서 주인공은 "왜 국익을 우선시하며 살아온 내가 나라를 뒤흔든 악당이 됐는지" 비분강개합니다.

물론 일본도 체포할 때 미란다 원칙을 말해주고 영장을 집행할 때도 내용을 알려줍니다. 그런데 수사관들은 기선제압 차원에서 살벌하게 나옵니다. 도장을 찍으려는 외교관 사토에게 "체포된 주제에 어디서 도장이야. 손가락에 잉크나 묻혀" 하며 위압적으로 나옵니다. 수갑을 채우겠다는 말에 두 손을 내밀자 "검찰청 수갑은 한 손에만 채우는 거 몰라"하면서 정신없이 몰아붙입니다. 구치소에 온 주인공에게는 속사포같이 질문을 던져서 거짓말을 하는지 아닌지 시험합니다. 생년월일이나 가족의 이름 등을 반복적으로 물으면서 사람의 혼을 빼기도 합니다. 게다가 건강 점검과 금지물품 적발을 위해서 아주 모욕적이고 수치스런 항문 검사도 교도관에게 직접 받습니다.

외교관과 스파이는 오십보 백보

이 모든 시련과 고난에도 불구하고 싸움에서 이기려면 냉정하고 침착하고 단호하게 행동해야 합니다. 향후 수사와 재판 과정에서 여론의 방향이 어디로 흐를지도 고민합니다. 그래서 피고인의 신분으로 기자들 앞에 나섰을 때도, 절대로 웃거나 얼굴을 가리지 않습니다. 철저히 무표정으로 입을 꾹 다뭅니다. 그리고 달려드는 기자들에게 팔을 휘두르는 것과 같은 반사적 행동도 자제합니다. 잘못하면 폭력적 성격의 소유자로 낙인찍힐 수 있으니까요.

사토 마사루는 외교관하면 떠오르는 이미지와는 달리 아주 대담하고 치밀한 성격입니다. 신학을 전공하고 일본에서 드문 그리스도교 신자라는 점이 인상적입니다. 특히 그는 정통 외교관료 출신이 아닙니다. 일본에서는 우리로 치면 고시 출신인 캐리어가 관료의 핵심입니다. 사토는 캐리어가 아니고 정보분석을 위한 전문직원으로 외교관 생활을 시작합니다. 모든 외교관을 스파이로도 볼 수 있지만, 어떻든 정보요원의 습성이 몸에 밴 인물입니다.

러시아는 특히 도청이 발달한 나라입니다. 미국이 정보위성을 통한 이미지 정보 확보에 중점을 두는 데 반해 러시아는 음성 정보를 잘 캔다고 합니다. 모스크바의 레스토랑에 가면 재떨이를 조심해야 한다고 합니다. 도청기가 숨어 있을 수 있으니까요. 재떨이를 치워달라고 하면, 종업원이 촛대나 꽃병을 가져온다고 합니다. 그것까지 거절하면 곧이어 남녀 커플이 옆 테이블에 앉아서 술이나 음식은 들지 않으면서 대화를 엿듣는다고 합니다. 구 소련 시절엔 종업원들도 정기적으로 손님들이 나눈 이야기를 정보당국에 보고해야 했다고 합니다.

그래서 은밀한 대화를 하려면 시끄러운 음악이 흐르는 술집이나 식당을 이용해야 합니다. 실내에서 소리가 커지면 음성 도청은 웬만해선 힘들기 때문입니다. 보안을 좋아하는 사람들이 차량이나 방에서 밀담을 나눌 때에 라디오를 틀어놓는 것도 같은 이치입니다. 도청은 강력한 주파수를 발생시키는 라디오를 켜두는 것으로 대처할 수 있기 때문입니다.

사실을 비틀어서 진실을 짜낸다

사토 마사루의 범죄 혐의는, 러시아와의 교섭을 위해 이스라엘에 출장을 가고 이스라엘의 대학교수를 초청하면서 세금을 낭비한 배임 행위를 저질렀다는 것입니다. 검사는 북방 영토 반환 문제에 외무성 직원들의 이스라엘 출장이 튀어나온 것은 공무를 빙자한 해외유람이 아니냐고 공격합니다. 그런데 1948년 이스라엘의 건국을 가장 먼저 지지하고 승인한 나라가 소련입니다. 이스라엘 인구 중 20퍼센트가 러시아계 유대인이기도 합니다. 역사적으로 러시아와의 관계가 깊고 지금도 교류가 상당하기 때문에 이스라엘이야말로 러시아 정보를 얻기에 가장 좋은 나라입니다. 따라서 이스라엘 최고의 명문인 텔아비브 대학이 주관하는 러시아 학술회의에 일본 외교관들이 참석한 것은 국익을 위한 활동으로 간주하는 것이 상식입니다.

그러나 수사 과정에서 현실은 달랐습니다. 일본 검찰은 진실을 짜내기 위해서는 사실을 꺾는 일도 무방하다고 보는 것 같습니다. 즉, 정의를 실현하기 위해서 다소의 사실 왜곡은 어쩔 수 없다는 뜻입니다. 극단적으로 말하자면, 일본 검찰은 조직의 권력과 권위를 유지하기 위해선 일단 자신들이 나선 사건은 무조건 유죄로 몰아가고, 또

그럴 수밖에 없다는 겁니다.

수사에 착수하면서 자신들이 만든 시나리오가 어떤 사실보다 우선하고 중요한 것이 됩니다. 더해서 한국이나 일본이나 엘리트 대우를 받는 사람들이 감옥에 들어가면 대부분 패닉 상태에 빠지게 됩니다. 출세가도를 질주하다가 순식간에 수인으로 전락한 자신의 처지를 제정신으로 받아들일 수 없기에 모든 것을 남의 탓으로 돌리는 경향성이 강화됩니다. 이런 피의자들에게 압박이나 회유를 통해 검찰이 원하는 진술을 자백 받는 것은 두부에 못 박기보다 쉽다고 합니다.

사토 마사루 수사에서 타깃은 그가 아닙니다. 말 탄 장수를 잡으려면 먼저 말을 쏘라는 격언처럼 검찰의 표적은 스즈키 무네오라는 거물 정치인이었습니다. 사토를 압박하면 스즈키 무네오의 목을 쉽게 조일 수 있다고 판단한 것이지요. 북방 영토 반환이라는 국익 앞에서 환상의 복식조로 활동했던 두 사람에게는 결정적 약점이 있었습니다.

외교 안보는 무엇보다 공적 의사결정 시스템으로 움직여야 합니다. 아무리 집권여당의 유력 정치인이라도 독자적으로 움직이면 국익을 해칠 가능성이 농후합니다. 그런데 스즈키 의원은 밀실외교 스타일, 즉 독자적인 연락원을 통해 상대편과 연락을 취하는 방식을 선호하는 인사입니다. 그런데 한 가지 궁금한 점이 있습니다. 한국이나 일본의 고위 정치인은 왜 공적 조직을 활용하지 않고 일종의 사조직, 비선을 선호하는 걸까요. 국민의 지지를 받고 선출된 공인이 왜 은밀한 인물에게 의존할까요.

일본의 경우, 유력한 정치가는 정보나 인맥을 가지고 있는 사람을 좋아합니다. 외국의 실력자를 만날 때, 대사나 공사와 같은 관료가 아니라 말단이라도 정보를 갖고 있거나 실력자와 인간적 관계를 맺고 있는 민간인을 통해서 접촉하면 뭔가 성과가 나온다고 생각합니다.

하지만 비선이나 민간인에 의존하게 되면, 공적 조직의 질서가 붕괴되고, 정책의 책임 소재도 사라지는 아노미 상태가 됩니다. 자칫 흑심을 가진 민간인 로비스트가 외교안보 활동에 개입하면 어떤 사태가 벌어질지 누가 예측할 수 있겠습니까. 그래서 일본 외무성은 만에 하나 외교적으로 야기될 파장을 최소화하기 위해 조직 차원에서 사토 마사루라는 러시아 전문 외교관을 그에게 파견했다고도 볼 수 있습니다. 문제가 되면 일개 외교관 개인의 문제로 치부해서 외무성과는 차단하면 그만이니까요. 이것도 큰 문제입니다. 말단 공무원이 외무성의 고위 국장이나 대사를 제치고 정치인과 짝짜꿍해서 외교 활동을 주도하면 공조직의 운영 원리가 무너지고 기강 문란이 필연적으로 일어나기 때문입니다.

국익보다 우선하는 것은 없다

이 사건에서 일본 검찰은 수사 방식이나 인권 의식 측면에서 많은 비판을 받습니다만, 적어도 외교안보 사안과 관련해서 공적인 의사결정을 거치지 않는 밀실외교 방식은 철저히 도려냈다고 할 수 있습니다. 아무리 일본 검찰이 관료적이고 권위적이어도, 최소한 국민과 국익을 위해서 성역 없이 수사하고 경고하는 파수꾼 구실은 제대로 했다고 평가받습니다. 2002년 스즈키 무네오 사건 이후 일본 외교에서 정치인의 사적인 개입은 공식적으로 끝났습니다. 일본 외무성도 제2의 사토 마사루를 막기 위해 인사 규칙도 바꿨습니다.

모스크바에 8년 이상 근무한 사토와 같은 사람이 나오지 못하도록 국제정보를 조사하고 분석하는 부서에 3년 이상 재직하지 못하도록 규정합니다. 왜냐하면 전문가가 양성되면 반드시 정치가와 결탁하게 되고 그러다보면 외무성의 질서가 깨어지기 때문에 차라리 전문가도 정보도 없는 게 더 낫다고 보기 때문입니다. 이렇게 되면 다른 나라와의 외교전에서는 정보 네트워크가 약해져 불리하지만, 국내 정치인들의 영향력은 배제할 수 있습니다. 국익보다는 조직의 이익이 우선이라는 관료적 관점에서는 아주 합리적인(!) 조치라고 할 수 있습니다.

그런 사정을 고려하면 사토 마사루의 선택은 참으로 의외입니다. 사토는 특명을 받고 러시아 정책 결정자를 파고들기 위해 이스라엘까지 접촉을 합니다. 하지만 그것이 배임죄로 몰리는 부메랑이 되고 결과적으로 목표였던 러일 평화조약은 체결되지 못했으니까 실패한 외교관이 된 셈입니다. 그럼에도 법적 책임을 면하기 위해 타협하자는 제안을 일절 거절하는 그의 신념은 강철처럼 굳셉니다.

신학을 전공한 그리스도교도로서 사토는 자신이나 외무성이 다 무너지더라도 국가의 기밀은 반드시 지켜야 한다는 국익 우선의 신조를 포기하지 않습니다. 그 때문에 일종의 사법거래와 같은 유혹을 일절 염두에 두지 않습니다. 공무상 취득한 비밀이나 정보를 개인이나 정파의 이익을 위해 손쉽게 이용하는 사람들, 출세와 명예에 집착하는 사람들, 향응이나 뇌물, 그리고 도박을 좋아하는 사람들로서는 도무지 이해가 되지 않을 행동입니다. 특별히 사토 마사루가 애국자라서가 아니라 공동체의 기본을 무너뜨리는 반국가적 행위를 저지를 수 없다는 소박한 신념에 고개를 끄덕이게 됩니다.

공익 대 사익, 양심 대 야심

여러 가지 평가가 가능합니다만, 국익을 수호하려는 신념으로 투옥까지 된 이 외교관에게는 적어도 우국의 열정이 엿보입니다. 그는 검사에게서 왜 그렇게 나라를 위해 열심히 일을 했냐고 질책받았다고 합니다. 일본에서는 나라의 장래를 위해 혼신의 노력을 다하면 주위의 밉상이 된다고 합니다. 혼자만 튀어서 다른 사람들과 트러블을 일으키는 얄미운 사람이 된다는 것이지요. 반면에 실적은 떨어져도 시키는 대로만 일하면서 최선을 다했다는 방식으로 처신하는 공무원이 평판도 좋고 출세할 확률이 높다고 합니다.

원칙적으로 공익을 우선하고 국민에게 봉사하는 게 공직자 윤리인데, 출세나 사익을 추구한다면 공직에서 물러나야 합니다. 그러나 공직자의 의무나 윤리는 편의상의 명분에 불과한 경우도 많은 것이 현실입니다. 마찬가지로 정부 조직이나 공공기관 또한 조직의 권익과 이권을 지키는 데 여념이 없는 것도 사실입니다.

하지만 국가를 위해 일하는 공직자가 돈과 자리를 탐한다면 그 나라는 어떻게 되겠습니까. 삼류 국가로 전락하거나 망국으로 추락하지 않겠습니까. 소련의 사례는 음미할 만합니다. 1991년 소련 공산당의 수구파는 쿠데타를 공산주의 수호의 명분으로 포장했지만 더 많은 권력과 돈을 탐하려는 속내가 노골적으로 드러나서 실패할 수밖에 없었습니다. 정치인을 포함한 공인들이 이권과 보신에만 집착할 때 그 나라가 멸망한다는 것은 역사가 증명하고 있습니다. 실제로 신념을 이권의 수단으로 악용한 인간들이 득세했던 소련은 역사에서 깨끗이 지워졌습니다. 정치, 경제, 행정의 모든 엘리트들이 자기나 가족의 잇속만 챙기려고 하는 국가가 망하지 않는다면 그게 오히려 더 이상한 일이 아니겠습니까.

반면에 자신의 생활을 희생하면서까지 사심 없이 일하는 공직자도 있고, 그런 숨은 사람들을 발탁하는 고위 인사들도 있습니다. 사토 마사루와 같은 실무자가 4개 섬 반환이라는 국가 대사에 그렇게까지 전심전력을 기울인 것은 일본의 최고 권력자인 총리들의 열의에 감동했기 때문이라고 합니다. 우국의 라스푸틴에서는 세 명의 일본

총리, 하시모토 류타로, 오부치 에이조, 모리 요시로가 출연합니다.

당시 러시아 옐친 대통령과 회담을 앞둔 하시모토 총리는 부정부패 스캔들을 일으키고 있던 옐친의 딸과 옐친의 관계에 대해 묻습니다. 옐친의 심정이 셰익스피어의 희곡에 나온 리어 왕과 비슷하다는 답변을 들은 하시모토 총리는 옐친과 밀고 당기기를 하지 않고 속내를 털어놓기로 결정합니다. 리어 왕은 사랑받고 싶은 딸들에게 사랑받지 못하고 배신을 당한 인물입니다. 자신도 믿었던 측근에게 배신당한 경험을 옐친과 공유하기로 한 것이지요. 동병상련의 공감대를 형성한 두 정상의 회의는 대성공이었다고 합니다. 리어 왕이라는 말만 듣고도 상대의 심경을 간파하는 광범위한 교양과 인간에 대한 깊은 통찰이 있는 정치인이어야 정상외교에 걸맞은 정상이 아닐까 합니다.

오부치 총리는 준비성이 철저합니다. 러시아 방문길에 오른 총리는 비행기 안에서 푸틴과 만날 때 나눌 러시아식 인사를 사전에 연습합니다. 오른쪽 볼에 한 번, 다음에 왼쪽, 그리고 입술 중앙에 키스를 세 번하는 인사를 본인이 직접 수행원과 시험하기까지 합니다. 가장 무능하다고 욕을 들어먹던 모리 총리조차도 다른 면모를 보여줍니다. 불신임의 궁지에 몰려 있던 모리 총리는 푸틴 러시아 대통령과의 회담 직전에 주인공을 불러, 자신의 정치적 라이벌이 다음 총리가 되더라도 열심히 해달라며 말단 외교관에게 깊숙이 허리를 굽히며 정중히 부탁합니다. 국익에 비한다면 자신이 정상의 자리에서 물러나는 것은 아무 일도 아니라는 대인의 풍모를 보입니다.

사토 마사루에 따르면, 한 명의 정치인이 더 있습니다. 일본의 국익을 우선한다고 호평 받은 인물이 안토니오 이노키입니다. 프로레슬러 출신으로 한국계 레슬러인 역도산의 제자이자 우리의 김일 선수와도 여러 번 싸운 전설적인 선수입니다. 고인이 된 천재 복서 무함마드 알리와도 세기의 대결을 펼치고, 북한의 평양에서 십수만 관중 앞에서 레슬링 경기를 펼치기도 한 화제의 인물이기도 합니다. 운동선수 출신으로 브라질 축구선수 펠레가 체육부 장관을 하기도 했지만 이노키의 정치 출사표는 남달랐습니다.

그는 스포츠를 통해 세계 평화를 이룩하는 것을 목표로 삼는 스포츠평화당이라는 정당을 설립하고 일본 역사상 최초로 프로레슬러 출신 의원에 당선됩니다. 1991년 걸프전쟁이 일어나기 전 이라크에 건너가 '스포츠와 평화의 제전'을 개최해서 인질을 석방시키는 데도 큰 역할을 했습니다. 앞서 언급한 북한에서의 프로레슬링 경기도 평화를 위해서 개최한 것입니다. 하지만 정치자금법 위반, 여성문제 등의 스캔들이 불거지면서 다음 선거에서는 떨어졌지만 사실이 아닌 것으로 드러나기도 했습니다.

이노키는 세계적인 유명세를 밑천으로 세계 각국의 체육계 리더들과 맺은 두터운 친분으로 외교 활동에 나섭니다. 모스크바를 방문한 이노키 의원은 막강한 연줄을 통해 KGB 요원밖에 들어갈 수 없는 호텔에 머무르고 정부 고위인사들과 친분이 깊은 레슬링 단체 간부들과 술자리를 마련합니다. 이를 통해 러시아 부통령을 만나게 된 이노키는 수행한 대사관 직원에게 정보수집차 묻고 싶은 어려운 질문을 대신 물어주고 향후 러시아 정세에 대해 날카로운 분석도 해줍니다.

게다가 인격적으로도 훌륭했다고 합니다. 보통 일본 외교관들은 정치인들이 오면 도박이나 향응을 권해서 도덕성을 시험해보는데, 이노키 의원의 행동거지는 지극히 모범적이었다고 말합니다. 어디 외교뿐이겠습니까. 공익과 국익이 산출되는 모든 영역에서 사심이 없고 국익을 우선하는 지도자를 보고 싶을 따름입니다.

에필로그

인간의 운명과 역사의 궤적을 살펴보는 일은 언제나 필요합니다. 이미 우리는 지난 몇 차례의 선거를 통해 공동체의 진로가 급선회하고 수많은 개인들의 삶이 뒤틀려지는 것을 경험했습니다. 현대 사회에서 인간의 운명은 정치적으로 결정된다는 독일 작가 토마스 만의 탁견에 갈수록 고개를 끄덕이게 되는 까닭입니다.

그러나 "푸른 하늘을 제압하는 노고지리"도 떨어뜨리고 산천초목을 벌벌 떨게 만드는 권력 또한 인간에게서 발원한 것입니다. 어떤 야만과 암흑의 절대 권력도 피플파워People Power를 이길 수 없습니다. 그러나 전제가 있습니다. 뭉쳐야 합니다. 19세기의 좌파 사상가 카를 마르크스는 만국의 노동자에게 단결을 호소합니다. 20세기의 우파 정치인 이승만도 흩어지면 죽는다며 뭉칠 것을 역설합니다.

좌우를 불문하고 시대를 막론하고 단결은 마법의 주문입니다. 사회적 존재인 인간은 공동체를 이루고 결집할 때 무한한 잠재력을 발휘하곤 합니다. 하지만 집중된 여럿의 힘을 독점하고 지배하려는 악당은 바퀴벌레처럼 언제 어디서나 튀어나옵니다. 자칫 지연, 혈연, 학연을 악용한 "우리가 남이가"식의 이기주의적 그물망에 포획되어 집단과 조직의 수인囚人이 되는 경우도 허다합니다. 민주정의 '주인'이 아니라 중우정의 '개돼지'로 전락하게 되는 것이지요.

자, 그럼 우리가 권력이 쳐놓은 집단 이기주의나 연고주의의 덫에 걸리지 않으려면 어떤 경로를 밟아야 할까요. 개인이 시민으로, 국가가 민주공화국이 되는 지도는 어디에 있을까요. 답은 간단합니다. 권력의 원천인 우리에게서 찾아야 합니다. 결국 우리 모두가 시민으로서 각성하고 실존적 결단을 통해 민주정의 주인으로 우뚝 서는 길 말고 달리 무슨 수가 있을까요.

　우리 헌법이 표방한 인간의 존엄성과 자유, 평등, 정의라는 기본 가치를 이해하고 학습해야 합니다. 이렇게 될 때 우리의 삶과 사회가 동시에 달라질 것입니다. 한 사람 한 사람이 시민으로서의 의미와 가치를 고민할 때, 권력은 더 이상 지배자가 아니라 심부름꾼이 되고 정치와 삶은 대칭적 관계로 복원될 것입니다.

　그런 의미에서 권력이 만들어낸 야만과 암흑의 시간에서도 새벽을 열어온 사람들이 저술한 고전과 문제작의 가치는 참으로 소중합니다. 사실 얼음장 같은 역사의 밑바닥을 가만히 들여다보면, 수많은 범인과 위인들의 비범한 노력이 복류하고 있습니다. 일제 권력의 채찍을 맞고 눈보라 몰아치는 시베리아로 밀려난 이육사 시인은 오히려 툰드라에서 "옴작거리는 꽃 맹아리"를 보고 "까만 제비떼가 날아올" 미래를 향해 혼신을 바치지 않습니까. 모쪼록 이 책을 접한 분들께서 여기서 다루고 있는 위대한 저자들과 책들을 통해 우리의 삶을 주도적으로 선택하고 결정하는 에너지를 얻어내시기를 간절히 바랍니다.

정승민

서울대학교와 동 대학원에서 인류학과 인구학을 공부했으며 서강대학교에서 정치학 석사 학위를 받았다. 1995년 서울신문사 기자를 시작으로 기업과 연구소, 국회 등에서 일했으며, 신성대학교, 수원대학교, 한신대학교에서 초빙교수, 객원교수로 강의했다. 부산일보, 주간경향에 정기연재를 했고 현재 서울신문에 칼럼을 기고하고 있다. 독서 콘텐츠 "일당백"을 유튜브와 팟캐스트에서 진행중이다. 저서로 『우리 시대 고전 읽기』, 『역사가 부른 사람들, 역사를 일군 사람들』, 『한국사 특급 떡국열차』(공저) 등이 있다.

역사가 부른 사람들, 역사를 일군 사람들

개정판 1판 1쇄 찍음 2022년 5월 9일
개정판 1판 1쇄 펴냄 2022년 5월 16일
초판　1판 1쇄 펴냄 2018년 3월 15일
초판　1판 4쇄 펴냄 2020년 9월 15일

지은이　정승민
펴낸이　정성원 · 심민규
펴낸곳　도서출판 눌민

출판등록 2013. 2. 28 제25100 – 2017 – 000028호
주소　　서울시 은평구 가좌로11가길 30, 301호 (03439)
전화　　(02) 332 – 2486　　**팩스** (02) 332 – 2487
이메일　nulminbooks@gmail.com
인스타그램·페이스북　nulminbooks

Text ⓒ 정승민 2022
Illustrations ⓒ 김일영 2022

Printed in Seoul, Korea

ISBN　979 – 11 – 87750 – 56 – 7　04900
　　　　979 – 11 – 87750 – 55 – 0　04900(세트)

• 이 책은 『역사 권력 인간』의 개정판입니다.